HISTOIRE

DE LA

RÉVOLUTION

FRANÇAISE

IMPRIMERIE DE H. FOURNIER ET Ce
RUE DE SEINE, 14.

Mme ÉLISABETH.

Publié par Furne. Paris.

HISTOIRE
DE LA
RÉVOLUTION
FRANÇAISE

PAR M. A. THIERS
DE L'ACADÉMIE FRANÇAISE

NEUVIÈME ÉDITION

TOME DEUXIÈME.

PARIS
FURNE ET Cⁱᵉ, LIBRAIRES-ÉDITEURS
RUE SAINT-ANDRÉ-DES-ARTS, 55

M DCCC XXXIX

HISTOIRE
DE LA
RÉVOLUTION
FRANÇAISE.

ASSEMBLÉE LÉGISLATIVE.

CHAPITRE PREMIER.

JUGEMENT SUR L'ASSEMBLÉE CONSTITUANTE. — OUVERTURE DE LA SECONDE ASSEMBLÉE NATIONALE, DITE *Assemblée législative* ; SA COMPOSITION. — ÉTAT DES CLUBS; LEURS MEMBRES INFLUENS. — PÉTION, MAIRE DE PARIS. — POLITIQUE DES PUISSANCES. — ÉMIGRATION ; DÉCRETS CONTRE LES ÉMIGRÉS ET CONTRE LES PRÊTRES NON ASSERMENTÉS. — MODIFICATION DANS LE MINISTÈRE. — PRÉPARATIFS DE GUERRE ; ÉTAT DES ARMÉES.

L'ASSEMBLÉE constituante venait de terminer sa longue et laborieuse carrière ; et, malgré son noble courage, sa parfaite équité, ses immenses travaux, elle était haïe comme révolutionnaire à Coblentz, et comme aristocrate à Paris. Pour bien juger cette mémorable assemblée, où la réunion des lumières fut si grande et si variée, les résolutions si hardies et si persévérantes, et où, pour la première fois peut-être, on vit tous les hommes éclairés d'une nation réunis avec la volonté et le pouvoir de réaliser les vœux de la philosophie, il faut considérer l'état dans lequel elle avait trouvé la France, et celui dans lequel elle la laissait.

En 1789, la nation française sentait et connaissait tous ses maux, mais elle ne concevait pas la possibilité de les guérir. Tout à coup, sur la demande imprévue des parlemens, les états-généraux sont convoqués; l'assemblée constituante se forme, et arrive en présence du trône, enorgueilli de son ancienne puissance, et disposé tout au plus à souffrir quelques doléances. Alors elle se pénètre de ses droits, se dit qu'elle est la nation, et ose le déclarer au gouvernement étonné. Menacée par l'aristocratie, par la cour et par une armée, ne prévoyant pas encore les soulèvemens populaires, elle se déclare inviolable, et défend au pouvoir de toucher à elle; convaincue de ses droits, elle s'adressait à des ennemis qui n'étaient pas convaincus des leurs, et elle l'emporte, par une simple expression de sa volonté, sur une puissance de plusieurs siècles et sur une armée de trente mille hommes.

C'est là toute la révolution; c'en est le premier acte et le plus noble ; il est juste, il est héroïque, car jamais une nation n'a agi avec plus de droit et de danger.

Le pouvoir vaincu, il fallait le reconstituer d'une manière juste et convenable. Mais à l'aspect de cette échelle sociale au sommet de laquelle tout surabonde, puissance, honneurs, fortune, tandis qu'au bas tout manque jusqu'au pain indispensable à la vie, l'assemblée constituante éprouve dans ses pensées une réaction violente, et veut tout niveler. Elle décide donc que la masse des citoyens complètement égalisée exprimera ses volontés, et que le roi demeurera chargé seulement de leur exécution.

Son erreur ici n'est point d'avoir réduit la royauté à une simple magistrature ; car le roi avait encore assez d'autorité pour maintenir les lois, et plus que n'en ont les magistrats dans les républiques ; mais c'est d'avoir cru qu'un roi, avec le souvenir de ce qu'il avait été, pût se résigner, et qu'un peuple, qui se réveillait à peine, et qui venait de recouvrer une partie de la puissance publique, ne voulût pas la conquérir tout entière. L'histoire prouve en effet qu'il faut diviser infiniment les magistratures, ou que, si on établit un chef unique, il faut le doter si bien qu'il n'ait pas envie d'usurper.

Quand les nations, presque exclusivement occupées de leurs intérêts privés, sentent le besoin de se décharger sur un chef des soins du gouvernement, elles font bien de s'en donner un; mais il faut alors que ce chef, égal des rois anglais, pouvant convoquer et dissoudre les assemblées nationales, n'ayant point à recevoir leurs volontés, ne les sanctionnant que lorsqu'elles lui conviennent, et empêché seulement de trop mal faire, ait réellement la plus grande partie de la souveraineté. La dignité de l'homme peut encore se conserver sous un gouvernement pareil, lorsque la loi est rigoureusement observée, lorsque chaque citoyen sent tout ce qu'il vaut, et sait que ces pouvoirs si grands, laissés au prince, ne lui ont été abandonnés que comme une concession à la faiblesse humaine.

Mais ce n'est pas à l'instant où une nation vient tout à coup de se rappeler ses droits, qu'elle peut consentir à se donner un rôle secondaire, et à remettre volontairement la toute-puissance à un chef, pour que l'envie ne lui vienne pas de l'usurper. L'assemblée constituante n'était pas plus capable que la nation elle-même de faire une pareille abdication. Elle réduisit donc la royauté à une simple magistrature héréditaire, espérant que le roi se contenterait de cette magistrature, toute brillante encore d'honneurs, de richesses et de puissance, et que le peuple la lui laisserait.

Mais que l'assemblée l'espérât ou non, pouvait-elle, dans ce doute, trancher la question? pouvait-elle supprimer le roi, ou bien lui donner toute la puissance que l'Angleterre accorde à ses monarques?

D'abord, elle ne pouvait pas déposer Louis XVI; car s'il est toujours permis de mettre la justice dans un gouvernement, il ne l'est pas d'en changer la forme, quand la justice s'y trouve, et de convertir tout à coup une monarchie en république. D'ailleurs la possession est respectable; et si l'assemblée eût dépouillé la dynastie, que n'eussent pas dit ses ennemis, qui l'accusaient de violer la propriété parce qu'elle attaquait les droits féodaux?

D'un autre côté, elle ne pouvait accorder au roi le *veto* absolu, la nomination des juges, et autres prérogatives semblables, parce que l'opinion publique s'y opposait, et que, cette opinion faisant sa seule force, elle était obligée de s'y soumettre.

Quant à l'établissement d'une seule chambre, son erreur a été plus réelle peut-être, mais tout aussi inévitable. S'il était dangereux de ne laisser que le souvenir du pouvoir à un roi qui l'avait eu tout entier, et en présence d'un peuple qui voulait en envahir jusqu'au dernier reste, il était bien plus faux en principe de ne pas reconnaître les inégalités et les gradations sociales, lorsque les républiques elles-mêmes les admettent, et que chez toutes on trouve un sénat, ou héréditaire, ou électif. Mais il ne faut exiger des hommes et des esprits que ce qu'ils peuvent à chaque époque. Comment, au milieu d'une révolte contre l'injustice des rangs, reconnaître leur nécessité? Comment constituer l'aristocratie au moment de la guerre contre l'aristocratie? Constituer la royauté eût été plus facile, parce que, placée loin du peuple, elle avait été moins oppressive, et parce que d'ailleurs elle remplit des fonctions qui semblent plus nécessaires.

Mais, je le répète, ces erreurs n'eussent-elles pas dominé dans l'assemblée, elles étaient dans la nation, et la suite des événemens prouvera que si on avait laissé au roi et à l'aristocratie tous les pouvoirs qu'on leur ôta, la révolution n'en aurait pas moins eu lieu jusque dans ses derniers excès.

Il faut, pour s'en convaincre, distinguer les révolutions qui éclatent chez les peuples long-temps soumis, de celles qui arrivent chez les peuples libres, c'est-à-dire en possession d'une certaine activité politique. A Rome, à Athènes et ailleurs, on voit les nations et leurs chefs se disputer le plus ou le moins d'autorité. Chez les peuples modernes entièrement dépouillés, la marche est différente. Complètement asservis, ils dorment long-temps. Le réveil a lieu d'abord dans les classes les plus éclairées, qui se soulèvent et recouvrent une partie du pouvoir. Le réveil est successif, l'ambition l'est aussi, et gagne jusqu'aux dernières classes, et la masse entière se trouve ainsi en mouvement. Bientôt, satisfaites de ce qu'elles ont obtenu, les classes éclairées veulent s'arrêter, mais elles ne le peuvent plus, et sont incessamment foulées par celles qui les suivent. Celles qui s'arrêtent, fussent-elles les avant-dernières, sont pour les dernières une aristocratie, et, dans cette lutte des classes se roulant les unes sur les autres, le simple bourgeois finit par être appelé aristocrate par le manouvrier, et poursuivi comme tel.

L'assemblée constituante nous présente cette génération qui s'éclaire et réclame la première contre le pouvoir encore tout-puissant : assez sage pour voir ce que l'on doit à ceux qui avaient tout et à ceux qui n'avaient rien, elle veut laisser aux premiers une partie de ce qu'ils possèdent, parce qu'ils l'ont toujours possédé, et procurer surtout aux seconds les lumières et les droits qu'on acquiert par elles. Mais le regret est chez les uns, l'ambition chez les autres; le regret veut tout recouvrer, l'ambition tout conquérir, et une guerre d'extermination s'engage. Les constituans sont donc ces premiers hommes de bien, qui, secouant l'esclavage, tentent un ordre juste, l'essaient sans effroi, accomplissent même cette immense tâche, mais succombent en voulant engager les uns à céder quelque chose, les autres à ne pas tout désirer.

L'assemblée constituante, dans sa répartition équitable, avait ménagé les anciens possesseurs. Louis XVI, avec le titre de roi des Français, trente millions de revenu, le commandement des armées, et le droit de suspendre les volontés nationales, avait encore d'assez belles prérogatives. Le souvenir seul du pouvoir absolu peut l'excuser de ne pas s'être résigné à ce reste brillant de puissance.

Le clergé, dépouillé des biens immenses qu'il avait reçus jadis, à condition de secourir les pauvres qu'il ne secourait pas, d'entretenir le culte dont il laissait le soin à des curés indigens, le clergé n'était plus un ordre politique; mais ses dignités ecclésiastiques étaient conservées, ses dogmes respectés, ses richesses scandaleuses changées en un revenu suffisant, et on peut même dire abondant, car il permettait encore un assez grand luxe épiscopal. La noblesse n'était plus un ordre, elle n'avait plus les droits exclusifs de chasse, et autres pareils; elle n'était plus exempte d'impôts; mais pouvait-elle faire de ces choses l'objet d'un regret raisonnable? ses immenses propriétés lui étaient laissées. Au lieu de la faveur de la cour, elle avait la certitude des succès accordés au mérite. Elle avait la faculté d'être élue par le peuple, et de le représenter dans l'état, pour peu qu'elle voulût se montrer bienveillante et résignée. La robe et l'épée étaient assurées à ses talens; pourquoi une généreuse émulation ne venait-elle pas l'animer tout à coup? Quel aveu d'incapacité ne faisait-elle point en regrettant les faveurs d'autrefois?

On avait ménagé les anciens pensionnaires, dédommagé les ecclésiastiques, traité chacun avec égard : le sort que l'assemblée constituante avait fait à tous, était-il donc si insupportable?

La constitution étant achevée, aucune espérance ne restait au roi de recouvrer, par des délibérations, les prérogatives qu'il regrettait. Il n'avait plus qu'une chose à faire, c'était de se résigner, et d'observer la constitution à moins qu'il ne comptât sur les puissances étrangères ; mais il espérait très peu de leur zèle, et se défiait de l'émigration. Il se décida donc pour le premier parti, et ce qui prouve sa sincérité, c'est qu'il voulait franchement exprimer à l'assemblée les défauts qu'il trouvait à la constitution. Mais on l'en détourna, et il se résolut à attendre du temps les restitutions de pouvoir qu'il croyait lui être dues. La reine n'était pas moins résignée. « Courage, dit-elle au ministre Bertrand qui se présenta à elle, tout n'est pas encore perdu. Le roi veut s'en tenir à la constitution, ce système est certainement le meilleur. » Et il est permis de croire que, si elle avait eu d'autres pensées à exprimer, elle n'eût pas hésité en présence de Bertrand de Molleville [1].

[1]. Voyez la note 1 à la fin du volume.

L'ancienne assemblée venait de se séparer ; ses membres étaient retournés au sein de leurs familles, ou s'étaient répandus dans Paris. Quelques-uns des plus marquans, tels que Lameth, Duport, Barnave, communiquaient avec la cour, et lui donnaient leurs conseils. Mais le roi, tout décidé qu'il était à observer la constitution, ne pouvait se résigner à suivre les avis qu'il recevait, car on ne lui recommandait pas seulement de ne pas violer cette constitution, mais de faire croire par tous ses actes qu'il y était sincèrement attaché. Ces membres de l'ancienne assemblée, réunis à Lafayette depuis la révision, étaient les chefs de cette génération révolutionnaire, qui avait donné les premières règles de la liberté, et voulait qu'on s'y tînt. Ils étaient soutenus par la garde nationale, que de longs services, sous Lafayette, avaient entièrement attachée à ce général et à ses principes. Les constituans eurent alors un tort, celui de dédaigner la nouvelle assemblée, et de l'irriter souvent par leur mépris. Une espèce de vanité aristocratique s'était déjà emparée de ces premiers législateurs, et il semblait que toute science législative avait disparu après eux.

La nouvelle assemblée était composée de diverses classes d'hommes. On y comptait des partisans éclairés de la première révolution, Ramond, Girardin, Vaublanc, Dumas, et autres, qui se nommèrent les constitutionnels, et occupèrent le côté droit, où ne se trouvait plus un seul des anciens privilégiés. Ainsi, par la marche naturelle et progressive de la révolution, le côté gauche de la première assemblée devait devenir le côté droit de la seconde. Après les constitutionnels, on y trouvait beaucoup d'hommes distingués, dont la révolution avait enflammé la tête et exagéré les désirs. Témoins des travaux de la constituante, et impatiens comme ceux qui regardent faire, ils avaient trouvé qu'on n'avait pas encore assez fait; ils n'osaient pas s'avouer républicains, parce que, de toutes parts, on se recommandait d'être fidèle à la constitution ; mais l'essai de république qu'on avait fait pendant le voyage de Louis XVI, les intentions suspectes de la cour, ramenaient sans cesse leurs esprits à cette idée; et l'état d'hostilité continuelle dans lequel ils se trouvaient vis-à-vis du gouvernement, devait les y attacher chaque jour davantage.

Dans cette nouvelle génération de talens, on remarquait principalement les députés de la Gironde, d'où le parti entier, quoique formé par des hommes de tous les départemens, se nomma *Girondin*. Condorcet, écrivain connu par une grande étendue d'idées, par une extrême rigueur d'esprit et de caractère, en était l'écrivain; et Vergniaud, improvisateur pur et entraînant, en était l'orateur. Ce parti, grossi sans cesse de tout ce qui désespérait de la cour, ne voulait pas la république qui lui échut en 1793; il la rêvait avec tous ses prestiges, avec ses vertus et ses mœurs sévères. L'enthousiasme et la véhémence devaient être ses principaux caractères.

Il devait aussi avoir ses extrêmes: c'étaient Bazire, Chabot, Merlin de Thionville et autres; inférieurs par le talent, ils surpassaient les autres Girondins par l'audace; ils devinrent le parti de la Montagne, lorsque après le renversement du trône ils se séparèrent de la Gironde. Cette seconde assemblée avait enfin, comme la première, une masse moyenne, qui, sans engagement pris, votait tantôt avec les uns, tantôt avec les autres. Sous la constituante, lorsqu'une liberté réelle régnait encore, cette masse était restée indépendante; mais comme elle ne l'était point par énergie, mais par indifférence, dans les assemblées postérieures où régna la violence, elle devint lâche et méprisable, et reçut le nom trivial et honteux de *ventre*.

Les clubs acquirent à cette époque une plus grande importance. Agitateurs sous la constituante, ils devinrent dominateurs sous la législative. L'assemblée nationale ne pouvant contenir toutes les ambitions, elles se réfugiaient dans les clubs, où elles trouvaient une tribune et des orages. C'était là que se rendait tout ce qui voulait parler, s'agiter, s'émouvoir, c'est-à-dire la nation presque entière.

le peuple courait à ce spectacle nouveau; il occupait les tribunes de toutes les assemblées, et y trouvait, dès ce temps même, un emploi lucratif, car on commençait à payer les applaudissemens. Le ministre Bertrand avoue les avoir payés lui-même.

Le plus ancien des clubs, celui des Jacobins, avait déjà une influence extraordinaire. Une église suffisait à peine à la foule de ses membres et de ses auditeurs. Un immense amphithéâtre s'élevait en forme de cirque, et occupait toute la grande nef de l'église des Jacobins. Un bureau se trouvait au centre; un président et des secrétaires l'occupaient. On y recueillait les voix; on y constatait les délibérations sur un registre. Une correspondance active entretenait le zèle des sociétés répandues sur la surface entière de la France; on les nommait sociétés affiliées. Ce club, par son ancienneté et une violence soutenue, l'avait constamment emporté sur tous ceux qui avaient voulu se montrer plus modérés ou même plus véhémens. Les Lameth, avec tout ce qu'il renfermait d'hommes distingués, l'avaient abandonné après le voyage de Varennes, et s'étaient transportés aux Feuillans. C'était dans ce dernier que se trouvaient confondus tous les essais de clubs modérés, essais qui n'avaient jamais réussi parce qu'ils allaient contre le besoin même qui faisait courir aux clubs, celui de l'agitation. C'est aux Feuillans que se réunissaient alors les constitutionnels, ou partisans de la première révolution. Aussi le nom de Feuillant devint-il un titre de proscription, lorsque celui de modéré en fut un.

Un autre club, celui des Cordeliers, avait voulu rivaliser de violence avec les Jacobins. Camille Desmoulins en était l'écrivain, et Danton le chef. Ce dernier, n'ayant pas réussi au barreau, s'était fait adorer de la multitude qu'il touchait vivement par ses formes athlétiques, sa voix sonore et ses passions toutes populaires. Les cordeliers n'avaient pu, même avec de l'exagération, l'emporter sur leurs rivaux, chez lesquels l'habitude entretenait une immense affluence; mais ils étaient en même temps presque tous du club jacobin, et, lorsqu'il le fallait, ils s'y rendaient à la suite de Danton pour déterminer la majorité en sa faveur.

Robespierre, qu'on a vu pendant l'assemblée constituante se distinguer par le rigorisme de ses principes, était exclu de l'assemblée législative par le décret de non-réélection qu'il avait lui-même contribué à faire rendre. Il s'était retranché aux Jacobins, où il dominait sans partage, par le dogmatisme de ses opinions et par une réputation d'intégrité qui lui avait valu le nom d'incorruptible. Saisi d'effroi, comme on l'a vu, au moment de la révision, il s'était rassuré depuis, et il continuait l'œuvre de sa popularité. Robespierre avait trouvé deux rivaux qu'il commençait à haïr, c'étaient Brissot et Louvet. Brissot, mêlé à tous les hommes de la première assemblée, ami de Mirabeau et de Lafayette, connu pour républicain, et l'un des membres le plus distingués de la législative, était léger de caractère, mais remarquable par certaines qualités d'esprit. Louvet, avec une ame chaude, beaucoup d'esprit et une grande audace, était du nombre de ceux qui, ayant dépassé la constituante, rêvaient la république : il se trouvait par là naturellement jeté vers les Girondins. Bientôt ses luttes avec Robespierre le leur attachèrent davantage. Ce parti de la Gironde, formé peu à peu sans intention, par des hommes qui avaient trop de mérite pour s'allier à la populace, assez d'éclat pour être enviés par elle et par ses chefs, et qui étaient plutôt unis par leur situation que par un concert, ce parti dut être brillant mais faible, et périr devant les factions plus réelles qui s'élevaient autour de lui.

Tel était donc l'état de la France : les anciens privilégiés étaient retirés au-delà du Rhin; les partisans de la constitution occupaient la droite de l'assemblée, la garde nationale, et le club des Feuillans; les Girondins avaient la majorité dans l'assemblée, mais non dans les clubs, où la basse violence l'emportait; enfin les exagérés de cette nouvelle époque, placés sur les bancs les plus élevés de l'assemblée, et à cause de cela nommés *la Montagne*, étaient tout-puissans dans les clubs et sur la populace.

Lafayette ayant déposé tout grade militaire, avait été accompagné dans ses terres par les hommages et les regrets de ses compagnons d'armes. Le commandement n'avait pas été délégué à un nouveau général, mais six chefs de légion commandaient alternativemeut la garde nationale tout entière. Bailly, le fidèle allié de Lafayette pendant ces trois années si pénibles, quitta aussi la mairie. Les voix des électeurs se partagèrent entre Lafayette et Pétion; mais la cour, qui ne voulait à aucun prix de Lafayette, dont cependant les dispositions lui étaient favorables, préféra Pétion, quoiqu'il fût républicain. Elle espéra davantage d'une espèce de froideur qu'elle prenait pour de la stupidité, mais qui n'en était pas, et elle dépensa beaucoup pour lui assurer la majorité. Il l'obtint en effet, et fut nommé maire [1]. Pétion, avec un esprit éclairé, une conviction froide mais solide, avec assez d'adresse, servit constamment les républicains contre la cour, et se trouva lié à la Gironde par la conformité des vues, et par l'envie que sa nouvelle dignité excita chez les Jacobins.

1. 17 novembre.

Cependant si, malgré ces dispositions des partis, on avait pu compter sur le roi, il est possible que les méfiances des Girondins se fussent calmées, et que, le prétexte des troubles n'existant plus, les agitateurs n'eussent trouvé désormais aucun moyen d'ameuter la populace.

Les intentions du roi étaient formées; mais, grâce à sa faiblesse, elles n'étaient jamais irrévocables. Il fallait qu'il les prouvât avant qu'on y crût; et, en attendant la preuve, il était exposé à plus d'un outrage. Son caractère, quoique bon, n'était pas sans une certaine disposition à l'humeur; ses résolutions devaient donc être facilement ébranlées par les premières fautes de l'assemblée. Elle se forma elle-même, et prêta serment avec pompe sur le livre de la constitution. Son premier décret, relatif au cérémonial, abolit les titres de *sire* et de *majesté* donnés ordinairement au roi. Elle ordonna de plus qu'en paraissant dans l'assemblée, il serait assis sur un fauteuil absolument semblable à celui du président[1]. C'étaient là les premiers effets de l'esprit républicain; et la fierté de Louis XVI en fut cruellement blessée. Pour se soustraire à ce qu'il regardait comme une humiliation, il résolut de ne pas se montrer à l'assemblée et d'envoyer ses ministres ouvrir la session législative. L'as-

---

1. Décret du 5 octobre.

semblée, se repentant de cette première hostilité, révoqua son décret le lendemain, et donna ainsi un rare exemple de retour. Le roi s'y rendit alors et fut parfaitement accueilli. Malheureusement on avait décrété que les députés, si le roi restait assis, pourraient également s'asseoir; c'est ce qu'ils firent, et Louis XVI y vit une nouvelle insulte. Les applaudissemens dont il fut couvert ne purent guérir sa blessure. Il rentra pâle et les traits altérés. A peine fut-il seul avec la reine, qu'il se jeta sur un siége en sanglottant. « Ah! madame, s'écria-t-il, vous avez été témoin de cette humiliation! Quoi! venir en France pour voir.... » La reine s'efforça de le consoler, mais son cœur était profondément blessé, et ses bonnes intentions durent en être ébranlées [1].

Cependant si dès lors il ne songea plus qu'à recourir aux étrangers, les dispositions des puissances durent lui donner peu d'espoir. La déclaration de Pilnitz était demeurée sans effet, soit par défaut de zèle de la part des souverains, soit aussi à cause du danger que Louis XVI aurait couru, étant, depuis le retour de Varennes, prisonnier de l'assemblée constituante. L'acceptation de la constitution était un nouveau motif d'attendre les résultats de l'expérience avant d'agir. C'était l'avis

---

[1]. Voyez madame Campan, tome II. page 129.

de Léopold et du ministre Kaunitz. Aussi lorsque Louis XVI eut notifié à toutes les cours qu'il acceptait la constitution, et que son intention était de l'observer fidèlement, l'Autriche donna une réponse très pacifique; la Prusse et l'Angleterre firent de même, et protestèrent de leurs intentions amicales. Il est à observer que les puissances voisines agissaient avec plus de réserve que les puissances éloignées, telles que la Suède et la Russie, parce qu'elles étaient plus immédiatement compromises dans la guerre. Gustave, qui rêvait une entreprise brillante sur la France, répondit à la notification, qu'il ne regardait pas le roi comme libre. La Russie différa de s'expliquer. La Hollande, les principautés italiennes, mais surtout la Suisse, firent des réponses satisfaisantes. Les électeurs de Trèves et de Mayence, dans les territoires desquels se trouvaient les émigrés, employèrent des expressions évasives. L'Espagne, assiégée par les émissaires de Coblentz, ne se prononça pas davantage, et prétendit qu'elle désirait du temps pour s'assurer de la liberté du roi; mais elle assura néanmoins qu'elle n'entendait pas troubler la tranquillité du royaume.

De telles réponses, dont aucune n'était hostile, la neutralité assurée de l'Angleterre, l'incertitude de Frédéric-Guillaume, les dispositions pacifiques et bien connues de Léopold, tout faisait prévoir la paix. Il est difficile de savoir ce qui se passait dans l'ame vacillante de Louis XVI, mais son intérêt évident, et les craintes mêmes que la guerre lui inspira plus tard, doivent porter à croire qu'il désirait aussi la conservation de la paix. Au milieu de ce concert général, les émigrés seuls s'obstinèrent à vouloir la guerre et à la préparer.

Ils se rendaient toujours en foule à Coblentz; ils y armaient avec activité, préparaient des magasins, passaient des marchés pour les fournitures, formaient des cadres qui à la vérité ne se remplissaient pas, car aucun d'eux ne voulait se faire soldat; ils instituaient des grades qui se vendaient; et, s'ils ne tentaient rien de véritablement dangereux, ils faisaient néanmoins de grands préparatifs, qu'eux-mêmes croyaient redoutables, et dont l'imagination populaire devait s'effrayer.

La grande question était de savoir si Louis XVI les favorisait ou non; et il était difficile de croire qu'il ne fût pas très bien disposé en faveur de parens et de serviteurs qui s'armaient pour lui rendre ses anciens pouvoirs. Il ne fallait pas moins que la plus grande sincérité et de continuelles démonstrations pour persuader le contraire. Les lettres du roi aux émigrés portaient l'invitation et même l'ordre de rentrer; mais il avait, dit-on [1],

---

[1]. Voyez la note 2 à la fin du volume.

une correspondance secrète qui démentait sa correspondance publique et en détruisait l'effet. On ne peut sans doute contester les communications secrètes avec Coblentz ; mais je ne crois pas que Louis XVI s'en soit servi pour contredire les injonctions qu'il avait publiquement adressées aux émigrés. Son intérêt le plus évident voulait qu'ils rentrassent. Leur présence à Coblentz ne pouvait être utile qu'autant qu'ils avaient le projet de combattre ; or Louis XVI redoutait la guerre civile par-dessus tout. Ne voulant donc pas employer leur épée sur le Rhin, il valait mieux qu'il les eût auprès de lui, afin de s'en servir au besoin, et de réunir leurs efforts à ceux des constitutionnels pour protéger sa personne et son trône. En outre, leur présence à Coblentz provoquait des lois sévères qu'il ne voulait pas sanctionner ; son refus de sanction le compromettait avec l'assemblée, et on verra que c'est l'usage qu'il fit du *veto* qui le dépopularisa complétement en le faisant regarder comme complice des émigrés. Il serait étrange qu'il n'eût pas aperçu la justesse de ces raisons, que tous les ministres avaient sentie. Ceux-ci pensaient unanimement que les émigrés devaient retourner auprès de la personne du roi pour la défendre, pour faire cesser les alarmes et ôter tout prétexte aux agitateurs. C'était même l'opinion de Bertrand de Molleville, dont les principes n'étaient rien moins

que constitutionnels. « Il fallait, dit-il, employer
« tous les moyens possibles d'augmenter la popu-
« larité du roi. Le plus efficace et le plus utile de
« tous, dans ce moment, était de rappeler les émi-
« grés. Leur retour généralement désiré aurait fait
« revivre en France le parti royaliste que l'émigra-
« tion avait entièrement désorganisé. Ce parti, for-
« tifié par le discrédit de l'assemblée, et recruté
« par les nombreux déserteurs du parti constitu-
« tionnel, et par tous les mécontens, serait bientôt
« devenu assez puissant pour rendre décisive en
« faveur du roi l'explosion plus ou moins pro-
« chaine à laquelle il fallait s'attendre. » (*Tome VI,
p. 42.*)

Louis XVI, se conformant à cet avis des ministres, adressa des exhortations aux principaux chefs
de l'armée et aux officiers de marine pour leur
rappeler leur devoir, et les retenir à leur poste.
Cependant ses exhortations furent inutiles, et la
désertion continua sans interruption. Le ministre
de la guerre vint annoncer que dix-neuf cents officiers avaient déserté. L'assemblée ne put se modérer, et résolut de prendre des mesures vigoureuses. La constituante s'était bornée, en dernier
lieu, à prononcer la destitution des fonctionnaires
publics qui étaient hors du royaume, et à frapper
les biens des émigrés d'une triple contribution,
pour dédommager l'état des services dont ils le

privaient par leur absence. L'assemblée nouvelle proposa des peines plus sévères.

Divers projets furent présentés. Brissot distingua trois classes d'émigrés : les chefs de la désertion, les fonctionnaires publics qui abandonnaient leurs fonctions, et enfin ceux qui par crainte avaient fui le sol de leur patrie. Il fallait, disait-il, sévir contre les premiers, mépriser et plaindre les autres.

Il est certain que la liberté de l'homme ne permet pas qu'on l'enchaîne au sol ; mais lorsque la certitude est acquise, par une foule de circonstances, que les citoyens qui abandonnent leur patrie vont se réunir au dehors pour lui déclarer la guerre, il est permis de prendre des précautions contre des projets aussi dangereux.

La discussion fut longue et opiniâtre. Les constitutionnels s'opposaient à toutes les mesures proposées, et soutenaient qu'il fallait mépriser d'inutiles tentatives, comme avaient toujours fait leurs prédécesseurs. Cependant le parti opposé l'emporta, et un premier décret fut rendu, qui enjoignit à Monsieur, frère du roi, de rentrer sous deux mois, faute de quoi il perdrait son droit éventuel à la régence. Un second décret plus sévère fut porté contre les émigrés en général ; il déclarait que les Français rassemblés au-delà des frontières du royaume seraient suspects de conjuration contre la France ; que si, au 1er janvier prochain, ils étaient encore en état de rassemblement, ils seraient déclarés coupables de conjuration, poursuivis comme tels, et punis de mort ; et que les revenus des contumaces seraient pendant leur vie perçus au profit de la nation, sans préjudice des droits des femmes, enfans et créanciers légitimes [1].

L'action d'émigrer n'étant pas répréhensible en elle-même, il est difficile de caractériser le cas où elle le devient. Ce que pouvait faire la loi, c'était d'avertir d'avance qu'on allait devenir coupable à telle condition ; et tous ceux qui ne voulaient pas l'être n'avaient qu'à obéir. Ceux qui, avertis du terme auquel l'absence du royaume devenait un crime, ne rentraient pas, consentaient par cela même à passer pour criminels. Ceux qui, sans motifs de guerre ou de politique, étaient hors du royaume, devaient se hâter de revenir ; c'est en effet un sacrifice assez léger à la sûreté d'un état, que d'abréger un voyage de plaisir ou d'intérêt.

Louis XVI, afin de satisfaire l'assemblée et l'opinion publique, consentit au décret qui ordonnait à Monsieur de rentrer, sous peine de perdre son droit à la régence, mais il apposa son *veto* sur la loi contre les émigrés. Les ministres furent chargés de se rendre tous ensemble à l'assemblée, pour y annoncer les volontés du roi [2]. Ils lurent d'abord

[1]. Décrets du 28 octobre et du 9 novembre.
[2]. Séance du 12 novembre.

divers décrets auxquels la sanction était donnée. Quand arriva celui des émigrés, un silence profond se fit dans l'assemblée; et lorsque le garde-des-sceaux prononça la formule officielle, *le roi examinera*, un grand mécontentement se manifesta de tous côtés. Il voulut développer les formes du *veto*; mais une foule de voix s'élevèrent, et dirent au ministre que la constitution accordait au roi le droit de faire opposition, mais non celui de la motiver. Le ministre fut donc obligé de se retirer en laissant après lui une profonde irritation. Cette première résistance du roi à l'assemblée fut une rupture définitive; et quoiqu'il eût sanctionné le décret qui privait son frère de la régence, on ne put s'empêcher de voir dans son refus au second décret une marque d'affection pour les insurgés de Coblentz. On se rappela qu'il était leur parent, leur ami, et en quelque sorte leur co-intéressé; et on en conclut qu'il lui était impossible de ne pas faire cause commune avec eux contre la nation.

Dès le lendemain, Louis XVI fit publier une proclamation aux émigrés, et deux lettres particulières à chacun de ses frères. Les raisons qu'il leur présentait aux uns et aux autres étaient excellentes, et paraissaient données de bonne foi. Il les engageait à faire cesser, par leur retour, les méfiances que les malveillans se plaisaient à répandre; il les priait de ne pas le réduire à employer contre eux des mesures sévères; et quant à son défaut de liberté, sur lequel on s'appuyait pour ne pas lui obéir, il leur donnait pour preuve du contraire le *veto* qu'il venait d'apposer en leur faveur [1]. Quoi qu'il en soit, ces raisons ne produisirent ni à Coblentz ni à Paris l'effet qu'elles étaient ou paraissaient destinées à produire. Les émigrés ne rentrèrent pas; et dans l'assemblée on trouva le ton de la proclamation trop doux; on contesta même au pouvoir exécutif le droit d'en faire une. On était en effet trop irrité pour se contenter d'une proclamation, et surtout pour souffrir que le roi substituât une mesure inutile aux mesures vigoureuses qu'on venait de prendre.

Une autre épreuve du même genre était au même instant imposée à Louis XVI, et amenait un résultat aussi malheureux. Les premiers troubles religieux avaient éclaté dans l'Ouest; l'assemblée constituante y avait envoyé deux commissaires, dont l'un était Gensonné, si célèbre plus tard dans le parti de la Gironde. Leur rapport avait été fait à l'assemblée législative, et, quoique très modéré, ce rapport l'avait remplie d'indignation. On se souvient que l'assemblée constituante, en privant de leurs fonctions les prêtres qui refusaient de prêter le serment, leur avait cependant laissé une

---

[1]. Voyez la note 3 à la fin du volume.

pension et la liberté d'exercer leur culte à part. Ils n'avaient cessé depuis lors d'exciter le peuple contre leurs confrères assermentés, de les lui montrer comme des impies dont le ministère était nul et dangereux. Ils traînaient les paysans à leur suite à de longues distances pour leur dire la messe. Ceux-ci s'irritaient de voir leur église occupée par un culte qu'ils croyaient mauvais, et d'être obligés d'aller chercher si loin celui qu'ils croyaient bon. Souvent ils s'en prenaient aux prêtres assermentés et à leurs partisans. La guerre civile était imminente [1]. De nouveaux renseignemens furent fournis à l'assemblée, et lui montrèrent le danger encore plus grand. Elle voulut alors prendre contre ces nouveaux ennemis de la constitution des mesures semblables à celles qu'elle avait prises contre les ennemis armés d'outre-Rhin, et faire un nouvel essai des dispositions du roi.

L'assemblée constituante avait ordonné à tous les prêtres le serment civique. Ceux qui refusaient de le prêter, en perdant la qualité de ministres du culte public et payé par l'état, conservaient leurs pensions de simples ecclésiastiques, et la liberté d'exercer privément leur ministère. Rien n'était plus doux et plus modéré qu'une répression pareille. L'assemblée législative exigea de nouveau le

---

1. Voyez la note 4 à la fin du volume.

serment, et priva ceux qui le refuseraient de tout traitement. Comme ils abusaient de leur liberté en excitant la guerre civile, elle ordonna que, selon leur conduite, ils seraient transportés d'un lieu dans un autre, et même condamnés à une détention s'ils refusaient d'obéir. Enfin elle leur défendit le libre exercice de leur culte particulier, et voulut que les corps administratifs lui fissent parvenir une liste avec des notes sur le compte de chacun d'eux [1].

Cette mesure, ainsi que celle qui venait d'être prise contre les émigrés, tenait à la crainte qui s'empare des gouvernemens menacés, et qui les porte à s'entourer de précautions excessives. Ce n'est plus le fait réalisé qu'ils punissent, c'est l'attaque présumée qu'ils poursuivent; et leurs mesures deviennent souvent arbitraires et cruelles comme le soupçon.

Les évêques et les prêtres qui étaient demeurés à Paris et avaient conservé des relations avec le roi, lui adressèrent aussitôt un mémoire contre le décret. Déjà plein de scrupules, le roi, qui s'était reproché toujours d'avoir sanctionné le décret de la constituante, n'avait pas besoin d'encouragement pour refuser sa sanction. « Pour celui-ci, dit-il en parlant du nouveau projet, on m'ôtera plutôt la vie que de m'obliger à le sanctionner. » Les mi-

[1]. Décret du 27 novembre.

nistres partageaient à peu près cet avis. Barnave et Lameth, que le roi consultait quelquefois, lui conseillèrent de refuser sa sanction; mais à ce conseil ils en ajoutaient d'autres que le roi ne pouvait se décider à suivre : c'était, en s'opposant au décret, de ne laisser aucun doute sur ses dispositions, et, pour cela, d'éloigner de sa personne tous les prêtres qui refusaient le serment, et de ne composer sa chapelle que d'ecclésiastiques constitutionnels. Mais, de tous les avis qu'on lui donnait, le roi n'adoptait que la partie qui concordait avec sa faiblesse ou sa dévotion. Duport-Dutertre, garde-des-sceaux et organe des constitutionnels dans le ministère, y fit approuver leur avis; et lorsque le conseil eut délibéré, à la grande satisfaction de Louis XVI, que le *veto* serait apposé, il ajouta, comme avis, qu'il serait convenable d'entourer la personne du roi de prêtres non suspects. A cette proposition, Louis XVI, ordinairement si flexible, montra une invincible opiniâtreté; et dit que la liberté des cultes, décrétée pour tout le monde, devait l'être pour lui comme pour ses sujets, et qu'il devait avoir la liberté de s'entourer des prêtres qui lui convenaient. On n'insista pas; et, sans en donner connaissance encore à l'assemblée, le *veto* fut décidé.

Le parti constitutionnel, auquel le roi semblait se livrer en ce moment, lui prêta un nouveau secours; ce fut celui du directoire du département. Ce directoire était composé des membres les plus considérés de l'assemblée constituante; on y trouvait le duc de Larochefoucault, l'évêque d'Autun, Baumetz, Desmeuniers, Ansons, etc. Il fit une pétition au roi, non comme corps administratif, mais comme réunion de pétitionnaires, et provoqua l'apposition du *veto* au décret contre les prêtres.

« L'assemblée nationale, disait la pétition, a certainement voulu le bien; nous aimons à la venger ici de ses coupables détracteurs; mais un si louable dessein l'a poussée vers des mesures que la constitution, que la justice, que la prudence, ne sauraient admettre..... Elle fait dépendre, pour tous les ecclésiastiques non-fonctionnaires, le paiement de leurs pensions de la prestation du serment civique, tandis que la constitution a mis expressément et littéralement ces pensions au rang des dettes nationales. Or, le refus de prêter un serment quelconque peut-il détruire le titre d'une créance reconnue? L'assemblée constituante a fait ce qu'elle pouvait faire à l'égard des prêtres non assermentés; ils ont refusé le serment prescrit, et elle les a privés de leurs fonctions; en les dépossédant, elle les a réduits à une pension..... L'assemblée législative veut que les ecclésiastiques qui n'ont point prêté le serment, ou qui l'ont rétracté, puissent, dans les troubles religieux, être éloignés provisoirement, et emprisonnés s'ils n'obéissent à l'ordre qui leur sera intimé. N'est-ce pas renouveler le système des ordres arbitraires, puisqu'il serait permis de punir de l'exil, et bientôt après de la prison, celui qui ne serait pas encore convaincu d'être réfractaire à aucune loi?..... L'assemblée nationale refuse à tous ceux qui ne prêteraient pas le serment civique la libre profession de leur culte..... Or, cette liberté ne peut être ravie à personne ; elle est consacrée à jamais dans la déclaration des droits.

Ces raisons étaient sans doute excellentes, mais on n'apaise avec des raisonnemens ni les ressentimens ni les craintes des partis. Comment persuader à une assemblée qu'on devait permettre à des prêtres obstinés d'exciter le trouble et la guerre civile? Le directoire fut injurié, et sa pétition au roi fut combattue par une foule d'autres adressées au corps législatif. Camille Desmoulins en présenta une très hardie à la tête d'une section. On pouvait y remarquer déjà la violence croissante du langage, et l'abjuration de toutes les convenances observées jusque-là envers les autorités et le roi. Desmoulins disait à l'assemblée qu'il fallait un grand exemple.....; que le directoire devait être mis en état d'accusation.....; que c'étaient les chefs qu'il fallait poursuivre.....; qu'on devait frapper à la tête, et se servir de la foudre contre les conspirateurs.....; que la puissance du *veto* royal avait un terme, et qu'on n'empêchait pas avec un *veto* la prise de la Bastille.....

Louis XVI, décidé à refuser sa sanction, différait cependant de l'annoncer à l'assemblée. Il voulait d'abord par quelques actes se concilier l'opinion. Il prit ses ministres dans le parti constitutionnel. Montmorin, fatigué de sa laborieuse carrière sous la constituante, et de ses pénibles négociations avec tous les partis, n'avait pas voulu braver les orages d'une nouvelle législature, et s'était retiré malgré les instances du roi. Le ministère des affaires étrangères, refusé par divers personnages, fut accepté par Delessart, qui quitta celui de l'intérieur; Delessart, intègre et éclairé, était sous l'influence des constitutionnels ou feuillans; mais il était trop faible pour fixer la volonté du roi, pour imposer aux puissances étrangères et aux factions intérieures. Cahier de Gerville, patriote prononcé, mais plus raide qu'entraînant, fut placé à l'intérieur, pour satisfaire encore l'opinion publique. Narbonne, jeune homme plein d'activité et d'ardeur, constitutionnel zélé, et habile à se populariser, fut porté à l'administration de la guerre par le parti qui composait alors le ministère. Il aurait pu avoir une influence utile sur le conseil, et rattacher l'assemblée au roi s'il n'avait eu pour adversaire Bertrand de Molleville, ministre contre-révolutionnaire, et préféré par la cour à tous les autres.

Bertrand de Molleville, détestant la constitution, s'enveloppait avec art dans le texte pour en attaquer l'esprit, et voulait franchement que le roi essayât de l'exécuter, « mais afin, disait-il, qu'elle fût démontrée inexécutable. » Le roi ne pouvait pas se résoudre à le renvoyer, et c'est avec ce ministère mêlé qu'il essaya de poursuivre sa route. Après avoir tenté de plaire à l'opinion par ses choix, il essaya d'autres moyens pour se l'attacher encore davantage, et il parut se prêter à toutes les mesures diplomatiques et militaires proposées contre les rassemblemens formés sur le Rhin.

Les dernières lois répressives avaient été empêchées par le *veto*, et cependant tous les jours de nouvelles dénonciations apprenaient à l'assemblée les préparatifs et les menaces des émigrés. Les procès-verbaux des municipalités et des départemens voisins de la frontière, les rapports des commerçans venant d'outre-Rhin, attestaient que le vicomte de Mirabeau, frère du célèbre constituant, était à la tête de six cents hommes dans l'évêché de Strasbourg; que, dans le territoire de l'électeur de Mayence et près de Worms, se trouvaient des corps nombreux de transfuges, sous les ordres du prince de Condé; qu'il en était de même à Coblentz et dans tout l'électorat de Trèves; que les excès et des violences avaient été commis sur les Français, et qu'enfin la proposition avait été faite au général Wimpfen de livrer Neuf-Brisach Ces rapports, ajoutés à tout ce qu'on savait déjà par la notoriété publique, poussèrent l'assemblée au dernier degré d'irritation. Un projet de décret fut aussitôt proposé, pour exiger des électeurs le désarmement des émigrés. On renvoya la décision à deux jours pour qu'elle ne parût pas trop précipitée. Ce délai expiré, la délibération fut ouverte.

Le député Isnard prit le premier la parole : il fit sentir la nécessité d'assurer la tranquillité du royaume, non pas d'une manière passagère, mais durable ; d'en imposer par des mesures promptes et vigoureuses, qui attestassent à l'Europe entière les résolutions patriotiques de la France. « Ne craignez pas, disait-il, de provoquer contre vous la guerre des grandes puissances, l'intérêt a déjà décidé de leurs intentions, vos mesures ne les changeront pas, mais les obligeront à s'expliquer... Il faut que la conduite du Français réponde à sa nouvelle destinée. Esclave sous Louis XIV, il fut néanmoins intrépide et grand ; aujourd'hui libre, serait-il faible et timide ? On se trompe, dit Montesquieu, si l'on croit qu'un peuple en révolution est disposé à être conquis ; il est prêt au contraire à conquérir les autres. (*Applaudissemens.*)

« On vous propose des capitulations! On veut augmenter la prérogative royale, augmenter le pouvoir du roi, d'un homme dont la volonté peut paralyser celle de toute la nation, d'un homme qui reçoit 30,000,000, tandis que des milliers de citoyens meurent dans la détresse! (*Nouveaux applaudissemens.*) On veut ramener la noblesse! Dussent tous les nobles de la terre nous assaillir, les Français tenant d'une main leur or, et de l'autre leur fer, combattront cette race orgueilleuse, et la forceront d'endurer le supplice de l'égalité.

« Parlez aux ministres, au roi et à l'Europe, le langage qui convient aux représentans de la France. Dites aux ministres que jusqu'ici vous n'êtes pas très-satisfaits de leur conduite, et que par la responsabilité vous entendez la mort. (*Applaudissemens prolongés.*) Dites à l'Europe que vous respecterez les constitutions de tous les empires, mais que, si on suscite une guerre des rois contre la France, vous susciterez une guerre des peuples contre les rois! » Les applaudissemens se renouvelant encore : « Respectez, s'écrie l'orateur, respectez mon enthousiasme, c'est celui de la liberté! Dites, ajoute-t-il, que les combats que se livrent les peuples par ordre des despotes, ressemblent aux coups que deux amis, excités par un instigateur perfide, se portent dans l'obscurité! Si le jour vient à paraître, ils s'embrassent, et se vengent de celui qui les trompait. De même si, au moment que les armées ennemies lutteront avec les nôtres, la philosophie frappe leurs yeux, les peuples s'embrasseront

3.

à la face des tyrans détrônés, de la terre consolée, et du ciel satisfait ! [1] »

L'enthousiasme excité par ces paroles fut tel qu'on se pressait autour de l'orateur pour l'embrasser. Le décret qu'il appuyait fut adopté sur-le-champ. M. de Vaublanc fut chargé de le porter au roi, à la tête d'une députation de vingt-quatre membres. Par ce décret l'assemblée déclarait qu'elle regardait comme indispensable de requérir les électeurs de Trèves, Mayence, et autres princes de l'empire, de mettre fin aux rassemblemens formés sur la frontière. Elle suppliait en même temps le roi de hâter les négociations entamées pour les indemnités dues aux princes possessionnés en Alsace.

M. de Vaublanc accompagna ce décret d'un discours ferme et respectueux, fort applaudi par l'assemblée. « Sire, disait-il, si les Français chassés de leur patrie par la révocation de l'édit de Nantes s'étaient rassemblés en armes sur les frontières, s'ils avaient été protégés par des princes d'Allemagne, sire, nous vous le demandons, qu'elle eût été la conduite de Louis XIV? Eût-il souffert ces rassemblemens? Ce qu'il eût fait pour son autorité, que Votre Majesté le fasse pour le maintien de la constitution ! »

[1]. Séance du 29 novembre.

Louis XVI, décidé, comme nous l'avons dit, à corriger l'effet du *veto* par des actes qui plussent à l'opinion, résolut de se rendre à l'assemblée, et de répondre lui-même à son message par un discours capable de la satisfaire.

Le 14 décembre, au soir, le roi s'y rendit après s'être annoncé le matin par un simple billet. Il fut reçu dans un profond silence. Il dit que le message de l'assemblée méritait une grande considération, et que, dans une circonstance où était compromis l'honneur français, il croyait devoir se présenter lui-même; que, partageant les intentions de l'assemblée, mais redoutant le fléau de la guerre, il avait essayé de ramener des Français égarés; que les insinuations amicales ayant été inutiles, il avait prévenu le message des représentans, et avait signifié aux électeurs que si, avant le 15 janvier, tout attroupement n'avait pas cessé, ils seraient considérés comme ennemis de la France; qu'il avait écrit à l'empereur pour réclamer son intervention en qualité de chef de l'empire, et que dans le cas où satisfaction ne serait pas obtenue, il proposerait la guerre. Il finissait en disant qu'on chercherait vainement à environner de dégoûts l'exercice de son autorité, qu'il garderait fidèlement le dépôt de la constitution, et qu'il sentait profondément combien c'était beau d'être roi d'un peuple libre. Les applaudissemens succédèrent au silence, et dédommagèrent le roi de l'accueil qu'il avait reçu en entrant. L'assemblée ayant décrété le matin qu'il lui serait répondu par un message, ne put lui exprimer sur-le-champ sa satisfaction, mais elle décida que son discours serait envoyé aux quatre-vingt-trois départemens. Narbonne entra aussitôt après, pour faire connaître les moyens qui avaient été pris pour assurer l'effet des injonctions adressées à l'empire. Cent cinquante mille hommes devaient être réunis sur le Rhin, et ce n'était pas impossible, ajoutait-il. Trois généraux étaient nommés pour les commander : Luckner, Rochambeau et Lafayette. Les applaudissemens couvrirent le dernier nom. Narbonne ajoutait qu'il allait partir pour visiter les frontières, s'assurer de l'état des places fortes, et donner la plus grande activité aux travaux de défense; que sans doute l'assemblée accorderait les fonds nécessaires, et ne marchanderait pas la liberté. « Non, non, » s'écria-t-on de toutes parts. Enfin il demanda si l'assemblée, malgré que le nombre légal des maréchaux fût complet, ne permettrait pas au roi de conférer ce grade aux deux généraux Luckner et Rochambeau, chargés de sauver la liberté. Des acclamations témoignèrent le consentement de l'assemblée, et la satisfaction que lui causait l'activité du jeune ministre. C'est par une conduite pareille que Louis XVI serait parvenu à se populariser, et à se concilier les républicains qui ne voulaient de la république que parce qu'ils croyaient un roi incapable d'aimer et de défendre la liberté.

On profita de la satisfaction produite par ces mesures, pour signifier le *veto* apposé sur le décret contre les prêtres. Le matin on eut soin de publier dans les journaux la destitution des anciens agens diplomatiques accusés d'aristocratie, et la nomination des nouveaux. Grâces à ces précautions, le message fut accueilli sans murmure. Déjà l'assemblée s'y attendait, et la sensation ne fut pas aussi fâcheuse qu'on aurait pu le craindre. On voit quels ménagemens infinis le roi était obligé de garder pour faire usage de sa prérogative, et quel danger il y avait pour lui à l'employer. Quand même l'assemblée constituante, qu'on a accusée de l'avoir perdu en le dépouillant, lui eût accordé le *veto* absolu, en eût-il été plus puissant pour cela? Le *veto* suspensif ne faisait-il pas ici tout l'effet du *veto* absolu? Était-ce la puissance légale qui manquait au roi ou la puissance d'opinion? On le voit par le résultat même; ce n'est pas le défaut de prérogatives suffisantes qui a perdu Louis XVI, mais l'usage inconsidéré de celles qui lui restaient...

L'activité promise à l'assemblée ne se ralentit pas; les propositions pour les dépenses de guerre, pour la nomination des deux maréchaux Luckner et Rochambeau, se succédèrent sans interruption. Lafayette, arraché à la retraite où il était allé se délasser de trois années de fatigues, se présenta à l'assemblée où il fut parfaitement accueilli. Des bataillons de la garde nationale l'accompagnèrent à sa sortie de Paris; et tout lui prouva que le nom de Lafayette n'était pas oublié, et qu'on le regardait encore comme un des fondateurs de la liberté.

Cependant Léopold, naturellement pacifique, ne voulait pas la guerre, car il savait qu'elle ne convenait pas à ses intérêts, mais il désirait un congrès soutenu d'une force imposante pour amener un accommodement et quelques modifications dans la constitution. Les émigrés ne voulaient pas la modifier, mais la détruire; plus sage et mieux instruit, l'empereur savait qu'il fallait accorder beaucoup aux opinions nouvelles, et que ce qu'on pouvait désirer c'était tout au plus de rendre au roi quelques prérogatives, et de revenir sur la composition du corps législatif, en établissant deux chambres au lieu d'une[1]. C'est surtout ce dernier projet qu'on redoutait le plus et qu'on reprochait souvent au parti feuillant et constitutionnel. Il est certain que si ce parti avait, dans les premiers temps de la constituante, repoussé la

---

1. Voyez la note 5 à la fin du volume.

chambre haute, parce qu'il craignait avec raison de voir la noblesse s'y retrancher, ses craintes aujourd'hui n'étaient plus les mêmes ; il avait au contraire la juste espérance de la remplir presqu'à lui seul. Beaucoup de constituans, replongés dans une nullité complète, y auraient trouvé une occasion de rentrer sur la scène politique. Si donc cette chambre haute n'était pas dans leurs vues, elle était du moins dans leurs intérêts. Il est certain que les journaux en parlaient souvent, et que ce bruit circulait partout. Combien avait été rapide la marche de la révolution ! Le côté droit aujourd'hui était composé des membres de l'ancien côté gauche ; et l'attentat redouté et reproché n'était plus le retour à l'ancien régime, mais l'établissement d'une chambre haute. Quelle différence avec 89 ! et combien une folle résistance n'avait-elle pas précipité les événemens !

Léopold ne voyait donc pour Louis XVI que cette amélioration possible. En attendant, son but était de traîner les négociations en longueur, et, sans rompre avec la France, de lui imposer par de la fermeté. Mais il manqua son but par sa réponse. Cette réponse consistait à notifier les conclusions de la diète de Ratisbonne, qui refusait d'accepter aucune indemnité pour les princes possessionnés en Alsace. Rien n'était plus ridicule qu'une décision pareille, car tout le territoire compris sous une même domination doit relever des mêmes lois : si des princes de l'empire avaient des terres en France, ils devaient subir l'abolition des droits féodaux, et l'assemblée constituante avait déjà beaucoup fait en leur accordant des indemnités. Plusieurs d'entre eux ayant déjà traité à cet égard, la diète annulait leurs conventions, et leur défendait d'accepter aucun arrangement. L'empire prétendait ainsi ne pas reconnaître la révolution en ce qui le concernait. Quant à ce qui regardait les rassemblemens d'émigrés, Léopold, sans s'expliquer sur leur dispersion, répondait à Louis XVI que l'électeur de Trèves, pouvant, d'après les injonctions du gouvernement Français, essuyer de prochaines hostilités, il avait été ordonné au général Bender de lui porter de prompts secours.

Cette réponse ne pouvait pas être plus mal calculée; elle obligeait Louis XVI, pour ne pas se compromettre, de prendre des mesures vigoureuses, et de proposer la guerre. Delessart fut aussitôt envoyé à l'assemblée pour faire part de cette réponse, et témoigner l'étonnement que causait au roi la conduite de Léopold. Le ministre assura que probablement on avait trompé l'empereur, et qu'on lui avait faussement persuadé que l'électeur avait satisfait à tous les devoirs de bon voisinage. Delessart communiqua en outre la réplique faite à Léopold. On lui avait signifié que nonobstant sa réponse et les ordres donnés au maréchal Bender, si les électeurs n'avaient pas au terme prescrit, c'est-à-dire au 15 janvier, satisfait à la demande de la France, on emploierait contre eux la voie des armes. « Si cette déclaration, disait Louis XVI dans sa lettre du 31 décembre à l'assemblée, ne produit pas l'effet que je dois en espérer, si la destinée de la France est d'avoir à combattre ses enfans et ses alliés, je ferai connaître à l'Europe la justice de notre cause ; le peuple Français la soutiendra par son courage, et la nation verra que je n'ai pas d'autre intérêt que les siens, et que je regarderai toujours le maintien de sa dignité et de sa sûreté comme le plus essentiel de mes devoirs. »

Ces paroles, où le roi semblait dans le commun danger s'unir à la nation, furent vivement applaudies. Les pièces furent livrées au comité diplomatique, pour en faire un prompt rapport à l'assemblée.

La reine fut encore applaudie une fois à l'Opéra comme dans les jours de son éclat et de sa puissance, et elle revint toute joyeuse dire à son époux qu'on l'avait accueillie comme autrefois. Mais c'étaient les derniers témoignages qu'elle recevait de ce peuple jadis idolâtre de ses grâces royales. Ce sentiment d'égalité, qui demeure si long-temps étouffé chez les hommes, et qui est si fougueux lorsqu'il se réveille, se manifestait déjà de toutes parts. On était à la fin de l'année 1791; l'assemblée abolit l'antique cérémonial du premier de l'an et décida que les hommages portés au roi, dans ce jour solennel, ne le seraient plus à l'avenir. A peu près à la même époque, une députation se plaignit de ce qu'on ne lui avait pas ouvert la porte du conseil à deux battans. La discussion fut scandaleuse, et l'assemblée, en écrivant à Louis XVI, supprima les titres de sire et de majesté. Un autre jour, un député entra chez le roi, le chapeau sur la tête et dans un costume peu convenable. Cette conduite était souvent provoquée par le mauvais accueil que les gens de la cour faisaient aux députés, et dans ces représailles l'orgueil des uns et des autres ne voulait jamais rester en arrière.

Narbonne poursuivait sa tournée avec une rare activité. Trois armées furent établies sur la frontière menacée. Rochambeau, vieux général qui avait autrefois bien conduit la guerre, mais qui était aujourd'hui maladif, chagrin et mécontent, commandait l'armée placée en Flandre et dite du Nord. Lafayette avait l'armée du centre et campait vers Metz. Luckner, vieux guerrier, médiocre général, brave soldat, et très popularisé dans les camps par ses mœurs toutes militaires, commandait le corps qui occupait l'Alsace. C'était là tout ce qu'une longue paix et une désertion générale nous avaient laissé de généraux.

Rochambeau, mécontent du nouveau régime, irrité de l'indiscipline qui régnait dans l'armée, se plaignait sans cesse et ne donnait aucune espérance au ministère. Lafayette, jeune, actif, jaloux de se distinguer bientôt en défendant la patrie, rétablissait la discipline dans ses troupes, et surmontait toutes les difficultés suscitées par la mauvaise volonté des officiers, qui étaient les aristocrates de l'armée. Il les avait réunis, et, leur parlant le langage de l'honneur, il leur avait dit qu'ils devaient quitter le camp s'ils ne voulaient pas servir loyalement ; que s'il en était qui voulussent se retirer, il se chargeait de leur procurer à tous ou des retraites en France, ou des passeports pour l'étranger ; mais que s'ils persistaient à servir, il attendait de leur part zèle et fidélité. Il était ainsi parvenu à établir dans son armée un ordre meilleur que celui qui régnait dans toutes les autres. Quant à Luckner, dépourvu d'opinion politique, et par conséquent facile pour tous les régimes, il promettait beaucoup à l'assemblée, et avait réussi en effet à s'attacher ses soldats.

Narbonne voyagea avec la plus grande célérité, et vint, le 11 janvier, rendre compte à l'assemblée de sa rapide expédition. Il annonça que la réparation des places fortes était déjà très avancée, que l'armée, depuis Dunkerque jusqu'à Besançon, présentait une masse de deux cent quarante bataillons et cent soixante escadrons, avec l'artillerie nécessaire pour deux cent mille hommes, et des approvisionnemens pour six mois. Il donna les plus grands éloges au patriotisme des gardes nationales volontaires, et assura que sous peu leur équipement allait être complet. Le jeune ministre cédait sans doute aux illusions du zèle, mais ses intentions étaient si nobles, ses travaux si prompts, que l'assemblée le couvrit d'applaudissemens, offrit son rapport à la reconnaissance publique, et l'envoya à tous les départemens; manière ordinaire de témoigner son estime à tout ce dont elle était satisfaite.

CHAPITRE II.

DIVISION DES PARTIS SUR LA QUESTION DE LA GUERRE. — RÔLE DU DUC D'ORLÉANS ET DE SON PARTI. — LES PRINCES ÉMIGRÉS SONT DÉCRÉTÉS D'ACCUSATION. — FORMATION D'UN MINISTÈRE GIRONDIN. — DUMOURIEZ, SON CARACTÈRE, SON GÉNIE ET SES PROJETS ; DÉTAILS SUR LES NOUVEAUX MINISTRES. — ENTRETIEN DE DUMOURIEZ AVEC LA REINE. — DÉCLARATION DE GUERRE AU ROI DE HONGRIE ET DE BOHÊME. — PREMIÈRES OPÉRATIONS MILITAIRES. — DÉROUTES DE QUIÉVRAIN ET DE TOURNAY. — MEURTRE DU GÉNÉRAL DILLON.

Au commencement de l'année 1792, la guerre était devenue la grande question du moment ; c'était pour la révolution celle de l'existence même. Ses ennemis étant maintenant transportés au dehors, c'était là qu'il fallait les chercher et les vaincre. Le roi, chef des armées, agirait-il de bonne foi contre ses parens et ses anciens courtisans ? Tel était le doute sur lequel il importait de rassurer la nation. Cette question de la guerre s'agitait aux Jacobins, qui n'en laissaient passer aucune sans la décider souverainement. Ce qui paraîtra singulier, c'est que les jacobins excessifs et Robespierre, leur chef, étaient portés pour la paix, et les jacobins modérés, ou les girondins, pour la guerre. Ceux-ci avaient à leur tête Brissot et Louvet. Brissot soutenait la guerre de son talent et de son influence. Il pensait avec Louvet et tous les girondins qu'elle convenait à la nation, parce qu'elle terminerait une dangereuse incertitude et dévoilerait les véritables intentions du roi. Ces hommes, jugeant du résultat d'après leur enthousiasme, ne pouvaient pas croire que la nation fût vaincue; et ils pensaient que si, par la faute du roi, elle éprouvait quelque échec passager, elle serait aussitôt éclairée, et déposerait un chef infidèle. Comment se faisait-il que Robespierre et les autres jacobins ne voulussent pas d'une détermination qui devait amener un dénouement si prompt et si décisif? C'est ce qu'on ne peut expliquer que par des conjectures. Le timide Robespierre s'effrayait-il de la guerre? ou bien ne la combattait-il que parce que Brissot, son rival aux Jacobins, la soutenait, et parce que le jeune Louvet l'avait défendue avec talent? Quoi qu'il en soit, il combattit pour la paix avec une extrême opiniâtreté. Ceux des cordeliers qui étaient en même temps jacobins, se rendirent à la délibération et soutinrent Robespierre. Ils semblaient craindre surtout que la guerre ne donnât trop d'avantages à Lafayette, et ne lui procurât bientôt la dictature militaire ; c'était là la crainte continuelle de Camille Desmoulins, qui ne cessait de se le figurer à la tête d'une armée victorieuse, écrasant, comme au Champ-de-Mars, jacobins et cordeliers. Louvet et les girondins supposaient un autre motif aux cordeliers, et croyaient qu'ils ne poursuivaient dans Lafayette que l'ennemi du duc d'Orléans, auquel on les disait secrètement unis.

Ce duc d'Orléans, qu'on voit reparaître encore dans les soupçons de ses ennemis, bien plus que dans la révolution, était alors presque éclipsé. On avait pu au commencement se servir de son nom, et lui-même avait pu fonder quelques espérances sur ceux auxquels il le prêtait, mais tout était bien changé depuis. Sentant lui-même combien il était déplacé dans le parti populaire, il avait essayé d'obtenir le pardon de la cour pendant les derniers temps de la constituante, et il avait été repoussé. Sous la législative, on le conserva au rang des amiraux, et il fit de nouvelles tentatives auprès du roi. Cette fois il fut admis auprès de lui, eut un entretien assez long, et ne fut pas mal accueilli. Il devait retourner au château ; il s'y rendit. Le couvert de la reine était mis, et tous les courtisans s'y trouvaient en grand nombre. A peine l'eut-on aperçu, que les mots les plus outrageans furent proférés. « Prenez garde aux plats, » s'écriait-on de toutes parts, comme si on avait redouté qu'il y jetât du poison. On le poussait, on lui marchait sur les pieds, et on l'obligea de se retirer. En descendant l'escalier, il reçut de nouveaux outrages, et sortit indigné, croyant que le roi et la reine lui avaient préparé cette scène humiliante. Cependant le roi et la reine furent désespérés de cette imprudence des courtisans, qu'ils ignoraient complètement [1]. Ce prince dut être plus irrité que jamais, mais il n'en devint certainement ni plus actif, ni plus habile chef de parti qu'auparavant. Ceux de ses amis qui occupaient les Jacobins et l'assemblée, durent faire sans doute un peu plus de bruit ; de là, on crut voir reparaître sa faction, et on pensa que ses prétentions et ses espérances renaissaient avec les dangers du trône.

Les girondins crurent que les cordeliers et les jacobins exagérés ne soutenaient la paix que pour priver Lafayette, rival du duc d'Orléans, des succès que la guerre pouvait lui valoir. Quoi qu'il en soit, la guerre, repoussée par les jacobins, mais soutenue par les girondins, dut l'emporter dans l'assemblée, où ceux-ci dominaient. L'assemblée commença par mettre d'abord en accusation, dès le 1ᵉʳ janvier, Monsieur, frère du roi, le comte d'Artois, le prince de Condé, Calonne, Mirabeau jeune et Laqueuille, comme prévenus d'hostilités contre

---

[1]. Voyez la note 6 à la fin du volume.

la France. Un décret d'accusation n'étant point soumis à la sanction, on n'avait pas cette fois à redouter le *veto*. Le séquestre des biens des émigrés et la perception de leurs revenus au profit de l'état, ordonnés par le décret non sanctionné, furent prescrits de nouveau par un autre décret, auquel le roi ne mit aucune opposition. L'assemblée s'emparait des revenus à titre d'indemnités de guerre. Monsieur fut privé de la régence, en vertu de la décision précédemment rendue.

Le rapport sur le dernier office de l'empereur fut enfin présenté, le 14 janvier, à l'assemblée par Gensonné. Il fit remarquer que la France avait toujours prodigué ses trésors et ses soldats à l'Autriche, sans jamais en obtenir de retour; que le traité d'alliance conclu en 1756 avait été violé par la déclaration de Pilnitz et les suivantes, dont l'objet était de susciter une coalition armée des souverains; qu'il l'avait été encore par l'armement des émigrés, souffert et secondé même par les princes de l'empire. Gensonné soutint de plus que, quoique des ordres eussent été récemment donnés pour la dispersion des rassemblemens, ces ordres apparens n'avaient pas été exécutés; que la cocarde blanche n'avait pas cessé d'être portée au-delà du Rhin, la cocarde nationale outragée, et les voyageurs français maltraités; qu'en conséquence, il fallait demander à l'empereur une dernière explication sur le traité de 1756. L'impression et l'ajournement de ce rapport furent ordonnés.

Le même jour, Guadet monte à la tribune. « De tous les faits, dit-il, communiqués à l'assemblée, celui qui l'a le plus frappé, c'est le plan d'un congrès dont l'objet serait d'obtenir la modification de la constitution française, plan soupçonné depuis long-temps, et enfin dénoncé comme possible par les comités et les ministres. S'il est vrai, ajoute Guadet, que cette intrigue est conduite par des hommes qui croient y voir le moyen de sortir de la nullité politique dans laquelle ils viennent de descendre; s'il est vrai que quelques-uns des agens du pouvoir exécutif secondent de toute la puissance de leurs relations cet abominable complot; s'il est vrai qu'on veuille nous amener par les longueurs et le découragement à accepter cette honteuse médiation, l'assemblée nationale doit-elle fermer les yeux sur de pareils dangers? Jurons, s'écrie l'orateur, de mourir tous ici, plutôt... » On ne le laisse pas achever; toute l'assemblée se lève en criant : *Oui, oui, nous le jurons;* et d'enthousiasme, on déclare infâme et traître à la patrie tout Français qui pourrait prendre part à un congrès dont l'objet serait de modifier la constitution. C'était contre les anciens constituans et le ministre Delessart que ce décret était dirigé. C'est surtout ce dernier qu'on accusait de traîner les négociations en longueur. Le 17, la discussion sur le rapport de Gensonné fut reprise, et il fut décrété que le roi ne traiterait plus qu'au nom de la nation française, et qu'il requerrait l'empereur de s'expliquer définitivement avant le 1er mars prochain. Le roi répondit que depuis plus de quinze jours il avait demandé des explications positives à Léopold.

Dans cet intervalle, on apprit que l'électeur de Trèves, effrayé de l'insistance du cabinet français, avait donné de nouveaux ordres pour la dispersion des rassemblemens, pour la vente des magasins formés dans ses états, pour la prohibition des recrutemens et des exercices militaires, et que ces ordres étaient en effet mis à exécution. Dans les dispositions où l'on était, une pareille nouvelle fut froidement accueillie. On ne voulut y voir que de vaines démonstrations sans résultat; et on persista à demander la réponse définitive de Léopold.

Des divisions existaient dans le ministère, entre Bertrand de Molleville et Narbonne. Bertrand était jaloux de la popularité du ministre de la guerre, et blâmait ses condescendances pour l'assemblée. Narbonne se plaignait de la conduite de Bertrand de Molleville, de ses dispositions inconstitutionnelles, et voulait que le roi le fît sortir du ministère. Cahier de Gerville tenait la balance entre eux, mais sans succès. On prétendit que le parti constitutionnel voulait porter Narbonne à la dignité de premier ministre; il paraît même que le roi fut trompé, qu'on l'effraya de la popularité et de l'ambition de Narbonne, qu'on lui montra en lui un jeune présomptueux qui voulait gouverner le cabinet. Les journaux furent instruits de ces divisions; Brissot et la Gironde défendirent ardemment le ministre menacé de disgrâce, et attaquèrent vivement ses collègues et le roi. Une lettre écrite par les trois généraux du nord à Narbonne, et dans laquelle il lui exprimaient leurs craintes sur sa destitution qu'on disait imminente, fut publiée. Le roi le destitua aussitôt; mais, pour combattre l'effet de cette destitution, il fit annoncer celle de Bertrand de Molleville. Cependant l'effet de la première n'en fut pas moins grand; une agitation extraordinaire éclata aussitôt; et l'assemblée voulut déclarer, d'après la formule employée autrefois pour Necker, que Narbonne emportait la confiance de la nation, et que le ministère entier l'avait perdue. On voulait cependant excepter de cette condamnation Cahier de Gerville, qui avait toujours combattu Bertrand de Molleville, et qui venait même d'avoir avec lui une dispute violente. Après bien des agitations, Brissot demanda à prouver que Delessart avait trahi la confiance de la nation. Ce ministre avait confié au comité diplomatique sa correspondance avec Kaunitz; elle était sans dignité, elle donnait même à Kaunitz une idée peu favorable de l'état de la France, et semblait avoir autorisé la conduite et le langage de Léopold. Il faut savoir que Delessart, et son collègue Duport-Dutertre, étaient les deux ministres qui appartenaient plus particulièrement aux feuillans, et auxquels on en voulait le plus, parce qu'on les accusait de favoriser le projet d'un congrès.

Dans une des séances les plus orageuses de l'assemblée, l'infortuné Delessart fut accusé par Brissot d'avoir compromis la dignité de la nation, de n'avoir pas averti l'assemblée du concert des puissances et de la déclaration de Pilnitz; d'avoir professé dans ses notes des doctrines inconstitutionnelles, d'avoir donné à Kaunitz une fausse idée de l'état de la France, d'avoir traîné la négociation en longueur et de l'avoir conduite d'une manière contraire aux intérêts de la patrie. Vergniaud se joignit à Brissot, et ajouta de nouveaux griefs à ceux qui étaient imputés à Delessart. Il lui reprocha d'avoir, lorsqu'il était ministre de l'intérieur, gardé trop long-temps en portefeuille le décret qui réunissait le Comtat à la France, et d'être ainsi la cause des massacres d'Avignon. Puis Vergniaud ajouta : « De cette tribune où je vous parle, on aperçoit le palais où des conseillers pervers égarent et trompent le roi que la constitution nous a donné; e vois les fenêtres du palais où l'on trame la contre-révolution, où l'on combine les moyens de nous replonger dans l'esclavage..... La terreur est souvent sortie, dans les temps antiques, et au nom du despotisme, de ce palais fameux; qu'elle y rentre aujourd'hui au nom de la loi; qu'elle y pénètre tous les cœurs; que tous ceux qui l'habitent sachent que notre constitution n'accorde l'inviolabilité qu'au roi. »

Le décret d'accusation fut aussitôt mis aux voix et adopté [1]; Delessart fut envoyé à la haute cour nationale, établie à Orléans, et chargée, d'après la constitution, de juger les crimes d'état. Le roi le vit partir avec la plus grande peine. Il lui avait donné sa confiance et l'aimait beaucoup, à cause de ses vues modérées et pacifiques. Duport-Dutertre, ministre du parti constitutionnel, fut aussi menacé d'une accusation, mais il la prévint, demanda à se justifier, fut absous par l'ordre du jour, et immédiatement après donna sa démission. Cahier de Gerville la donna aussi, et de cette manière le roi se trouva privé du seul de ses ministres qui eût auprès de l'assemblée une réputation de patriotisme.

Séparé des ministres que les feuillans lui avaient donnés, et ne sachant sur qui s'appuyer au milieu de cet orage, Louis XVI, qui avait renvoyé Nar-

---

[1]. Séance du 10 mars.

bonne parce qu'il était trop populaire, songea à
se lier à la Gironde, qui était républicaine. Il est
vrai qu'elle ne l'était que par défiance du roi, qui
pouvait, en se livrant à elle, réussir à se l'attacher ;
mais il fallait qu'il se livrât sincèrement, et cette
éternelle question de la bonne foi s'élevait encore
ici comme dans toutes les occasions. Sans doute
Louis XVI était sincère quand il se confiait à un
parti, mais ce n'était pas sans humeur et sans
regrets. Aussi, dès que ce parti lui imposait une
condition difficile mais nécessaire, il la repoussait ;
la défiance naissait aussitôt, l'aigreur s'ensuivait ;
et bientôt une rupture était la suite de ces alliances
malheureuses entre des cœurs que des intérêts trop
opposés occupaient exclusivement. C'est ainsi que
Louis XVI, après avoir admis auprès de lui le parti
feuillant, avait repoussé par humeur Narbonne,
qui en était le chef le plus prononcé, et se trouvait
réduit, pour apaiser l'orage, à s'abandonner à la
Gironde. L'exemple de l'Angleterre, où le roi prend
souvent ses ministres dans l'opposition, fut un des
motifs de Louis XVI. La cour conçut alors une
espérance, car on s'en fait toujours une, même
dans les plus tristes conjonctures ; elle se flatta que
Louis XVI, en prenant des démagogues incapables
et ridicules, perdrait de réputation le parti dans
lequel il les aurait choisis. Cependant il n'en fut
point ainsi, et le nouveau ministère ne fut pas tel

que l'aurait désiré la méchanceté des courtisans.

Depuis plus d'un mois, Delessart et Narbonne avaient appelé un homme dont ils avaient cru les talens précieux, et l'avaient placé auprès d'eux pour s'en servir : c'était Dumouriez, qui tour à tour commandant en Normandie et dans la Vendée, avait montré partout une fermeté et une intelligence rares. Il s'était offert tantôt à la cour, tantôt à l'assemblée constituante, parce que tout parti lui était indifférent pourvu qu'il pût exercer son activité et ses talens extraordinaires. Dumouriez, rapetissé par le siècle, avait passé une partie de sa vie dans les intrigues diplomatiques. Avec sa bravoure, son génie militaire et politique, et ses cinquante ans, il n'était encore, à l'ouverture de la révolution, qu'un brillant aventurier. Cependant il avait conservé le feu et la hardiesse de la jeunesse. Dès qu'une guerre ou une révolution s'ouvrait, il faisait des plans, les adressait à tous les partis, prêt à agir pour tous, pourvu qu'il pût agir. Il s'était ainsi habitué à ne faire aucun cas de la nature d'une cause; mais quoique trop dépourvu de conviction, il était généreux, sensible, et capable d'attachement, sinon pour les principes, du moins pour les personnes. Cependant avec son esprit si gracieux, si prompt, si vaste, son courage tour à tour calme ou impétueux, il était admirable pour servir, mais incapable de dominer. Il n'avait ni la dignité d'une conviction profonde, ni la fierté d'une volonté despotique, et il ne pouvait commander qu'à des soldats. Si avec son génie il avait eu les passions de Mirabeau, la volonté d'un Cromwell, ou seulement le dogmatisme d'un Robespierre, il eût dominé la révolution et la France.

Dumouriez, en arrivant près de Narbonne, forma tout de suite un vaste plan militaire. Il voulait à la fois la guerre offensive et défensive. Partout où la France s'étendait jusqu'à ses limites naturelles, le Rhin, les Alpes, les Pyrénées et la mer, il voulait qu'on se bornât à la défensive. Mais dans les Pays-Bas, où notre territoire n'allait pas jusqu'au Rhin, dans la Savoie, où il n'allait pas jusqu'aux Alpes, il voulait qu'on attaquât sur-le-champ, et qu'arrivé aux limites naturelles on reprît la défensive. C'était concilier à la fois nos intérêts et les principes; c'était profiter d'une guerre qu'on n'avait pas provoquée, pour en revenir, en fait de limites, aux véritables lois de la nature. Il proposa en outre la formation d'une quatrième armée, destinée à occuper le midi, et en demanda le commandement qui lui fut promis.

Dumouriez s'était concilié Gensonné, l'un des commissaires civils envoyés dans la Vendée par l'assemblée constituante, député depuis à la législative, et l'un des membres les plus influens de la Gironde. Ayant remarqué aussi que les jacobins étaient la puissance dominatrice, il s'était présenté dans leur club, y avait lu divers mémoires fort applaudis, et n'en avait pas moins continué sa vieille amitié avec Delaporte, intendant de la liste civile et ami dévoué de Louis XVI. Tenant ainsi aux diverses puissances qui allaient s'allier, Dumouriez ne pouvait manquer de l'emporter et d'être appelé au ministère. Louis XVI lui fit offrir le portefeuille des affaires étrangères, rendu vacant par le décret d'accusation contre Delessart; mais, encore attaché au ministre accusé, le roi ne l'offrit que par intérim. Dumouriez, se sentant fortement appuyé, et ne voulant pas paraître garder la place pour un ministre feuillant, refusa le portefeuille avec cette condition, et l'obtint sans intérim. Il ne trouva au ministère que Cahier de Gerville et Degraves. Cahier de Gerville, quoique ayant donné sa démission, n'avait pas encore quitté les affaires. Degraves avait remplacé Narbonne; il était jeune, facile et inexpérimenté; Dumouriez sut s'en emparer, et il eut ainsi dans sa main les relations extérieures et l'administration militaire, c'est-à-dire les causes et l'organisation de la guerre. Il ne fallait pas moins à ce génie si entreprenant. A peine arrivé au ministère, Dumouriez se coiffa chez les jacobins du bonnet rouge, parure nouvelle empruntée aux Phrygiens, et devenue l'emblème de la liberté. Il leur promit de gouverner pour eux et par eux. Présenté à Louis XVI, il le rassura sur sa conduite aux jacobins ; il détruisit les préventions que cette conduite lui avait inspirées ; il eut l'art de le toucher par des témoignages de dévouement, et de dissiper sa sombre tristesse à force d'esprit. Il lui persuada qu'il ne recherchait la popularité qu'au profit du trône, et pour son raffermissement. Cependant malgré toute sa déférence, il eut soin de faire sentir au prince que la constitution était inévitable, et tâcha de le consoler en cherchant à lui prouver qu'un roi pouvait encore être très puissant avec elle. Ses premières dépêches aux puissances, pleines de raison et de fermeté, changèrent la nature des négociations, donnèrent à la France une attitude toute nouvelle, mais rendirent la guerre imminente. Il était naturel que Dumouriez désirât la guerre, puisqu'il en avait le génie, et qu'il avait médité trente-six ans sur ce grand art ; mais il faut convenir aussi que la conduite du cabinet de Vienne et l'irritation de l'assemblée l'avaient rendue inévitable.

Dumouriez, par sa conduite aux jacobins, par ses alliances connues avec la Gironde, devait, même sans haine contre les feuillans, se brouiller avec eux ; d'ailleurs il les déplaçait. Aussi fut-il dans une constante opposition avec tous les chefs de ce parti. Bravant du reste les railleries et les dédains qu'ils dirigeaient contre les jacobins et l'assemblée, il se décida à poursuivre sa carrière avec son assurance accoutumée.

Il fallait compléter le cabinet. Pétion, Gensonné et Brissot étaient consultés sur le choix à faire. On ne pouvait, d'après la loi, prendre les ministres dans l'assemblée actuelle, ni dans la précédente; les choix se trouvaient donc extrêmement bornés. Dumouriez proposa, pour la marine, un ancien employé de ce ministère, Lacoste, travailleur expérimenté, patriote opiniâtre, qui cependant s'attacha au roi, en fut aimé, et resta auprès de lui plus long-temps que tous les autres. On voulait donner le ministère de la justice à ce jeune Louvet qui s'était récemment distingué aux Jacobins, et qui avait obtenu la faveur de la Gironde depuis qu'il avait si bien soutenu l'opinion de Brissot en faveur de la guerre; l'envieux Robespierre le fit dénoncer aussitôt. Louvet se justifia avec succès, mais on ne voulut pas d'un homme dont la popularité était contestée, et on fit venir Duranthon, avocat de Bordeaux, homme éclairé, droit, mais trop faible. Il restait à donner le ministère des finances et de l'intérieur. La Gironde proposa encore Clavière, connu par des écrits estimés sur les finances. Clavière avait beaucoup d'idées, toute l'opiniâtreté de la méditation, et une grande ardeur au travail. Le ministre placé à l'intérieur fut Roland, autrefois inspecteur des manufactures, connu par de bons écrits sur l'industrie et les arts mécaniques. Cet homme, avec des mœurs austères, des doctrines inflexibles, et un aspect froid et dur, cédait, sans sans douter, à l'ascendant supérieur de sa femme. Madame Roland était jeune et belle. Nourrie, au fond de la retraite, d'idées philosophiques et républicaines, elle avait conçu des pensées supérieures à son sexe, et s'était fait, des principes qui régnaient alors, une religion sévère. Vivant dans une amitié intime avec son époux, elle lui prêtait sa plume, lui communiquait une partie de sa vivacité, et soufflait son enthousiasme non-seulement à son mari, mais à tous les girondins, qui, passionnés pour la liberté et la philosophie, adoraient en elle la beauté, l'esprit et leurs propres opinions.

Le nouveau ministère réunissait d'assez grandes qualités pour prospérer; mais il fallait qu'il ne déplût pas trop à Louis XVI, et qu'il maintînt son alliance avec la Gironde. Il pouvait alors suffire à sa tâche; mais il était à craindre que tout ne fût perdu le jour où à l'incompatibilité naturelle des partis viendraient se joindre quelques fautes des hommes, et c'est ce qui ne pouvait manquer d'arriver bientôt. Louis XVI, frappé de l'activité de ses ministres, de leurs bonnes intentions, et de leur talent pour les affaires, fut charmé un instant; leurs réformes économiques surtout lui plaisaient; car il avait toujours aimé ce genre de bien, qui n'exigeait aucun sacrifice de pouvoir ni de principes. S'il avait pu être rassuré toujours comme il le fut d'abord, et se séparer des gens de cour, il eût supporté facilement la constitution. Il le répéta avec sincérité aux ministres, et parvint à convaincre les deux plus difficiles, Roland et Clavière. La persuasion fut entière de part et d'autre. La Gironde, qui n'était républicaine que par méfiance du roi, cessa de l'être alors, et Vergniaud, Gensonné, Guadet, entrèrent en correspondance avec Louis XVI, ce qui plus tard fut contre eux un chef d'accusation. L'inflexible épouse de Roland était seule en doute, et retenait ses amis trop faciles, suivant elle, à se livrer. La raison de ces défiances est naturelle : elle ne voyait pas le roi. Les ministres au contraire l'entretenaient tous les jours, et d'honnêtes gens qui se rapprochent sont bientôt rassurés ; mais cette confiance ne pouvait durer, parce que des questions inévitables allaient faire ressortir toute la différence de leurs opinions.

La cour cherchait à répandre du ridicule sur la simplicité un peu républicaine du nouveau ministère, et sur la rudesse sauvage de Roland, qui se présentait au château sans boucles aux souliers. Dumouriez rendait les sarcasmes, et mêlant la gaieté au travail le plus assidu, plaisait au roi, le charmait par son esprit, et peut-être aussi lui convenait mieux que les autres par la flexibilité de ses opinions. La reine s'apercevant que, de tous ses collègues, il était le plus puissant sur l'esprit du monarque, voulut le voir. Il nous a conservé dans ses mémoires cet entretien singulier qui peint les agitations de cette princesse infortunée, digne d'un autre règne, d'autres amis, et d'un autre sort.

« Introduit, dit-il, dans la chambre de la reine,
« il la trouva seule, très rouge, se promenant à
« grands pas, avec une agitation qui présageait une
« explication très vive. Il alla se poster au coin de
« la cheminée, douloureusement affecté du sort de
« cette princesse et des sensations terribles qu'elle
« éprouvait. Elle vint à lui d'un air majestueux et
« irrité, et lui dit : *Monsieur, vous êtes tout-puis-*
« *sant en ce moment, mais c'est par la faveur du*
« *peuple, qui brise bien vite ses idoles. Votre exis-*
« *tence dépend de votre conduite. On dit que vous*
« *avez beaucoup de talens. Vous devez juger que ni*
« *le roi ni moi, ne pouvons souffrir toutes ces nou-*
« *veautés ni la constitution. Je vous le déclare fran-*
« *chement ; prenez votre parti.*

« Il lui répondit : *Madame, je suis désolé de la*
« *pénible confidence que vient de me faire votre*
« *majesté. Je ne la trahirai pas : mais je suis entre*
« *le roi et la nation, et j'appartiens à ma patrie.*
« *Permettez-moi de vous représenter que le salut du*

« roi, le vôtre, celui de vos augustes enfans, est
« attaché à la constitution, ainsi que le rétablis-
« sement de son autorité légitime. Je vous servirais
« mal et lui aussi, si je vous parlais différemment.
« Vous êtes tous les deux entourés d'ennemis qui
« vous sacrifient à leur propre intérêt. La constitu-
« tion, si une fois elle est en vigueur, bien loin de
« faire le malheur du roi, fera sa félicité et sa gloire;
« il faut qu'il concoure à ce qu'elle s'établisse soli-
« dement et promptement. — L'infortunée reine,
« choquée de ce que Dumouriez heurtait ses idées,
« lui dit en haussant la voix, avec colère : *Cela ne*
« *durera pas; prenez garde à vous.*

« Dumouriez répondit avec une fermeté modeste :
« *Madame, j'ai plus de cinquante ans, ma vie a*
« *été traversée de bien des périls; et en prenant le*
« *ministère, j'ai bien réfléchi que la responsabilité*
« *n'est pas le plus grand de mes dangers.* — Il ne
« manquait plus, s'écria-t-elle avec douleur, *que de*
« *me calomnier. Vous semblez croire que je suis ca-*
« *pable de vous faire assassiner.* Et des larmes
« coulèrent de ses yeux.

« Agité autant qu'elle-même : *Dieu me préserve*,
« dit-il, *de vous faire une aussi cruelle injure! Le ca-*
« *ractère de votre majesté est grand et noble; elle en*
« *a donné des preuves héroïques que j'ai admirées,*
« *et qui m'ont attaché à elle.* Dans le moment elle
« fut calmée, et s'approcha de lui. Il continua

« Croyez-moi, Madame, je n'ai aucun intérêt à
« vous tromper; j'abhorre autant que vous l'anar-
« chie et les crimes. Croyez-moi, j'ai de l'expé-
« rience. Je suis mieux placé que votre majesté pour
« juger des évènemens. Ceci n'est pas un mouvement
« populaire momentané, comme vous semblez le
« croire. C'est l'insurrection presque unanime d'une
« grande nation contre les abus invétérés. De
« grandes factions attisent cet incendie; il y a dans
« toutes des scélérats et des fous. Je n'envisage dans
« la révolution que le roi et la nation entière; tout
« ce qui tend à les séparer conduit à leur ruine mu-
« tuelle; je travaille autant que je peux à les réunir,
« c'est à vous à m'aider. Si je suis un obstacle à
« vos desseins, si vous y persistez, dites-le-moi; je
« porte sur-le-champ ma démission au roi, et je vais
« gémir dans un coin sur le sort de ma patrie et sur
« le vôtre.

« La fin de cette conversation établit entièrement
« la confiance de la reine. Ils parcoururent en-
« semble les diverses factions; il lui cita des fautes
« et des crimes de toutes; il lui prouva qu'elle était
« trahie dans son intérieur; il lui cita des propos
« tenus dans sa confidence la plus intime; cette
« princesse lui parut à la fin entièrement convain-
« cue, et elle le congédia avec un air serein et af-
« fable. Elle était de bonne foi, mais ses entours, et
« les horribles excès des feuilles de Marat et des

« jacobins la replongèrent bientôt dans ses funestes
« résolutions.

« Un autre jour elle lui dit devant le roi : *Vous
« me voyez désolée ; je n'ose pas me mettre à la fe-
« nêtre du côté du jardin. Hier au soir, pour prendre
« l'air, je me suis montrée à la fenêtre de la cour :
« un canonnier de garde m'a apostrophée d'une in-
« jure grossière, en ajoutant* : Que j'aurais de plaisir
« à voir ta tête au bout de ma baïonnette ! *Dans
« cet affreux jardin, d'un côté on voit un homme
« monté sur une chaise, lisant à haute voix des
« horreurs contre nous ; d'un autre, c'est un mili-
« taire ou un abbé qu'on traîne dans un bassin, en
« l'accablant d'injures et de coups ; pendant ce
« temps-là d'autres jouent au ballon, ou se pro-
« mènent tranquillement. Quel séjour ! quel peuple !* »
(Mém. de Dumouriez, livre III, chapitre VI [1].)

Ainsi, par une espèce de fatalité, les intentions supposées du château excitaient la défiance et la fureur du peuple, et les hurlemens du peuple augmentaient les douleurs et les imprudences du château. Ainsi le désespoir régnait au dehors et au dedans. Mais pourquoi, se demande-t-on, une franche explication ne terminait-elle pas tant de maux ? Pourquoi le château ne comprenait-il pas les craintes du peuple ? Pourquoi le peuple ne com-

---

[1]. Voyez la note 7 à la fin du volume.

prenait-il pas les douleurs du château? Mais pourquoi les hommes sont-ils hommes?..... A cette dernière question, il faut s'arrêter, se soumettre, se résigner à la nature humaine, et poursuivre ces tristes récits.

Léopold II était mort; les dispositions pacifiques de ce prince étaient à regretter pour la tranquillité de l'Europe, et on ne pouvait pas espérer la même modération de son successeur et neveu, le roi de Bohême et de Hongrie. Gustave, le roi de Suède, venait d'être assassiné au milieu d'une fête. Les ennemis des jacobins leur attribuaient cet assassinat; mais il était bien prouvé qu'il fut le crime de la noblesse humiliée par Gustave dans la dernière révolution de Suède. Ainsi, la noblesse, qui accusait en France les fureurs révolutionnaires du peuple, donnait dans le nord un exemple de ce qu'elle avait jadis été elle-même, et de ce qu'elle était encore dans les pays où la civilisation était moins avancée. Quel exemple pour Louis XVI, et quelle leçon, si dans le moment il avait pu la comprendre! La mort de Gustave fit échouer l'entreprise qu'il avait méditée contre la France, entreprise à laquelle Catherine devait fournir des soldats, et l'Espagne des subsides. Il est douteux cependant que la perfide Catherine eût fait ce qu'elle avait promis, et la mort de Gustave, dont on s'exagéra les conséquences, fut en réalité un évènement peu important [1].

Delessart avait été mis en accusation pour la faiblesse de ses dépêches; il n'était ni dans les goûts ni nans les intérêts de Dumouriez de traiter faiblement avec les puissances. Les dernières dépêches avaient paru satisfaire Louis XVI, par leur convenance et leur fermeté. M. de Noailles, ambassadeur à Vienne, et serviteur peu sincère, envoya sa démission à Dumouriez, en disant qu'il n'espérait pas faire écouter au chef de l'empire le langage qu'on venait de lui dicter. Dumouriez se hâta d'en prévenir l'assemblée, qui, indignée de cette démission, mit aussitôt M. de Noailles en accusation. Un autre ambassadeur fut envoyé sur-le-champ avec de nouvelles dépêches. Deux jours après, Noailles revint sur sa démission, et envoya la réponse catégorique qu'il avait exigée de la cour de Vienne. Cette note de M. de Cobentzel est, entre toutes les fautes des puissances, une des plus impolitiques qu'elles aient commises. M. de Cobentzel exigeait, au nom de sa cour, le rétablissement de la monarchie française, sur les bases fixées par la déclaration royale du 23 juin 1789. C'était imposer le rétablissement des trois

---

[1]. Voyez la note 8 à la fin du volume.

ordres, la restitution des biens du clergé, et celle du Comtat-Venaissin au pape. Le ministre autrichien demandait en outre la restitution aux princes de l'empire des terres d'Alsace, avec tous leurs droits féodaux. Il fallait ne connaître la France que par les passions de Coblentz, pour proposer des conditions pareilles. C'était exiger à la fois la destruction d'une constitution jurée par le roi et la nation, la révocation d'une grande détermination à l'égard d'Avignon, et enfin la banqueroute par la restitution des biens du clergé déjà vendus. D'ailleurs de quel droit réclamer une pareille soumission? De quel droit intervenir dans nos affaires? Quelle plainte avait-on à élever pour les princes d'Alsace, puisque leurs terres étaient enclavées dans la souveraineté française, et devaient en subir la loi?

Le premier mouvement du roi et de Dumouriez fut de courir à l'assemblée pour l'informer de cette note. L'assemblée fut indignée et devait l'être; il y eut un cri de guerre général. Ce que Dumouriez ne dit pas à l'assemblée, c'est que l'Autriche, qu'il avait menacée d'une nouvelle révolution à Liége, avait envoyé un agent pour traiter de cet objet avec lui; que le langage de cet agent était tout différent de celui du ministère autrichien, et que bien évidemment la dernière note était l'effet d'une résolution soudaine et suggérée. L'assemblée leva le décret d'accusation porté contre Noailles, et exigea un prompt rapport. Le roi ne pouvait plus reculer; cette guerre fatale allait être enfin déclarée, et dans aucun cas elle ne favorisait ses intérêts. Vainqueurs, les Français en devenaient plus exigeans et plus inexorables sur l'observation de la loi nouvelle; vaincus, ils allaient s'en prendre au gouvernement, et l'accuser d'avoir mal soutenu la guerre. Louis XVI sentait parfaitement ce double péril, et cette résolution fut une de celles qui lui coûtèrent le plus [1]. Dumouriez rédigea son rapport avec sa célérité ordinaire, et le porta au roi qui le garda trois jours. Il s'agissait de savoir si le roi, réduit à prendre l'initiative auprès de l'assemblée, l'engagerait à déclarer la guerre, ou bien s'il se contenterait de la consulter à cet égard, en lui annonçant que, d'après les injonctions faites, la France se *trouvait en état de guerre*. Les ministres Roland et Clavière opinaient pour le premier avis. Les orateurs de la Gironde le soutenaient également, et voulaient dicter le discours du trône. Il répugnait à Louis XVI de déclarer la guerre, et il aimait mieux *déclarer l'état de guerre*. La différence était peu importante, cependant elle était préférable à son cœur. On pouvait avoir une telle condescendance pour sa situation. Dumou-

---

1. Voyez la note 9 à la fin du volume.

riez, plus facile, n'écouta aucun des ministres; et, soutenu par Degraves, Lacoste et Duranthon, fit adopter l'avis du roi. Ce fut là son premier différend avec la Gironde. Le roi composa lui-même son discours et se rendit en personne à l'assemblée, le 20 avril, suivi de tous ses ministres. Une affluence considérable de spectateurs ajoutait à l'effet de cette séance qui allait décider du sort de la France et de l'Europe. Les traits du roi étaient altérés, et annonçaient une préoccupation profonde. Dumouriez lut un rapport détaillé des négociations de la France avec l'empire; il démontra que le traité de 1756 était rompu par le fait, et que, d'après le dernier ultimatum, la France *se trouvait en état de guerre*. Il ajouta que le roi, pour consulter l'assemblée, n'ayant d'autre moyen légal que la *proposition formelle de guerre*, il se résignait à la consulter par cette voie. Louis XVI alors prit la parole avec dignité, mais avec une voix altérée. — « Messieurs, dit-il, vous venez d'entendre le résultat des négociations que j'ai suivies avec la cour de Vienne. Les conclusions du rapport ont été l'avis unanime de mon conseil : je les ai adoptées moi-même. Elles sont conformes au vœu que m'a manifesté plusieurs fois l'assemblée nationale, et aux sentimens que m'ont témoignés un grand nombre de citoyens des différentes parties du royaume; tous préfèrent la guerre à voir plus long-temps la dignité du peuple français outragée et la sûreté nationale menacée.

« J'avais dû préalablement épuiser tous les moyens de maintenir la paix. Je viens aujourd'hui, aux termes de la constitution, proposer à l'assemblée nationale la guerre contre le roi de Hongrie et de Bohème. »

Le meilleur accueil fut fait à cette proposition ; des cris de *vive le roi* retentirent de toutes parts. L'assemblée répondit à Louis XVI qu'elle allait délibérer, et qu'il serait instruit par un message du résultat de la délibération. La discussion la plus orageuse commença alors et se prolongea bien avant dans la nuit. Les raisons déjà données pour et contre furent répétées ici ; enfin le décret fut rendu, et la guerre résolue à une grande majorité.

« Considérant, disait l'assemblée, que la cour de Vienne, au mépris des traités, n'a cessé d'accorder une protection ouverte aux Français rebelles ; qu'elle a provoqué et formé un concert avec plusieurs puissances de l'Europe, contre l'indépendance et la sûreté de la nation française ;

« Que François Ier, roi de Hongrie et de Bohème [1], a, par ses notes des 18 mars et 7 avril derniers, refusé de renoncer à ce concert ;

« Que, malgré la proposition qui lui a été faite

---

[1]. François Ier n'était pas encore élu empereur.

par la note du 11 mars 1792, de réduire de part et d'autre à l'état de paix les troupes sur les frontières, il a continué et augmenté ses préparatifs hostiles;

« Qu'il a formellement attenté à la souveraineté de la nation française, en déclarant vouloir soutenir les prétentions des princes allemands possessionnés en France, auxquels la nation française n'a cessé d'offrir des indemnités;

« Qu'il a cherché à diviser les citoyens français, et à les armer les uns contre les autres, en offrant aux mécontens un appui dans le concert des puissances;

« Considérant enfin que le refus de répondre aux dernières dépêches du roi des Français ne laisse plus d'espoir d'obtenir, par la voie d'une négociation amicale, le redressement de ces différens griefs, et équivaut à une déclaration de guerre, etc., l'assemblée déclare qu'il y a urgence. »

Il faut en convenir, cette guerre cruelle, qui a si long-temps déchiré l'Europe, n'a pas été provoquée par la France, mais par les puissances étrangères. La France, en la déclarant, n'a fait que reconnaître par un décret l'état où on l'avait placée. Condorcet fut chargé de faire un exposé des motifs de la nation. L'histoire doit recueillir ce morceau, précieux modèle de raison et de mesure [1].

[1]. Voyez la note 10 à la fin du volume.

La nouvelle de guerre causa une joie générale. Les patriotes y voyaient la fin des craintes que leur causaient l'émigration et la conduite incertaine du roi ; les modérés, effrayés surtout du danger des divisions, espéraient que le péril commun y mettrait fin, et que les champs de bataille absorberaient tous ces hommes turbulens enfantés par la révolution. Quelques feuillans seulement, très disposés à trouver des torts à l'assemblée, lui reprochaient d'avoir violé la constitution, d'après laquelle la France ne devait jamais être en état d'agression. Mais il est trop évident ici que la France n'attaquait pas. Ainsi, à part le roi et quelques mécontens, la guerre était le vœu général.

Lafayette se prépara à servir bravement son pays, dans cette carrière nouvelle. C'était lui qui se trouvait particulièrement chargé de l'exécution du plan conçu par Dumouriez, et ordonné en apparence par Degraves. Dumouriez s'était flatté avec raison, et avait fait espérer à tous les patriotes, que l'invasion de la Belgique serait très facile. Ce pays, récemment agité par une révolution que l'Autriche avait comprimée, devait être disposé à se soulever à la première apparition des Français ; et alors devait se réaliser ce mot de l'assemblée aux souverains : *Si vous nous envoyez la guerre, nous vous enverrons la liberté.* C'était d'ailleurs l'exécution du plan conçu par Dumouriez, qui consistait à s'étendre jusqu'aux frontières naturelles. Rochambeau commandait l'armée le plus à portée d'agir, mais il ne pouvait être chargé de cette opération, à cause de ses dispositions chagrines et maladives, et surtout parce qu'il était moins capable que Lafayette d'une invasion moitié militaire, moitié populaire. On aurait voulu que Lafayette eût le commandement général, mais Dumouriez s'y refusa, sans doute par malveillance. Il allégua pour raison qu'on ne pouvait, en la présence d'un maréchal, donner le commandement en chef de cette expédition à un simple général. Il dit en outre, et cette raison était moins mauvaise, que Lafayette était suspect aux jacobins et à l'assemblée. Il est certain que jeune, actif, et le seul de tous les généraux qui fût aimé par son armée, Lafayette effrayait les imaginations exaltées, et donnait lieu par son influence aux calomnies des malveillans. Quoi qu'il en soit, il s'offrit de bonne grâce pour exécuter le plan du ministre diplomate et militaire à la fois; il demanda cinquante mille hommes avec lesquels il proposa de se porter par Namur et la Meuse jusqu'à Liége, d'où il devait être maître des Pays-Bas. Ce plan fort bien entendu fut approuvé par Dumouriez; la guerre en effet n'était déclarée que depuis quelques jours, l'Autriche n'avait pas eu le temps de couvrir ses possessions de la Belgique, et le succès semblait assuré. En conséquence Lafayette eut l'ordre de se porter d'abord avec dix mille hommes de Givet sur Namur, et de Namur sur Liége ou Bruxelles; il devait être immédiatement suivi de toute son armée. Tandis qu'il exécutait ce mouvement, le lieutenant-général Biron devait partir pour Valenciennes, avec dix mille hommes, et se diriger sur Mons. Un autre officier avait ordre de marcher sur Tournay et de l'occuper soudainement. Ces mouvemens, opérés par des officiers de Rochambeau, n'avaient d'autre but que de soutenir et masquer la véritable attaque confiée à Lafayette.

L'exécution du plan fut fixée du 20 avril au 2 mai. Biron se mit en marche, sortit de Valenciennes, s'empara de Quiévrain, et trouva quelques détachemens ennemis près de Mons. Tout à coup deux régimens de dragons, sans même avoir l'ennemi en tête, s'écrient : *Nous sommes trahis!* ils prennent la fuite, et entraînent toute l'armée après eux. En vain les officiers veulent les arrêter; ils menacent de les fusiller, et continuent de fuir. Le camp est livré, et tous les effets militaires sont enlevés par les impériaux. Tandis que cet évènement se passait à Mons, Théobald Dillon, d'après le plan convenu, sort de Lille avec deux mille hommes d'infanterie et mille chevaux. A l'heure même où le désastre de Biron avait lieu, la cavalerie, à l'aspect de quelques troupes autrichiennes, se replie en criant qu'elle est trahie; elle entraîne l'infanterie, et le bagage est encore abandonné aux ennemis. Théobald Dillon, un officier du génie nommé Berthois, sont massacrés par les soldats et par le peuple de Lille, qui les accusent de trahison. Pendant ce temps Lafayette, averti trop tard, était parvenu de Metz à Givet après des peines inouïes et par des chemins presque impraticables. Il ne devait qu'à l'ardeur de ses troupes d'avoir franchi en si peu de temps l'espace considérable qu'il avait à parcourir. Apprenant là le désastre des officiers de Rochambeau, il crut devoir s'arrêter. Ces fâcheux évènemens eurent lieu dans les derniers jours d'avril 1792.

CHAPITRE III.

DIVISION DANS LE MINISTÈRE GIRONDIN. — LE PRÉTENDU COMITÉ AUTRI-
CHIEN. — DÉCRET POUR LA FORMATION D'UN CAMP DE 20,000 HOMMES
PRÈS PARIS. — LETTRE DE ROLAND AU ROI. — RENVOI DES MINISTRES
GIRONDINS; DÉMISSION DE DUMOURIEZ. — FORMATION D'UN MINISTÈRE
FEUILLANT. — PROJETS DU PARTI CONSTITUTIONNEL; LETTRE DE LA-
FAYETTE A L'ASSEMBLÉE. — SITUATION DU PARTI POPULAIRE ET DE SES
CHEFS; PLANS DES DÉPUTÉS MÉRIDIONAUX; RÔLE DE PÉTION DANS LES
ÉVÈNEMENS DE JUIN. — JOURNÉE DU 20 JUIN 1792; INSURRECTION DES
FAUBOURGS; SCÈNES DANS LES APPARTEMENS DES TUILERIES.

La nouvelle de la malheureuse issue des combats de Quiévrain et de Tournay, et du massacre du général Dillon, causa une agitation générale. Il était naturel de supposer que ces deux évènemens avaient été concertés, à en juger par leur concours et leur simultanéité. Tous les partis s'accusèrent. Les jacobins et les patriotes exaltés soutinrent qu'on avait voulu trahir la cause de la liberté. Dumouriez, n'accusant pas Lafayette, mais suspectant les feuillans, crut qu'on avait voulu faire échouer son plan pour le dépopulariser. Lafayette se plaignit, mais moins amèrement que son parti, de ce qu'on l'avait averti fort tard de se mettre en marche, et de ce qu'on ne lui avait pas fourni tous les moyens nécessaires pour arriver. Les feuillans répandirent en outre, que Dumouriez avait voulu perdre Rochambeau et Lafayette, en leur traçant un plan sans leur donner les moyens de l'exécuter. Une intention pareille n'était pas supposable, car Dumouriez, en faisant ainsi des plans de campagne, et en s'écartant à ce point de son rôle de ministre des relations extérieures, s'exposait gravement s'il ne réussissait pas. D'ailleurs le projet de donner la Belgique à la France et à la liberté, faisait partie d'un plan qu'il méditait depuis long-temps : comment supposer qu'il voulût en faire manquer le succès? il était évident que ni les généraux, ni les ministres, n'avaient pu mettre ici de la mauvaise volonté, parce qu'ils étaient tous intéressés à réussir. Mais les partis mettent toujours les hommes à la place des circonstances, afin de pouvoir s'en prendre à quelqu'un des maux qui leur arrivent.

Degraves, effrayé du tumulte excité par ces derniers évènemens militaires, voulut se démettre d'une charge qui lui pesait depuis long-temps, et Dumouriez eut le tort de ne vouloir pas la subir. Louis XVI, toujours sous l'empire de la Gironde, donna ce ministère à Servan, ancien militaire, connu par ses opinions patriotiques. Ce choix donna de nouvelles forces à la Gironde, qui se trouva presque en majorité dans le conseil, ayant Servan, Clavière et Roland à sa disposition. Dès cet instant la désunion commença d'éclater entre les ministres. La Gironde devenait de jour en jour plus méfiante, et par conséquent plus exigeante en témoignages de bonne foi de la part de Louis XVI. Dumouriez, que les opinions asservissaient peu, et que la confiance de Louis XVI avait touché, se rangeait toujours de son côté; et Lacoste, qui s'était fortement attaché au prince, faisait de même. Duranthon restait neutre, et n'avait de préférence marquée que pour les partis les plus faibles. Servan, Clavière et Roland étaient inflexibles; tout pleins des craintes de leurs amis, ils se montraient tous les jours plus difficiles et plus inexorables au conseil. Une dernière circonstance acheva de brouiller Dumouriez avec les principaux membres de la Gironde. Il avait demandé, en entrant au ministère des affaires étrangères, six millions pour dépenses secrètes, et dont il ne serait pas tenu de rendre compte. Les feuillans s'y étaient opposés, mais la Gironde avait fait triompher sa demande, et les six millions furent accordés. Pétion ayant demandé des fonds pour la police de Paris, Dumouriez lui avait alloué trente mille francs par mois; mais, cessant d'être girondin, il ne consentit à les payer qu'une fois. D'autre part, on apprit ou on soupçonna qu'il venait de consacrer cent mille francs à ses plaisirs. Roland, chez lequel se réunissait la Gironde, en fut indigné avec tous les siens. Les ministres dînaient alternativement les uns chez les autres, pour s'entretenir des affaires publiques. Lorsqu'ils se réunissaient chez Roland, c'était en présence de sa femme et de tous ses amis; et on peut dire que le conseil était alors tenu par la Gironde elle-même. Ce fut dans une de ces réunions qu'on fit des remontrances à Dumouriez sur la nature de ses dépenses secrètes. D'abord il répondit avec esprit et légèreté, prit de l'humeur ensuite, et se brouilla décidément avec Roland et les Girondins. Il ne reparut plus aux réunions accoutumées, et il en donna pour motif qu'il ne voulait traiter des affaires publiques, ni devant une femme, ni devant les amis de Roland. Cependant il retourna quelquefois encore chez celui-ci, mais sans s'entretenir d'affaires, ou du moins très peu. Une autre discussion acheva de le détacher des Girondins. Guadet, le plus pétulant de son parti, fit lecture d'une lettre par laquelle il voulait que les ministres engageassent le roi à prendre pour directeur un prêtre assermenté. Dumouriez soutint que les ministres ne pouvaient intervenir dans les pratiques religieuses du roi. Il fut approuvé, il est vrai, par Vergniaud et Gensonné;

mais la querelle n'en fut pas moins vive, et la rupture devint définitive.

Les journaux commencèrent l'attaque contre Dumouriez. Les feuillans, qui déjà étaient conjurés contre lui, se virent alors aidés par les jacobins et les girondins. Dumouriez, attaqué de toutes parts, tint ferme contre l'orage, et fit sévir contre quelques journalistes.

Déjà on avait lancé un décret d'accusation contre Marat, auteur de *l'Ami du peuple*, ouvrage effrayant où il demandait ouvertement le meurtre, et couvrait des plus audacieuses injures la famille royale et tous les hommes qui étaient suspects à son imagination délirante. Pour balancer l'effet de cette mesure, on mit en accusation Royou, rédacteur de *l'Ami du roi*, et qui poursuivait les républicains avec la même violence que Marat déployait contre les royalistes.

Depuis long-temps il était partout question d'un comité autrichien; les patriotes en parlaient à la ville, comme à la cour on parlait de la faction d'Orléans. On attribuait à ce comité une influence secrète et désastreuse, qui s'exerçait par l'intermédiaire de la reine. Si durant la constituante il avait existé quelque chose qui ressemblait à un comité autrichien, rien de pareil ne se passait sous la législative. Alors un grand personnage placé dans les Pays-Bas communiquait à la reine, et au nom de sa famille, des avis assez sages, auxquels l'intermédiaire français ajoutait encore de la prudence par ses commentaires. Mais sous la législative ces communications particulières n'existaient plus; la famille de la reine avait continué sa correspondance avec elle, mais on ne cessait de lui conseiller la patience et la résignation. Seulement Bertrand de Molleville et Montmorin se rendaient encore au château depuis leur sortie du ministère. C'est sur eux que se dirigeaient tous les soupçons, et ils étaient en effet les agens de toutes les commissions secrètes. Ils furent publiquement accusés par le journaliste Carra. Résolus de le poursuivre comme calomniateur, ils le sommèrent de produire les pièces à l'appui de sa dénonciation. Le journaliste se replia sur trois députés, et nomma Chabot, Merlin et Bazire, comme auteurs des renseignemens qu'il avait publiés. Le juge de paix Larivière, qui, se dévouant à la cause du roi, poursuivait cette affaire avec beaucoup de courage, eut la hardiesse de lancer un mandat d'amener contre les trois députés désignés. L'assemblée, offensée qu'on osât porter atteinte à l'inviolabilité de ses membres, répondit au juge de paix par un décret d'accusation, et envoya l'infortuné Larivière à Orléans.

Cette tentative malheureuse ne fit qu'augmenter l'agitation générale, et la haine qui régnait contre la cour. La Gironde ne se regardait plus comme maîtresse de Louis XVI depuis que Dumouriez s'en était emparé, et elle était revenue à son rôle de violente opposition.

La nouvelle garde constitutionnelle du roi avait été récemment formée. On aurait dû, d'après la loi, composer aussi la maison civile; mais la noblesse n'y voulait pas entrer, pour ne pas reconnaître la constitution, en occupant les emplois créés par elle. On ne voulait pas d'autre part la composer d'hommes nouveaux, et on y renonça. « Comment voulez-vous, Madame, écrivait Bar-« nave à la reine, parvenir à donner le moindre « doute à ces gens-ci sur vos sentimens? Lorsqu'ils « vous décrètent une maison militaire et une mai-« son civile, semblable au jeune Achille parmi les « filles de Lycomède, vous saisissez avec empres-« sement le sabre pour dédaigner de simples orne-« mens [1]. » Les ministres et Bertrand lui-même insistèrent de leur côté dans le même sens que Barnave; mais ils ne purent réussir; et la composition de la maison civile fut abandonnée.

La maison militaire, formée sur un plan proposé par Delessart, avait été composée d'un tiers de troupes de ligne, et de deux tiers de jeunes citoyens, choisis dans les gardes nationales. Cette composition devait paraître rassurante. Mais les

---

[1]. Mémoires de madame Campan, tome II, pag. 154.

officiers et les soldats de ligne avaient été choisis de manière à alarmer les patriotes. Coalisés contre les jeunes gens pris dans les gardes nationales, ils les abreuvaient de dégoûts, et même les forçaient à se retirer pour la plupart. Les démissionnaires étaient bientôt remplacés par des hommes sûrs. Enfin le nombre de ces gardes avait été singulièrement augmenté, car au lieu de dix-huit cents hommes fixés par la loi, il s'élevait, dit-on, à près de six mille. Dumouriez en avait averti le roi, qui répondait sans cesse que le vieux duc de Brissac, chef de cette troupe, ne pouvait pas être regardé comme un conspirateur. Cependant la conduite de la nouvelle garde était telle au château et ailleurs, que les soupçons éclatèrent de toutes parts, et que les clubs s'en occupèrent. A la même époque, douze Suisses arborèrent la cocarde blanche à Neuilly; des dépôts considérables de papier furent brûlés à Sèvres[1], et firent naître de graves soupçons. L'alarme devint alors générale; l'assemblée se déclara en permanence, comme si elle s'était trouvée aux jours où trente mille hommes menaçaient Paris. Il est vrai cependant que les troubles étaient universels; que les prêtres insermentés excitaient le peuple dans les provinces méridionales, et abusaient du secret de la confession pour

---

1. Voyez la note 11 à la fin du volume.

réveiller le fanatisme; que le concert des puissances était manifeste; que la Prusse allait se joindre à l'Autriche; que les armées étrangères devenaient menaçantes; et que les derniers désastres de Lille et de Mons remplissaient tous les esprits. Il est encore vrai que la puissance du peuple excite peu de confiance, qu'on n'y croit jamais avant qu'il l'ait exercée, et que la multitude irrégulière, si nombreuse qu'elle soit, ne saurait contre-balancer la force de six mille hommes armés et enrégimentés. L'assemblée se hâta donc de se déclarer en permanence [1], et elle fit faire un rapport exact sur la composition de la maison militaire du roi, sur le nombre, le choix et la conduite de ceux qui la composaient. Après avoir constaté que la constitution se trouvait violée, elle rendit un décret de licenciement contre la garde, un autre d'accusation contre le duc de Brissac, et envoya ces deux décrets à la sanction. Le roi voulait d'abord apposer son *veto*. Dumouriez lui rappela le renvoi de ses gardes-du-corps, bien plus anciens à son service que sa nouvelle maison militaire, et l'engagea à renouveler un sacrifice bien moins difficile. Il lui fit voir d'ailleurs les véritables torts de sa garde; et obtint l'exécution du décret. Mais aussitôt il insista pour sa prompte recomposition, et

---

[1］ Séance du 28 mai.

le roi, soit qu'il revînt à sa première politique de paraître opprimé, soit qu'il comptât sur cette garde licenciée, à laquelle il conserva en secret ses appointemens, refusa de la remplacer, et se trouva ainsi livré sans protection aux fureurs populaires.

La Gironde, désespérant de ses dispositions, poursuivit son attaque avec persévérance. Déjà elle avait rendu un nouveau décret contre les prêtres, pour suppléer à celui que le roi avait refusé de sanctionner. Les rapports se succédant sans interruption sur leur conduite factieuse, elle venait de les frapper de la déportation. La désignation des coupables étant difficile, et cette mesure, comme toutes celles de sûreté, reposant sur la suspicion, c'était en quelque sorte d'après la notoriété que les prêtres étaient atteints et déportés. Sur la dénonciation de vingt citoyens actifs, et sur l'approbation du directoire de district, le directoire de département prononçait la déportation : le prêtre condamné devait sortir du canton en vingt-quatre heures, du département en trois jours, et du royaume dans un mois. S'il était indigent, trois livres par jour lui étaient accordées jusqu'à la frontière. Cette loi sévère donnait la mesure de l'irritation croissante de l'assemblée [1]. Un autre décret suivit immédiatement celui-là. Le

---

[1]. Ce décret est du 27 mai ; le décret suivant, relatif au camp de 20,000 hommes, est du 8 juin.

ministre Servan, sans en avoir reçu l'ordre du roi, et sans avoir consulté ses collègues, proposa, à l'occasion de la prochaine fédération du 14 juillet, de former un camp de vingt mille fédérés, qui serait destiné à protéger l'assemblée et la capitale. Il est facile de concevoir avec quel empressement ce projet fut accueilli par la majorité de l'assemblée, composée de Girondins. Dans le moment la puissance de ceux-ci était au comble. Ils gouvernaient l'assemblée, où les constitutionnels et les républicains étaient en minorité, et où les prétendus impartiaux n'étaient, comme de tout temps, que des indifférens, toujours plus soumis à mesure que la majorité devenait plus puissante. De plus, ils disposaient de Paris par le maire Pétion qui leur appartenait entièrement. Leur projet, par le moyen du camp proposé, était, sans ambition personnelle, mais par ambition de parti et d'opinion, de se rendre maîtres du roi, et de se prémunir contre ses intentions suspectes.

A peine la proposition de Servan fut connue, que Dumouriez lui demanda, en plein conseil et avec la plus grande force, à quel titre il avait fait une proposition pareille. Il répondit que c'était à titre d'individu. — « En ce cas, lui répliqua Dumouriez, il ne fallait pas mettre à côté du nom de Servan le titre de ministre de la guerre. » La dispute fut si vive que, sans la présence du roi, le sang aurait pu couler dans le conseil. Servan offrit de retirer sa motion; mais c'eût été inutile, car l'assemblée s'en était emparée, et le roi n'y aurait gagné que de paraître exercer une violence sur son ministre. Dumouriez s'y opposa donc; la motion resta, et fut combattue par une pétition signée de huit mille gardes nationaux, qui s'offensaient de ce qu'on semblait croire leur service insuffisant pour protéger l'assemblée. Néanmoins elle fut décrétée et portée au roi. Il y avait ainsi deux décrets importans à sanctionner, et déjà on se doutait que le roi refuserait son adhésion. On l'attendait là pour rendre contre lui un arrêt définitif.

Dumouriez soutint en plein conseil que cette mesure serait fatale au trône, mais surtout aux girondins, parce que la nouvelle armée serait formée sous l'influence des jacobins les plus violens. Il ajouta néanmoins qu'elle devait être adoptée par le roi, parce que, s'il refusait de convoquer vingt mille hommes régulièrement choisis, quarante mille se lèveraient spontanément et envahiraient la capitale. Dumouriez assura d'ailleurs qu'il avait un moyen d'annuler cette mesure, et qu'il le ferait connaître en temps convenable. Il soutint aussi que le décret sur la déportation des prêtres devait être sanctionné, parce qu'ils étaient coupables, et que d'ailleurs la déportation les soustrairait aux fureurs de leurs adversaires. Louis XVI hésitait encore, et répondit qu'il y réfléchirait mieux. Dans le même conseil, Roland voulut lire, à la face du roi, une lettre qu'il lui avait déjà adressée, et dont par conséquent il était inutile de faire une lecture directe, puisque le roi la connaissait déjà. Cette lettre avait été résolue à l'instigation de Mme Roland, et rédigée par elle. On a vu qu'il avait été question d'en écrire une au nom de tous les ministres. Ceux-ci ayant refusé, Mme Roland avait insisté auprès de son mari, et ce dernier s'était décidé à faire la démarche en son nom. Vainement Duranthon, qui était faible, mais sage, lui objecta-t-il avec raison que le ton de sa lettre, loin de persuader le roi, l'aigrirait contre des ministres qui jouissaient de la confiance publique, et qu'il en résulterait une rupture funeste entre le trône et le parti populaire. Roland s'opiniâtra d'après l'avis de sa femme et de ses amis. La Gironde en effet voulait une explication, et préférait une rupture à l'incertitude.

Roland lut donc cette lettre au roi, et lui fit essuyer en plein conseil les plus dures remontrances.

Voici cette lettre fameuse :

« Sire, l'état actuel de la France ne peut sub-
« sister long-temps, c'est un état de crise dont la
« violence atteint le plus haut degré ; il faut qu'il se
« termine par un éclat qui doit intéresser votre
« majesté autant qu'il importe à tout l'empire.

« Honoré de votre confiance, et placé dans un
« poste où je vous dois la vérité, j'oserai la dire
« tout entière; c'est une obligation qui m'est im-
« posée par vous-même.

« Les Français se sont donné une constitution;
« elle a fait des mécontens et des rebelles : la ma-
« jorité de la nation la veut maintenir; elle a juré
« de la défendre au prix de son sang, et elle a vu
« avec joie la guerre, qui lui offrait un grand moyen
« de l'assurer. Cependant la minorité, soutenue
« par des espérances, a réuni tous ses efforts pour
« emporter l'avantage. De là cette lutte intestine
« contre les lois, cette anarchie dont gémissent les
« bons citoyens, et dont les malveillans ont bien
« soin de se prévaloir pour calomnier le nouveau
« régime; de là cette division partout répandue et
« partout excitée, car nul part il n'existe d'indif-
« férence : on veut ou le triomphe ou le change-
« ment de la constitution; on agit pour la soutenir
« ou pour l'altérer. Je m'abstiendrai d'examiner ce
« qu'elle est par elle-même pour considérer seule-
« ment ce que les circonstances exigent; et, me
« rendant étranger à la chose autant qu'il est pos-
« sible, je chercherai ce que l'on peut attendre et
« ce qu'il convient de favoriser.

« Votre majesté jouissait de grandes préroga-
« tives, qu'elle croyait appartenir à la royauté;

« élevée dans l'idée de les conserver, elle n'a pu se
« les voir enlever avec plaisir : le désir de les faire
« rendre était aussi naturel que le regret de les
« voir anéantir. Ces sentimens, qui tiennent à la
« nature du cœur humain, ont dû entrer dans le
« calcul des ennemis de la révolution; ils ont donc
« compté sur une faveur secrète jusqu'à ce que les
« circonstances permissent une protection décla-
« rée. Ces dispositions ne pouvaient échapper à la
« nation elle-même, et elles ont dû la tenir en dé-
« fiance.

« Votre majesté a donc été constamment dans
« l'alternative de céder à ses premières habitudes,
« à ses affections particulières, ou de faire des sa-
« crifices dictés par la philosophie, exigés par la
« nécessité; par conséquent d'enhardir les rebelles
« en inquiétant la nation, ou d'apaiser celle ci en
« vous unissant à elle. Tout a son temps, et celui
« de l'incertitude est enfin arrivé.

« Votre majesté peut-elle aujourd'hui s'allier
« ouvertement avec ceux qui prétendent réformer
« la constitution, où doit-elle généreusement se
« dévouer sans réserve à la faire triompher? Telle
« est la véritable question dont l'état actuel des
« choses rend la solution inévitable : quant à celle,
« très métaphysique, de savoir si les Français sont
« mûrs pour la liberté, sa discussion ne fait rien

« ici, car il ne s'agit point de juger ce que nous
« serons devenus dans un siècle, mais de voir ce
« dont est capable la génération présente.

« Au milieu des agitations dans lesquelles nous
« vivons depuis quatre ans, qu'est-il arrivé? Des
« priviléges onéreux pour le peuple ont été abolis;
« les idées de justice et d'égalité se sont universel-
« lement répandues; elles ont pénétré partout;
« l'opinion des droits du peuple a justifié le senti-
« ment de ses droits; la reconnaissance de ceux-ci,
« faite solennellement, est devenue une doctrine
« sacrée; la haine de la noblesse, inspirée depuis
« long-temps par la féodalité, s'est exaspérée par
« l'opposition manifeste de la plupart des nobles à
« la constitution, qui la détruit.

« Durant la première année de la révolution,
« le peuple voyait dans ces nobles des hommes
« odieux par les priviléges oppresseurs dont ils
« avaient joui, mais qu'il aurait cessé de haïr après
« la destruction de ces priviléges, si la conduite de
« la noblesse depuis cette époque n'avait fortifié
« toutes les raisons possibles de la redouter et de
« la combattre comme une irréconciliable en-
« nemie.

« L'attachement pour la constitution s'est accru
« dans la même proportion; non-seulement le
« peuple lui devait des bienfaits sensibles, mais il
« a jugé qu'elle lui en préparait de plus grands,

« puisque ceux qui étaient habitués à lui faire
« supporter toutes les charges cherchaient si puis-
« samment à la détruire ou à la modifier.

« La déclaration des droits est devenue un évan-
« gile politique, et la constitution française une
« religion pour laquelle le peuple est prêt à périr.

« Aussi le zèle a-t-il été déjà quelquefois jusqu'à
« suppléer à la loi, et lorsque celle-ci n'était pas
« assez réprimante pour contenir les perturba-
« teurs, les citoyens se sont permis de les punir
« eux-mêmes.

« C'est ainsi que des propriétés d'émigrés ont été
« exposées aux ravages qu'inspirait la vengeance;
« c'est pourquoi tant de départemens se sont crus
« forcés de sévir contre les prêtres que l'opinion
« avait proscrits, et dont elle aurait fait des vic-
« times.

« Dans ce choc des intérêts, tous les sentimens
« ont pris l'accent de la passion. La patrie n'est
« point un mot que l'imagination se soit complu
« d'embellir; c'est un être auquel on a fait des sa-
« crifices, à qui l'on s'attache chaque jour davan-
« tage par les sollicitudes qu'il cause, qu'on a créé
« par de grands efforts, qui s'élève au milieu des
« inquiétudes, et qu'on aime par tout ce qu'il coûte
« autant que par ce qu'on en espère ; toutes les
« atteintes qu'on lui porte sont des moyens d'en-
« flammer l'enthousiasme pour elle. A quel point

« cet enthousiasme va-t-il monter, à l'instant où
« les forces ennemies réunies au dehors se concer-
« tent avec les intrigues intérieures pour porter les
« coups les plus funestes! La fermentation est ex-
« trême dans toutes les parties de l'empire; elle
« éclatera d'une manière terrible, à moins qu'une
« confiance raisonnée dans les intentions de votre
« majesté ne puisse enfin la calmer : mais cette con-
« fiance ne s'établira pas sur des protestations; elle
« ne saurait plus avoir pour base que des faits.

« Il est évident pour la nation française que sa
« constitution peut marcher, que le gouvernement
« aura toute la force qui lui est nécessaire du mo-
« ment où votre majesté, voulant absolument le
« triomphe de cette constitution, soutiendra le
« corps législatif de toute la puissance de l'exé-
« cution, ôtera tout prétexte aux inquiétudes du
« peuple, et tout espoir aux mécontens.

« Par exemple, deux décrets importans ont été
« rendus; tous deux intéressent essentiellement la
« tranquillité publique et le salut de l'état : le retard
« de leur sanction inspire des défiances; s'il est
« prolongé, il causera du mécontentement, et je
« dois le dire, dans l'effervescence actuelle des es-
« prits, les mécontentemens peuvent mener à tout.

« Il n'est plus temps de reculer; il n'y a même
« plus de moyen de temporiser : la révolution est
« faite dans les esprits; elle s'achèvera au prix du

« sang, et sera cimentée par lui, si la sagesse ne
« prévient pas les malheurs qu'il est encore possible
« d'éviter.

« Je sais qu'on peut imaginer tout opérer et tout
« contenir par des mesures extrêmes; mais quand
« on aurait déployé la force pour contraindre l'as-
« semblée, quand on aurait répandu l'effroi dans
« Paris, la division et la stupeur dans ses environs,
« toute la France se lèverait avec indignation, et,
« se déchirant elle-même dans les horreurs d'une
« guerre civile, développerait cette sombre énergie,
« mère des vertus et des crimes, toujours funeste
« à ceux qui l'ont provoquée.

« Le salut de l'état et le bonheur de votre ma-
« jesté sont intimement liés; aucune puissance n'est
« capable de les séparer : de cruelles angoisses et
« des malheurs certains environneront votre trône,
« s'il n'est appuyé par vous-même sur les bases de
« la constitution, et affermi dans la paix que son
« maintien doit enfin nous procurer. Ainsi la dis-
« position des esprits, le cours des choses, les rai-
« sons de la politique, l'intérêt de votre majesté,
« rendent indispensable l'obligation de s'unir au
« corps législatif et de répondre au vœu de la na-
« tion; ils font une nécessité de ce que les principes
« présentent comme devoir. Mais la sensibilité
« naturelle à ce peuple affectueux est prête à y
« trouver un motif de reconnaissance. On vous a

« cruellement trompé, sire, quand on vous a in-
« spiré de l'éloignement ou de la méfiance pour ce
« peuple facile à toucher. C'est en vous inquiétant
« perpétuellement qu'on vous a porté à une con-
« duite propre à l'alarmer lui-même : qu'il voie que
« vous êtes résolu à faire marcher cette constitu-
« tion, à laquelle il a attaché sa fidélité, et bientôt
« vous deviendrez le sujet de ses actions de grâces!

« La conduite des prêtres en beaucoup d'en-
« droits, les prétextes que fournissait le fanatisme
« aux mécontens, ont fait porter une loi sage contre
« les perturbateurs : que votre majesté lui donne sa
« sanction; la tranquillité publique la réclame, et
« le salut des prêtres la sollicite. Si cette loi n'est
« mise en vigueur, les départemens seront forcés
« de lui substituer, comme ils font de toutes parts,
« des mesures violentes, et le peuple irrité y sup-
« pléera par des excès.

« Les tentatives de nos ennemis, les agitations
« qui se sont manifestées dans la capitale, l'extrême
« inquiétude qu'avait excitée la conduite de votre
« garde, et qu'entretiennent encore les témoignages
« de satisfaction qu'on lui a fait donner par votre
« majesté, par une proclamation vraiment impo-
« litique dans les circonstances; la situation de
« Paris, sa proximité des frontières, ont fait sentir
« le besoin d'un camp dans son voisinage : cette
« mesure, dont la sagesse et l'urgence ont frappé

« tous les bons esprits, n'attend encore que la sanc-
« tion de votre majesté; pourquoi faut-il que des
« retards lui donnent l'air du regret, lorsque la
« célérité lui mériterait la reconnaissance?

« Déjà les tentatives de l'état-major de la garde
« nationale parisienne contre cette mesure ont
« fait soupçonner qu'il agissait par une inspiration
« supérieure; déjà les déclamations de quelques
« démagogistes outrés réveillent les soupçons de
« leurs rapports avec les intéressés au renverse-
« ment de la constitution; déjà l'opinion publique
« compromet les intentions de votre majesté : en-
« core quelque délai, et le peuple contristé croira
« apercevoir dans son roi l'ami et le complice des
« conspirateurs.

« Juste ciel! auriez-vous frappé d'aveuglement
« les puissances de la terre, et n'auront-elles ja-
« mais que des conseils qui les entraîneront à leur
« ruine.

« Je sais que le langage austère de la vérité est ra-
« rement accueilli près du trône; je sais aussi que
« c'est parce qu'il ne s'y fait presque jamais en-
« tendre, que les révolutions deviennent néces-
« saires; je sais surtout que je dois le tenir à votre
« majesté, non-seulement comme citoyen soumis
« aux lois, mais comme ministre honoré de sa
« confiance, ou revêtu de fonctions qui la sup-
« posent; et je ne connais rien qui puisse m'empê-

« cher de remplir un devoir dont j'ai la conscience.

« C'est dans le même esprit que je réitérerai mes « représentations à votre majesté sur l'obligation « et l'utilité d'exécuter la loi qui prescrit d'avoir un « secrétaire au conseil. La seule existence de la loi « parle si puissamment, que l'exécution semblerait « devoir suivre sans retardement ; mais il importe « d'employer tous les moyens de conserver aux « délibérations la gravité, la sagesse, la maturité « nécessaires ; et pour les ministres responsables, il « faut un moyen de constater leurs opinions : si « celui-là eût existé, je ne m'adresserais pas par « écrit en ce moment à votre majesté.

« La vie n'est rien pour l'homme qui estime ses « devoirs au-dessus de tout ; mais, après le bonheur « de les avoir remplis, le seul bien auquel il soit « encore sensible est celui de penser qu'il l'a fait « avec fidélité, et cela même est une obligation « pour l'homme public.

«Paris, 10 juin 1792, l'an IV de la liberté.

« Signé ROLAND. »

Le roi écouta cette lecture avec une patience extrême, et sortit en disant qu'il ferait connaître ses intentions.

Dumouriez fut appelé au château. Le roi et la reine étaient réunis. « Devons-nous, dirent-ils, supporter plus long-temps l'insolence de ces trois ministres? — Non, répondit Dumouriez. — Vous chargez-vous de nous en délivrer? reprit le roi. — Oui, sire, ajouta encore le hardi ministre; mais il faut pour y réussir que votre majesté consente à une condition. Je suis dépopularisé, je vais l'être davantage en renvoyant trois collègues, chefs d'un parti puissant. Il n'y a qu'un moyen de persuader au public qu'ils ne sont pas renvoyés à cause de leur patriotisme. — Lequel? demanda le roi. — C'est, répondit Dumouriez, de sanctionner les deux décrets; » et il répéta les raisons qu'il avait déjà données en plein conseil. La reine s'écria que la condition était trop dure; mais Dumouriez s'efforça de lui faire entendre que les vingt mille hommes n'étaient pas à redouter; que le décret ne désignait pas le lieu où l'on devait les faire camper; qu'on pourrait, par exemple, les envoyer à Soissons : que là, on les occuperait à des exercices militaires, et qu'on les acheminerait ensuite peu à peu aux armées, lorsque le besoin s'en ferait sentir. « Mais alors, dit le roi, il faut que vous soyez ministre de la guerre. — Malgré la responsabilité, j'y consens, répondit Dumouriez; mais il faut que votre majesté sanctionne le décret contre les prêtres; je ne puis la servir qu'à ce prix. Ce décret, loin de nuire aux ecclésiastiques, les soustraira aux fureurs populaires; il fallait que votre majesté s'opposât au premier décret de l'assemblée constituante, qui ordonnait le serment; maintenant elle ne peut plus reculer. — J'eus tort alors s'écria Louis XVI; je ne dois pas avoir tort encore une fois. » La reine, qui ne partageait pas les scrupules religieux de son époux, s'unit à Dumouriez, et, pour un instant, le roi parut donner son adhésion.

Dumouriez lui indiqua les nouveaux ministres à nommer à la place de Servan, Clavière et Roland. C'étaient Mourgues pour l'intérieur, Beaulieu pour les finances. La guerre était confiée à Dumouriez, qui, pour le moment, réunissait deux ministères, en attendant que celui des affaires étrangères fût occupé. L'ordonnance fut aussitôt rendue, et, le 13 juin, Roland, Clavière et Servan reçurent leur démission officielle. Roland, qui avait toute la force nécessaire pour exécuter ce que l'esprit hardi de sa femme pouvait concevoir, se rendit aussitôt à l'assemblée, et fit lecture de la lettre qu'il avait écrite au roi, et pour laquelle il était renvoyé. Cette démarche était certainement permise, une fois les hostilités déclarées; mais, après la promesse faite au roi de tenir la lettre secrète, il était peu généreux de la lire publiquement.

L'assemblée accueillit avec les plus grands applaudissemens la lecture de Roland, ordonna que sa lettre fût imprimée et envoyée aux quatre-vingt-trois départemens; elle déclara de plus que les trois ministres disgraciés emportaient la confiance de la nation. C'est dans ce moment même que Dumouriez, sans s'intimider, osa paraître à la tribune, avec son nouveau titre de ministre de la guerre. Il avait préparé en toute hâte un rapport circonstancié sur l'état de l'armée, sur les fautes de l'administration et de l'assemblée. Il n'épargna pas la sévérité à ceux qu'il savait disposés à lui faire le plus mauvais accueil. A peine parut-il, que les huées lui furent prodiguées par les jacobins; les feuillans observèrent le plus profond silence. Il rendit compte d'abord d'un léger avantage remporté par Lafayette, et de la mort de Gouvion qui, officier, député et homme de bien, désespéré des malheurs de la patrie, avait volontairement cherché la mort. L'assemblée donna des regrets à la perte de ce généreux citoyen; elle écouta froidement ceux de Dumouriez, et surtout le désir qu'il exprima d'échapper aux mêmes calamités par le même sort. Mais quand il annonça son rapport comme ministre de la guerre, le refus d'écouter fut manifesté de toutes parts. Il réclama froidement la parole, et finit par obtenir le silence. Ses remontrances irritèrent quelques députés : « L'entendez-vous ? s'écria Guadet, il nous donne des leçons ! — Et pourquoi pas ? » répliqua tranquillement l'intrépide Dumouriez. Le calme se rétablit; il acheva sa lecture, et fut tour à tour hué et applaudi. A peine eut-il fini, qu'il replia son mémoire pour l'emporter. « Il fuit! s'écria-t-on. — Non, reprit-il, » et il remit hardiment son mémoire sur le bureau, le signa avec assurance, et traversa l'assemblée avec un calme imperturbable. Comme on se pressait sur son passage, des députés lui dirent : « Vous allez être envoyé à Orléans. — Tant mieux, répondit-il; j'y prendrai des bains et du petit-lait, dont j'ai besoin, et je me reposerai. »

Sa fermeté rassura le roi, qui lui en témoigna sa satisfaction; mais le malheureux prince était déjà ébranlé et tourmenté de scrupule. Assiégé par de faux amis, il était déjà revenu sur ses déterminations, et ne voulait plus sanctionner les deux décrets.

Les quatre ministres réunis en conseil supplièrent le roi de donner sa double sanction, comme il semblait l'avoir promis. Le roi répondit sèchement qu'il ne pouvait consentir qu'au décret des vingt mille hommes; que quant à celui des prêtres, il était décidé à s'y opposer; que son parti était pris, et que les menaces ne pourraient l'effrayer. Il lut la lettre par laquelle il annonçait sa détermination au président de l'assemblée. « L'un de vous, dit-il à ses ministres, la contre-signera. » Et il prononça ces paroles d'un ton qu'on ne lui avait jamais connu.

Dumouriez alors lui écrivit pour lui demander

sa démission. « Cet homme, s'écria le roi, m'a fait renvoyer trois ministres parce qu'ils voulaient m'obliger à adopter les décrets et il veut maintenant que je les sanctionne! » Ce reproche était injuste, car ce n'était qu'à la condition de la double sanction que Dumouriez avait consenti à survivre à ses collègues. Louis XVI le vit, lui demanda s'il persistait. Dumouriez fut inébranlable. « En ce cas, lui dit le roi, j'accepte votre démission. » Tous les ministres l'avaient donnée aussi. Cependant le roi retint Lacoste et Duranthon, et les contraignit de rester. MM. Lajard, Chambonas et Terrier de Mont-Ciel, pris parmi les feuillans, occupèrent les ministères vacans.

« Le roi, dit Mme Campan, tomba à cette époque
« dans un découragement qui allait jusqu'à l'abat-
« tement physique. Il fut dix jours de suite sans
« articuler un mot, même au sein de sa famille, si
« ce n'est qu'à une partie de trictrac qu'il faisait
« avec madame Élisabeth après son dîner, il était
« obligé de prononcer les mots indispensables à ce
« jeu. La reine le tira de cette position, si funeste
« dans un état de crise où chaque minute amenait
« la nécessité d'agir, en se jetant à ses pieds, en
« employant tantôt des images faites pour l'ef-
« frayer, tantôt les expressions de sa tendresse
« pour lui. Elle réclamait aussi celle qu'il devait à
« sa famille, et alla jusqu'à lui dire que, s'il fallait

« périr, ce devait être avec honneur, et sans at-
« tendre qu'on vînt les étouffer l'un et l'autre sur
« le parquet de leur appartement [1]. »

Il est facile de présumer quelles durent être les dispositions d'esprit de Louis XVI en revenant à lui-même et au soin des affaires. Après avoir abandonné une fois le parti des feuillans pour se jeter vers celui des girondins, il ne pouvait revenir aux premiers avec beaucoup de goût et d'espoir. Il avait fait la double expérience de son incompatibilité avec les uns et les autres, et, ce qui était plus fâcheux, il la leur avait fait faire à tous. Dès lors il dut plus que jamais songer à l'étranger, et y mettre toutes ses espérances. Cette pensée devint évidente pour tout le monde, et alarma ceux qui voyaient dans l'envahissement de la France la chute de la liberté, le supplice de ses défenseurs, et peut-être le partage ou le démembrement du royaume. Louis XVI n'y voyait pas cela, car on se dissimule toujours l'inconvénient de ce qu'on désire. Épouvanté du tumulte produit par la déroute de Mons et de Tournay, il avait envoyé Mallet-du-Pan en Allemagne avec des instructions écrites de sa main. Il y recommandait aux souverains de s'avancer avec précaution, d'observer les plus grands ménagemens envers les habitans des pro-

---

[1] Voyez madame Campan, tome II, page 205.

vinces qu'ils traverseraient, et de se faire précéder par un manifeste dans lequel ils attesteraient leurs intentions pacifiques et conciliatrices [1]. Quelque modéré que fût ce projet, cependant ce n'en était pas moins l'invitation de s'avancer dans le pays; et d'ailleurs, si tel était le vœu du roi, celui des princes étrangers et rivaux de la France, celui des émigrés courroucés était-il le même? Louis XVI était-il assuré de n'être pas entraîné au-delà de ses intentions? Les ministres de Prusse et d'Autriche témoignèrent eux-mêmes à Mallet-du-Pan les méfiances que leur inspirait l'emportement de l'émigration, et il paraît qu'il eut quelque peine à les rassurer à cet égard [2]. La reine s'en défiait tout autant; elle redoutait surtout Calonne comme le plus dangereux de ses ennemis [3]; mais il n'en conjurait pas moins sa famille d'agir avec la plus grande célérité pour sa délivrance. Dès cet instant, le parti populaire dut regarder la cour comme un ennemi d'autant plus à craindre qu'il disposait de toutes les forces de l'état; et le combat qui s'engageait devint un combat à mort. Le roi, en composant son nouveau ministère, ne choisit aucun homme prononcé. Dans l'attente de sa prochaine délivrance, il ne songeait qu'à passer quelques jours

1. Voyez la note 12 à la fin du volume.
2. Voyez la note 13 à la fin du volume.
3. Voyez la note 14 à la fin du volume.

encore, et il lui suffisait pour cela du ministère le plus insignifiant.

Les feuillans cherchèrent à profiter de l'occasion pour se rattacher à la cour, moins, il faut le dire, par ambition personnelle de parti, que par intérêt pour le roi. Ils ne comptaient nullement sur l'invasion; ils y voyaient pour la plupart un attentat, et de plus un péril aussi grand pour la cour que pour la nation. Ils prévoyaient avec raison que le roi aurait succombé avant que les secours pussent arriver; et, après l'invasion, ils redoutaient des vengeances atroces, peut-être le démembrement du territoire, et certainement l'abolition de toute liberté.

Lally-Tolendal, qu'on a vu quitter la France dès que les deux chambres furent devenues impossibles; Malouet, qui les avait encore essayées lors de la révision; Duport, Lameth, Lafayette et autres, qui voulaient conserver ce qui était, se réunirent pour tenter un dernier effort. Ce parti, comme tous les partis, n'était pas très d'accord avec lui-même; mais il se réunissait dans une seule vue, celle de sauver le roi de ses fautes, et de sauver la constitution avec lui. Tout parti obligé d'agir dans l'ombre est réduit à des démarches qu'on appelle intrigues quand elles ne sont pas heureuses. En ce sens les feuillans intriguèrent. Dès qu'ils virent le renvoi de Servan, Clavière et Roland, opéré par Dumouriez, ils se rapprochèrent de celui-ci, et lui proposèrent leur alliance, à condition qu'il signerait le *veto* contre le décret sur les prêtres. Dumouriez, peut-être par humeur, peut-être par défaut de confiance dans leurs moyens, et sans doute aussi par l'engagement qu'il avait pris de faire sanctionner le décret, refusa cette alliance, et se rendit à l'armée, avec le désir, écrivait-il à l'assemblée, qu'un coup de canon réunît toutes les opinions sur son compte.

Il restait aux feuillans Lafayette, qui, sans prendre part à leurs secrètes menées, avait partagé leurs mauvaises dispositions contre Dumouriez, et voulait surtout sauver le roi, sans altérer la constitution. Leurs moyens étaient faibles. D'abord la cour, qu'ils cherchaient à sauver, ne voulait pas l'être par eux. La reine, qui se confiait volontiers à Barnave, avait toujours employé les plus grandes précautions pour le voir, et ne l'avait jamais reçu qu'en secret. Les émigrés et la cour ne lui eussent jamais pardonné de voir les constitutionnels. On lui recommandait en effet de ne point traiter avec eux, et de leur préférer plutôt les jacobins, parce que, disait-on, il faudrait transiger avec les premiers, et qu'on ne serait tenu à rien envers les seconds [1]. Qu'on ajoute à ces

---

1. Voyez la note 15 à la fin du volume.

conseils, souvent répétés, la haine personnelle de la reine pour Lafayette, et on comprendra combien la cour était peu disposée à se laisser servir par les constitutionnels ou les feuillans. Outre ces répugnances de la cour à leur égard, il faut considérer encore la faiblesse des moyens qu'ils pouvaient employer contre le parti populaire. Lafayette, il est vrai, était adoré de ses soldats, et devait compter sur son armée; mais il avait l'ennemi en tête, et il ne pouvait découvrir la frontière pour se porter vers l'intérieur. Le vieux Luckner, sur lequel il s'appuyait, était faible, mobile, et facile à intimider, quoique fort brave sur les champs de bataille. Mais, en comptant même sur leurs moyens militaires, les constitutionnels n'avaient aucuns moyens civils. La majorité de l'assemblée était à la Gironde. La garde nationale leur était dévouée en partie, mais elle était désunie et presque désorganisée. Les constitutionnels étaient donc réduits, pour user de leurs forces militaires, à marcher de la frontière sur Paris, c'est-à-dire à tenter une insurrection contre l'assemblée; et les insurrections, excellentes pour un parti violent qui prend l'offensive, sont funestes et inconvenantes pour un parti modéré qui résiste en s'appuyant sur les lois.

Cependant on entoura Lafayette et on concerta avec lui le projet d'une lettre à l'assemblée. Cette lettre, écrite en son nom, devait exprimer ses sentimens envers le roi et la constitution, et sa désapprobation contre tout ce qui tendait à attaquer l'un ou l'autre. Ses amis étaient partagés ; les uns excitaient, les autres retenaient son zèle. Mais, ne songeant qu'à ce qui pouvait servir le roi auquel il avait juré fidélité, il écrivit la lettre, et brava tous les dangers qui allaient menacer sa tête. Le roi et la reine, quoique résolus à ne pas se servir de lui, le laissèrent écrire, parce qu'ils ne voyaient dans cette démarche qu'un échange de reproches entre les amis de la liberté. La lettre arriva à l'assemblée le 18 juin. Lafayette, après avoir, en débutant, blâmé la conduite du dernier ministre, qu'il voulait, disait-il, dénoncer au moment où il avait appris son renvoi, continuait en ces termes :

« Ce n'est pas assez que cette branche du gou-
« vernement soit délivrée d'une funeste influence ;
« la chose publique est en péril ; le sort de la France
« repose principalement sur ses représentans ; la
« nation attend d'eux son salut ; mais, en se don-
« nant une constitution, elle leur a prescrit l'uni-
« que route par laquelle ils doivent la sauver. »

Protestant ensuite de son inviolable attachement pour la loi jurée, il exposait l'état de la France, qu'il voyait placée entre deux espèces d'ennemis, ceux du dehors et ceux du dedans.

« Il faut détruire les uns et les autres; mais vous
« n'en aurez la puissance qu'autant que vous serez
« constitutionnels et justes... Regardez autour de
« vous... pouvez-vous vous dissimuler qu'une fac-
« tion, et, pour éviter toute dénomination vague,
« que la faction jacobine a causé tous les désordres?
« C'est elle que j'en accuse hautement! Organisée
« comme un empire à part, dans sa métropole et
« dans ses affiliations, aveuglément dirigée par
« quelques chefs ambitieux, cette secte forme une
« corporation distincte au milieu du peuple fran-
« çais, dont elle usurpe les pouvoirs en subjuguant
« ses représentans et ses mandataires.

« C'est là que, dans les séances publiques, l'amour
« des lois se nomme aristocratie, et leur infraction
« patriotisme; là, les assassins de Desilles reçoi-
« vent des triomphes; les crimes de Jourdain trou-
« vent des panégyristes; là, le récit de l'assassinat
« qui a souillé la ville de Metz vient encore d'exciter
« d'infernales acclamations!

« Croira-t-on échapper à ces reproches en se
« targuant d'un manifeste autrichien, où ces sec-
« taires sont nommés? Sont-ils devenus sacrés
« parce que Léopold a prononcé leur nom? et
« parce que nous devons combattre les étrangers
« qui s'immiscent dans nos querelles, sommes-
« nous dispensés de délivrer notre patrie d'une
« tyrannie domestique? »

Rappelant ensuite ses anciens services pour la liberté, énumérant les garanties qu'il avait données à la patrie, le général répondait de lui et de son armée, et déclarait que la nation française, si elle n'était pas la plus vile de l'univers, pouvait et devait résister à la conjuration des rois qui s'étaient coalisés contre elle. « Mais, ajouta-t-il, pour
« que nous, soldats de la liberté, combattions avec
« efficacité et mourions avec fruit pour elle, il
« faut que le nombre des défenseurs de la patrie
« soit promptement proportionné à celui de ses
« adversaires, que les approvisionnemens de tout
« genre se multiplient et facilitent nos mouvemens;
« que le bien-être des troupes, leurs fournitures,
« leurs paiemens, les soins relatifs à leur santé,
« ne soient plus soumis à de fatales lenteurs, etc. »
Suivaient d'autres conseils dont voici le principal et le dernier : « Que le règne des clubs, anéanti
« par vous, fasse place au règne de la loi, leurs
« usurpations à l'exercice ferme et indépendant
« des autorités constituées, leurs maximes désor-
« ganisatrices aux vrais principes de la liberté,
« leur fureur délirante au courage calme et con-
« stant d'une nation qui connaît ses droits et les
« défend, enfin leurs combinaisons sectaires aux
« véritables intérêts de la patrie, qui, dans ce mo-
« ment de danger, doit réunir tous ceux pour qui
« son asservissement et sa ruine ne sont pas les

« objets d'une atroce jouissance et d'une infâme
« spéculation ! »

C'était dire aux passions irritées : arrêtez-vous ; aux partis eux-mêmes : immolez-vous de plein gré ; à un torrent enfin : ne coulez pas ! Mais, quoique le conseil fût inutile, ce n'en était pas moins un devoir de le donner. La lettre fut fort applaudie par le côté droit. Le côté gauche se tut. A peine la lecture en était-elle achevée, qu'il était déjà question de l'impression et de l'envoi aux départemens.

Vergniaud demanda la parole et l'obtint. Selon lui, il importait à la liberté, que M. de Lafayette avait jusque-là si bien défendue, qu'on fît une distinction entre les pétitions des simples citoyens qui donnaient un avis ou réclamaient un acte de justice, et les leçons d'un général armé. Celui-ci ne devait s'exprimer que par l'organe du ministère, sans quoi la liberté était perdue. Il fallait en conséquence passer à l'ordre du jour. Thevenot répondit que l'assemblée devait recevoir de la bouche de M. de Lafayette les vérités qu'elle n'avait pas osé se dire à elle-même. Cette dernière observation excita un grand tumulte. Quelques membres nièrent l'authenticité de la lettre. « Quand elle ne serait pas signée, s'écria M. Coubé, il n'y a que M. de Lafayette qui ait pu l'écrire. » Guadet demanda la parole pour un fait, et soutint que la lettre ne

8.

pouvait pas être de M. de Lafayette, parce qu'il parlait de la démission de Dumouriez, qui n'avait eu lieu que le 16, et qu'elle était datée du 16 même. « Il serait donc impossible, ajoute-t-il, que le signa-« taire parlât d'un fait qui ne devait pas lui être « connu. Ou la signature n'est pas de lui, ou elle « était ici en blanc, à la disposition d'une faction « qui devait en disposer à son gré. » Il se fit une grande rumeur à ces mots. Guadet, continuant, ajouta que M. de Lafayette était incapable, d'après ses sentimens connus, d'avoir écrit une lettre pareille. « Il doit savoir, dit-il, que lorsque Cromwell... » Le député Dumas, ne pouvant plus se contenir à ce dernier mot, demande la parole; une longue agitation éclate dans l'assemblée. Néanmoins Guadet se ressaisit de la tribune, et reprend: « Je disais... » On l'interrompt de nouveau. « Vous en étiez, lui dit-on, à Cromwell... — J'y reviendrai, réplique-t-il... Je disais que M. de Lafayette doit savoir que, lorsque Cromwell tenait un langage pareil, la liberté était perdue en Angleterre. Il faut ou s'assurer qu'un lâche s'est couvert du nom de M. de Lafayette, ou bien prouver par un grand exemple au peuple français, que vous n'avez pas fait un vain serment en jurant de maintenir la constitution. »

Une foule de membres attestent qu'ils reconnaissent la signature de M. de Lafayette, et, malgré cela, sa lettre est renvoyée au comité des douze, pour en constater l'authenticité. Elle est ainsi privée de l'impression et de l'envoi aux départemens.

Cette généreuse démarche fut donc tout-à-fait inutile, et devait l'être dans l'état des esprits. Dès cet instant le général fut presque aussi dépopularisé que la cour; et si les chefs de la Gironde, plus éclairés que le peuple, ne croyaient pas Lafayette capable de trahir son pays, parce qu'il avait attaqué les jacobins, la masse le croyait cependant, à force de l'entendre répéter dans les clubs, les journaux et les lieux publics.

Ainsi, aux alarmes que la cour avait inspirées au parti populaire, se joignirent celles que Lafayette provoqua par ses propres démarches. Alors ce parti désespéra tout-à-fait, et résolut de frapper la cour, avant qu'elle pût mettre à exécution les complots dont on l'accusait.

On a déjà vu comment le parti populaire était composé. En se prononçant davantage, il se caractérisait mieux, et de nouveaux personnages s'y faisaient remarquer. Robespierre s'est déjà fait connaître aux Jacobins, et Danton aux Cordeliers. Les clubs, la municipalité et les sections renfermaient beaucoup d'hommes qui, par l'ardeur de leur caractère et de leurs opinions, étaient prêts à tout entreprendre. De ce nombre étaient Sergent et Panis, qui plus tard attachèrent leur nom à un événement formidable. Dans les faubourgs on remarquait plusieurs chefs de bataillon qui s'étaient rendus redoutables; le principal d'entre eux était un brasseur de bière nommé Santerre. Par sa stature, sa voix, et une certaine facilité de langage, il plaisait au peuple, et avait acquis une espèce de domination dans le faubourg Saint-Antoine, dont il commandait le bataillon. Santerre s'était déjà distingué à l'attaque de Vincennes, repoussée par Lafayette en février 1791; et, comme tous les hommes trop faciles, il pouvait devenir très dangereux selon les inspirations du moment. Il assistait à tous les conciliabules qui se tenaient dans les faubourgs éloignés. Là, se réunissaient avec lui le journaliste Carra, poursuivi pour avoir attaqué Bertrand de Molleville et Montmorin; un nommé Alexandre, commandant du faubourg Saint-Marceau; un individu très connu sous le nom de Fournier l'Américain; le boucher Legendre, qui fut depuis député à la Convention; un compagnon orfèvre appelé Rossignol; et plusieurs autres qui, par leurs relations avec la populace, remuaient tous les faubourgs. Par les plus relevés d'entre eux, ils communiquaient avec les chefs du parti populaire, et pouvaient ainsi soumettre leurs mouvemens à une direction supérieure.

On ne peut pas désigner d'une manière précise

ceux des députés qui contribuaient à cette direction. Les plus distingués d'entre eux étaient étrangers à Paris, et n'y avaient d'autre influence que celle de leur éloquence. Guadet, Isnard, Vergniaud, tous provinciaux, communiquaient plus avec leurs départemens qu'avec Paris même. D'ailleurs, très ardens à la tribune, ils agissaient peu hors de l'assemblée, et n'étaient point capables de remuer la multitude. Condorcet, Brissot, députés de Paris, n'avaient pas plus d'activité que les précédens, et par leur conformité d'opinion avec les députés de l'Ouest et du Midi, ils étaient devenus Girondins. Roland, depuis le renvoi du ministère patriote, était rentré dans la vie privée; il habitait une demeure modeste et obscure dans la rue Saint-Jacques. Persuadé que la cour avait le projet de livrer la France et la liberté aux étrangers, il déplorait les malheurs de son pays avec quelques-uns de ses amis, députés à l'assemblée. Cependant il ne paraît pas que l'on travaillât dans sa société à attaquer la cour. Il favorisait seulement l'impression d'un journal-affiche, intitulé *la Sentinelle*, que Louvet, déjà connu aux Jacobins par sa controverse avec Robespierre, rédigeait dans un sens tout patriotique. Roland, pendant son ministère, avait alloué des fonds pour éclairer l'opinion publique par des écrits, et c'est avec un reste de ces fonds qu'on imprimait *la Sentinelle*.

Vers cette époque, il y avait à Paris un jeune Marseillais plein d'ardeur, de courage et d'illusions républicaines, et qu'on nommait l'Antinoüs, tant il était beau ; il avait été député par sa commune à l'assemblée législative, pour réclamer contre le directoire de son département ; car ces divisions entre les autorités inférieures et supérieures, entre les municipalités et les directoires de département, étaient générales dans toute la France. Ce jeune Marseillais se nommait Barbaroux. Ayant de l'intelligence, beaucoup d'activité, il pouvait devenir utile à la cause populaire. Il vit Roland, et déplora avec lui les catastrophes dont les patriotes étaient menacés. Ils convinrent que le péril devenant tous les jours plus grand dans le nord de la France, il faudrait, si on était réduit à la dernière extrémité, se retirer dans le Midi, et y fonder une république, qu'on pourrait étendre un jour, comme Charles VII avait autrefois étendu son royaume de Bourges. Ils examinaient la carte avec l'ex-ministre Servan, et se disaient que, battue sur le Rhin et au-delà, la liberté devait se retirer derrière les Vosges et la Loire ; que, repoussée dans ces retranchemens, il lui restait encore à l'est, le Doubs, l'Ain, le Rhône ; à l'ouest la Vienne, la Dordogne ; au centre, les rochers et les rivières du Limousin. « Plus loin « encore, ajoute Barbaroux lui-même, nous avions « l'Auvergne, ses buttes escarpées, ses ravins, ses

« vieilles forêts, et les montagnes du Velay, jadis
« embrasées par le feu, maintenant couvertes de
« sapins; lieux sauvages où les hommes labourent
« la neige, mais où ils vivent indépendans. Les
« Cévennes nous offraient encore un asile trop cé-
« lèbre pour n'être pas redoutable à la tyrannie; et
« à l'extrémité du Midi, nous trouvions pour bar-
« rières l'Isère, la Durance, le Rhône depuis Lyon
« jusqu'à la mer, les Alpes et les remparts de Tou-
« lon. Enfin, si tous ces points avaient été forcés,
« il nous restait la Corse, la Corse où les Génois et
« les Français n'ont pu naturaliser la tyrannie; qui
« n'attend que des bras pour être fertile, et des
« philosophes pour l'éclairer [1]. »

Il était naturel que les habitans du Midi songeassent à se réfugier dans leurs provinces, si le Nord était envahi. Ils ne négligeaient cependant pas le Nord, car ils convinrent d'écrire dans leurs départemens, pour qu'on formât spontanément le camp de vingt mille hommes, bien que le décret relatif à ce camp n'eût pas été sanctionné. Ils comptaient beaucoup sur Marseille, ville riche, considérablement peuplée, et singulièrement démocratique. Elle avait envoyé Mirabeau aux états-généraux, et depuis elle avait répandu dans tout le Midi l'esprit dont elle était animée. Le maire de cette ville était ami de Barbaroux et partageait ses

---

[1]. Mémoires de Barbaroux, pages 38 et 39.

opinions. Barbaroux lui écrivit de s'approvisionner de grains, d'envoyer des hommes sûrs dans les départemens voisins, ainsi qu'aux armées des Alpes, de l'Italie et des Pyrénées, afin d'y préparer l'opinion publique; de faire sonder Montesquiou, général de l'armée des Alpes, et d'utiliser son ambition au profit de la liberté; enfin de se concerter avec Paoli et les Corses, de manière à se préparer un dernier secours et un dernier asile. On recommanda en outre à ce même maire de retenir le produit des impôts pour en priver le pouvoir exécutif, et au besoin pour en user contre lui. Ce que Barbaroux faisait pour Marseille, d'autres le faisaient pour leur département, et songeaient à s'assurer un refuge. Ainsi la méfiance, changée en désespoir, préparait l'insurrection générale, et dans ces préparatifs de l'insurrection, une différence s'établissait déjà entre Paris et les départemens.

Le maire Pétion, lié avec tous les Girondins, et plus tard rangé et proscrit avec eux, se trouvait, à cause de ses fonctions, plus en rapport avec les agitateurs de Paris. Il avait beaucoup de calme, une apparence de froideur que ses ennemis prirent pour de la stupidité, et une probité qui fut exaltée par ses partisans et que ses détracteurs n'ont jamais attaquée. Le peuple, qui donne des surnoms à tous ceux dont il s'occupe, l'appelait *la Vertu Pétion*. Nous avons déjà parlé de lui à l'occasion du voyage de Varennes, et de la préférence que la cour lui donna sur Lafayette pour la mairie de Paris. La cour désira de le corrompre, et des escrocs promirent d'y réussir. Ils demandèrent une somme et la gardèrent pour eux, sans avoir même fait auprès de Pétion des ouvertures, que son caractère connu rendait impossibles. La joie qu'éprouva la cour de se donner un soutien, et de corrompre un magistrat populaire, fut de courte durée; elle reconnut bientôt qu'on l'avait trompée, et que les vertus de ses adversaires n'étaient pas aussi vénales qu'elle l'avait imaginé.

Pétion avait été des premiers à penser que les penchans d'un roi, né absolu, ne se modifient jamais. Il était républicain avant même que personne songeât à la république; et dans la constituante, il fut par conviction ce que Robespierre était par l'âcreté de son humeur. Sous la législative, il se convainquit davantage encore de l'incorrigibilité de la cour; il se persuada qu'elle appelait l'étranger, et ayant été d'abord républicain par système, il le devint alors par raison de sûreté. Dès cet instant, il songea, dit-il, à favoriser une nouvelle révolution. Il arrêtait les mouvemens mal dirigés, favorisait au contraire ceux qui l'étaient bien, et tâchait surtout de les concilier avec la loi, dont il était rigide observateur, et qu'il ne voulait violer qu'à l'extrémité.

Sans bien connaître la participation de Pétion aux mouvemens qui se préparaient, sans savoir s'il consulta ses amis de la Gironde pour les favoriser, on peut dire, d'après sa conduite, qu'il ne fit rien pour y mettre obstacle. On prétend que vers la fin de juin, il se rendit chez Santerre avec Robespierre, Manuel, procureur syndic de la commune, Sillery, ex-constituant, et Chabot, ex-capucin et député; que celui-ci harangua la section des Quinze-Vingts, et lui dit que l'assemblée l'attendait. Quoi qu'il en soit de ces faits, il est certain qu'il fut tenu des conciliabules; et il n'est pas croyable, d'après leur opinion connue et leur conduite ultérieure, que les personnages qu'on vient de nommer se fissent un scrupule d'y assister[1]. Dès cet instant, on parla dans les faubourgs d'une fête pour le 20 juin, anniversaire du serment du Jeu de Paume. Il s'agissait, disait-on, de planter un arbre de la liberté sur la terrasse des Feuillans, et d'adresser une pétition à l'assemblée, ainsi qu'au roi. Cette pétition devait être présentée en armes. On voit assez par là que l'intention véritable de ce projet était d'effrayer le château par la vue de quarante mille piques.

Le 16 juin, une demande formelle fut adressée au conseil général de la commune, pour autoriser

---

[1]. Voyez la note 16 à la fin du volume.

les citoyens du faubourg Saint-Antoine à se réunir le 20 en armes, et à faire une pétition à l'assemblée et au roi. Le conseil général de la commune passa à l'ordre du jour, et ordonna que son arrêté serait communiqué au directoire et au corps municipal. Les pétitionnaires ne se tinrent pas pour condamnés, et dirent hautement qu'ils ne s'en réuniraient pas moins. Le maire Pétion ne fit que le 18 les communications ordonnées le 16; de plus, il ne les fit qu'au département et point au corps municipal.

Le 19, le directoire du département, qu'on a vu se signaler dans toutes les occasions contre les agitateurs, prit un arrêté qui défendait les attroupemens armés, et qui enjoignait au commandant général et au maire d'employer les mesures nécessaires pour les dissiper. Cet arrêté fut signifié à l'assemblée par le ministre de l'intérieur, et on y agita aussitôt la question de savoir si lecture en serait faite.

Vergniaud s'opposait à ce qu'on l'entendît; cependant il ne réussit point; la lecture fut faite, et immédiatement suivie de l'ordre du jour.

Deux évènemens assez importans venaient de se passer à l'assemblée. Le roi avait signifié son opposition aux deux décrets, dont l'un était relatif aux prêtres insermentés, et l'autre à l'établissement d'un camp de vingt mille hommes. Cette communication avait été écoutée avec un profond silence. En même temps des Marseillais s'étaient présentés à la barre pour y lire une pétition. On vient de voir quelles relations Barbaroux entretenait avec eux. Excités par ses conseils, ils avaient écrit à Pétion pour lui offrir toutes leurs forces, et joint à cette offre une pétition destinée à l'assemblée. Ils y disaient entre autres choses :

« La liberté française est en danger, mais le pa-
« triotisme du Midi sauvera la France..... Le jour
« de la colère du peuple est arrivé..... Législateurs!
« la force du peuple est entre vos mains; faites-en
« usage; le patriotisme français vous demande à
« marcher avec des forces plus imposantes vers la
« capitale et les frontières...... Vous ne refuserez
« pas l'autorisation de la loi à ceux qui veulent
« périr pour la défendre. »

Cette lecture avait excité de longs débats dans l'assemblée. Les membres du côté droit soutenaient qu'envoyer cette pétition aux départemens, c'était les inviter à l'insurrection. Néanmoins, l'envoi fut décrété, malgré ces réflexions fort justes sans doute, mais inutiles depuis qu'on s'était persuadé qu'une révolution nouvelle pouvait seule sauver la France et la liberté.

Tels furent les évènemens pendant la journée du 19. Les mouvemens continuaient cependant dans les faubourgs, et Santerre, à ce qu'on prétend, disait à ses affidés un peu intimidés par l'arrêté du directoire : *Que craignez-vous? La garde nationale n'aura pas ordre de tirer, et M. Pétion sera là.*

A minuit, le maire, soit qu'il crût le mouvement irrésistible, soit qu'il crût devoir le favoriser, comme il fit plus tard au 10 août, écrivit au directoire, et lui demanda de légitimer l'attroupement, en permettant à la garde nationale de recevoir les citoyens des faubourgs dans ses rangs. Ce moyen remplissait parfaitement les vues de ceux qui, sans désirer aucun désordre, voulaient cependant imposer au roi; et tout prouve que c'étaient en effet les vues et de Pétion et des chefs populaires. Le directoire répondit à cinq heures du matin, 20 juin, qu'il persistait dans ses arrêtés précédens. Pétion alors ordonna au commandant général de service de tenir les postes au complet, et de doubler la garde des Tuileries; mais il ne fit rien de plus; et ne voulant ni renouveler la scène du Champ-de-Mars, ni dissiper l'attroupement, il attendit jusqu'à neuf heures du matin la réunion du corps municipal. Dans cette réunion, il laissa prendre une décision contraire à celle du directoire, et il fut enjoint à la garde nationale d'ouvrir ses rangs aux pétitionnaires armés. Pétion, en ne s'opposant pas à un arrêté qui violait la hiérarchie administrative, se mit par là dans une espèce de contravention, qui lui fut plus tard reprochée. Mais, quel que fût le caractère de cet arrêté, ses dispositions devinrent inutiles, car la garde nationale n'eut pas le temps de se former, et l'attroupement devint bientôt si considérable qu'il ne fut plus possible d'en changer ni la forme ni la direction.

Il était onze heures du matin. L'assemblée venait de se réunir dans l'attente d'un grand évènement. Les membres du département se rendent dans son sein pour lui faire connaître l'inutilité de leurs efforts. Le procureur-syndic Rœderer obtient la parole; il expose qu'un rassemblement extraordinaire de citoyens s'est formé malgré la loi, et malgré diverses injonctions des autorités; que ce rassemblement paraît avoir pour objet de célébrer l'anniversaire du 20 juin, et de porter un nouveau tribut d'hommages à l'assemblée; mais que si tel est le but du plus grand nombre, il est à craindre que des malintentionnés veuillent profiter de cette multitude pour appuyer une adresse au roi, qui ne doit en recevoir que sous la forme paisible de simple pétition. Rappelant ensuite les arrêtés du directoire et du conseil-général de la commune, les lois décrétées contre les attroupemens armés, et celles qui fixent à vingt le nombre des citoyens pouvant présenter une pétition, il exhorte l'assemblée à les faire exécuter; « car, ajoute-

« t-il, aujourd'hui des pétitionnaires armés se por-
« tent ici par un mouvement civique; mais demain
« il peut se réunir une foule de malveillans, et
« alors je vous le demande, messieurs, qu'aurions-
« nous à leur dire?... »

Au milieu des applaudissemens de la droite et des murmures de la gauche, qui, en improuvant les alarmes et la prévoyance du département, approuvait évidemment l'insurrection, Vergniaud monte à la tribune, et fait observer que l'abus dont le procureur syndic s'effraie pour l'avenir, est déjà établi; que plusieurs fois on a reçu des pétitionnaires armés; qu'on leur a permis de défiler dans la salle; qu'on a eu tort peut-être, mais que les pétitionnaires d'aujourd'hui auraient raison de se plaindre si on les traitait différemment des autres; que si, comme on le disait, ils voulaient présenter une adresse au roi, sans doute ils lui enverraient des pétitionnaires sans armes; et qu'au reste, si on redoutait quelque danger pour le roi, on n'avait qu'à l'entourer et lui envoyer une députation de soixante membres.

Dumolard admet tout ce qu'a soutenu Vergniaud, avoue l'abus établi, mais soutient qu'il faut le faire cesser, dans cette occasion surtout, si l'on ne veut pas que l'assemblée et le roi paraissent, aux yeux de l'Europe, les esclaves d'une faction dévastatrice. Il demande, comme Vergniaud, l'envoi d'une députation, mais il exige de plus que la municipalité et le département répondent des mesures prises pour le maintien des lois. Le tumulte s'accroît de plus en plus. On annonce une lettre de Santerre; elle est lue au milieu des applaudissemens des tribunes. « Les habitans du faubourg Saint-Antoine, portait cette lettre, célèbrent le 20 juin; on les a calomniés, et ils demandent à être admis à la barre de l'assemblée, pour confondre leurs détracteurs, et prouver qu'ils sont toujours les hommes du 14 juillet. »

Vergniaud répond ensuite à Dumolard que, si la loi a été violée, l'exemple n'est pas nouveau; que vouloir s'y opposer cette fois, ce serait renouveler la scène sanglante du Champ-de-Mars; et qu'après tout les sentimens des pétitionnaires n'ont rien de répréhensible. « Justement inquiets de l'avenir, ajoute Vergniaud, ils veulent prouver que, malgré toutes les intrigues ourdies contre la liberté, ils sont toujours prêts à la défendre. » Ici, comme on le voit, la pensée véritable du jour se découvrait par un effet ordinaire de la discussion. Le tumulte continue. Ramond demande la parole, et il faut un décret pour la lui obtenir. Dans ce moment on annonce que les pétitionnaires sont au nombre de huit mille. « Ils sont huit mille, dit Calvet, et nous ne sommes que sept cent quarante-cinq, retirons-nous. — A l'ordre! à l'ordre! » s'écrie-t-on de toutes parts. Calvet est rappelé à l'ordre, et on presse Ramond de parler, parce que huit mille citoyens attendent. « Si huit mille citoyens attendent, dit-il, vingt-quatre millions de Français ne m'attendent pas moins. » Il renouvelle alors les raisons données par ses amis du côté droit. Tout à coup les pétitionnaires se jettent dans la salle. L'assemblée indignée se lève, le président se couvre, et les pétitionnaires se retirent avec docilité. L'assemblée satisfaite consent alors à les recevoir.

Cette pétition, dont le ton était des plus audacieux, exprimait l'idée de toutes les pétitions de cette époque : « Le peuple est prêt; il n'attend que
« vous; il est disposé à se servir de grands moyens
« pour exécuter l'article 2 de la déclaration des
« droits, *résistance à l'oppression*..... Que le plus
« petit nombre d'entre vous qui ne s'unit pas à
« vos sentimens et aux nôtres, purge la terre de la
« liberté, et s'en aille à Coblentz..... Cherchez la
« cause des maux qui nous menacent; si elle dé-
« rive du pouvoir exécutif, qu'il soit anéanti!... »

Le président, après une réponse où il promet aux pétitionnaires la vigilance des représentans du peuple, et leur recommande l'obéissance aux lois, leur accorde au nom de l'assemblée la permission de défiler devant elle. Les portes s'ouvrent alors, et le cortége, qui était dans le moment de trente mille personnes au moins, traverse la salle. On se figure facilement tout ce que peut produire l'imagination du peuple livrée à elle-même. D'énormes tables portant la déclaration des droits précédaient la marche; des femmes, des enfans dansaient autour de ces tables en agitant des branches d'olivier et des piques, c'est-à-dire la paix ou la guerre au choix de l'ennemi; ils répétaient en chœur le fameux *Ça ira.* Venaient ensuite les forts des halles, les ouvriers de toutes les classes, avec de mauvais fusils, des sabres et des fers tranchans placés au bout de gros bâtons. Santerre, et le marquis de Saint-Hurugues déjà signalé dans les journées des 5 et 6 octobre, marchaient le sabre nu à leur tête. Des bataillons de la garde nationale suivaient en bon ordre, pour contenir le tumulte par leur présence. Après, venaient encore des femmes, suivies d'autres hommes armés. Des banderoles flottantes portaient ces mots : *La constitution ou la mort.* Des culottes déchirées étaient élevées en l'air, aux cris de *vivent les sans-culottes!* Enfin un signe atroce vint ajouter la férocité à la bizarrerie du spectacle. Au bout d'une pique était porté un cœur de veau avec cette inscription : *Cœur d'aristocrate.* La douleur et l'indignation éclatèrent à cette vue : sur-le-champ l'emblème affreux disparut, mais pour reparaître encore aux portes des Tuileries. Les applaudissemens des tribunes, les cris du peuple qui traversait la salle, les chants civiques, les rumeurs confuses, le silence plein d'anxiété de l'assemblée, composaient une scène étrange et affligeante pour les députés mêmes qui voyaient un auxiliaire dans la multitude. Hélas! pourquoi faut-il que, dans ces temps de discordes, la raison ne suffise pas! pourquoi ceux qui appelaient les barbares disciplinés du Nord obligeaient-ils leurs adversaires à appeler ces autres barbares indisciplinés, tour à tour gais ou féroces, qui pullulent au sein des villes, et croupissent au-dessous de la civilisation la plus brillante!

Cette scène dura trois heures. Enfin Santerre, reparaissant de nouveau pour faire à l'assemblée les remerciemens du peuple, lui offrit un drapeau en signe de reconnaissance et de dévouement.

La multitude en ce moment voulait entrer dans le jardin des Tuileries, dont les grilles étaient fermées. De nombreux détachemens de la garde nationale entouraient le château, et, s'étendant en ligne depuis les Feuillans jusqu'à la rivière, présentaient un front imposant. Un ordre du roi fit ouvrir la porte du jardin. Le peuple, s'y précipitant aussitôt, défila sous les fenêtres du palais, et devant les rangs de la garde nationale, sans aucune démonstration hostile, mais en criant : *A bas le veto, vivent les sans-culottes!* Cependant quelques individus ajoutaient en parlant du roi : « Pourquoi ne se montre-t-il pas?... Nous ne voulons lui faire aucun mal. » Cet ancien mot, *on le trompe*, se faisait entendre quelquefois encore, mais rarement. Le peuple, prompt à recevoir l'opinion de ses chefs, avait désespéré comme eux.

La multitude sortit par la porte du jardin qui donne sur le Pont-Royal, remonta le quai, et vint, en traversant les guichets du Louvre, occuper la place du Carrousel. Cette place, aujourd'hui si vaste, était alors occupée par une foule de rues, qui formaient des espèces de chemins couverts. Au lieu de cette cour immense qui s'étend entre le château et la grille, et depuis une aile jusqu'à l'autre, se trouvaient de petites cours séparées par des murs et des habitations; d'antiques guichets leur donnaient ouverture sur le Carrousel. Le peuple inonda tous les alentours, et se présenta à la porte royale. L'entrée lui en fut défendue : des officiers municipaux le haranguèrent, et parurent le décider à se retirer. On prétend que, dans cet instant, Santerre, sortant de l'assemblée, où il était demeuré le dernier pour offrir un drapeau, ranima les dispositions du peuple déjà ralenties, et fit placer le canon devant la porte. Il était près de quatre heures : deux officiers municipaux levèrent tout à coup la consigne[1]; alors les forces qui

---

1. Tous les témoins entendus ont été d'accord sur ce fait et n'ont varié que sur le nom des officiers municipaux.

étaient assez considérables sur ce point, et qui consistaient en bataillons de la garde nationale et en plusieurs détachemens de gendarmerie, furent paralysées. Le peuple se précipita pêle-mêle dans la cour, et de là dans le vestibule du château. Santerre, menacé, dit-on, par deux témoins, d'être accusé de cette violation de la demeure royale, s'écria en s'adressant aux assaillans : *Soyez témoins que je refuse de marcher dans les appartemens du roi.* Cette interpellation n'arrêta pas la multitude, qui avait pris l'élan ; elle se répandit dans toutes les parties du château, l'envahit par tous les escaliers, et transporta, à force de bras, une pièce de canon jusqu'au premier étage. Au même instant les assaillans se mirent à attaquer, à coups de sabre et de hache, les portes qui s'étaient fermées sur eux.

Louis XVI, dans ce moment, avait renvoyé un grand nombre de ses dangereux amis, qui, sans pouvoir le sauver, l'avaient compromis tant de fois. Ils étaient accourus, mais il les fit sortir des Tuileries, où leur présence ne pouvait qu'irriter le peuple sans le contenir. Il était resté avec le vieux maréchal de Mouchy, le chef de bataillon Acloque, quelques serviteurs de sa maison, et plusieurs officiers dévoués de la garde nationale. C'est alors qu'on entendit les cris du peuple et le bruit des coups de hache. Aussitôt les officiers de la garde nationale l'entourent, le supplient de se montrer, en lui promettant de mourir à ses côtés. Il n'hésite pas et ordonne d'ouvrir. Au même instant le panneau de la porte vient tomber à ses pieds sous un coup violent. On ouvre enfin, et on aperçoit une forêt de piques et de baïonnettes. « Me voici, dit Louis XVI en se montrant à la foule déchaînée. » Ceux qui l'entourent se pressent autour de lui, et lui font un rempart de leur corps. « Respectez votre roi, » s'écrient-ils; et la multitude, qui n'avait certainement aucun but, et à laquelle on n'en avait indiqué d'autre qu'une invasion menaçante, ralentit son irruption. Plusieurs voix annoncent une pétition, et demandent qu'elle soit écoutée. Ceux qui entourent le roi l'engagent alors à passer dans une salle plus vaste, afin de pouvoir entendre cette lecture. Le peuple, satisfait de se voir obéi, suit le prince, qu'on a l'heureuse idée de placer dans l'embrasure d'une fenêtre. On le fait monter sur une banquette; on en dispose plusieurs devant lui; on y ajoute une table; tous ceux qui l'accompagnent se rangent autour. Des grenadiers de la garde, des officiers de la maison, viennent augmenter le nombre de ses défenseurs, et composent un rempart derrière lequel il peut écouter avec moins de danger ce terrible plébiscite. Au milieu du tumulte et des cris, on entend ces mots souvent répétés : *Point de veto! point de prêtres!*

point d'aristocrates! le camp sous Paris! Le boucher Legendre s'approche, et demande en un langage populaire la sanction du décret. « Ce n'est ni le lieu ni le moment, répond le roi avec fermeté; je ferai tout ce qu'exigera la constitution. » Cette résistance produit son effet. *Vive la nation! vive la nation!* s'écrient les assaillans. « Oui, reprend Louis XVI, *vive la nation!* je suis son meilleur ami. — Eh bien! faites-le voir, » lui dit un de ces hommes, en lui présentant un bonnet rouge au bout d'une pique. Un refus était dangereux, et certes la dignité pour le roi ne consistait pas à se faire égorger en repoussant un vain signe, mais, comme il le fit, à soutenir avec fermeté l'assaut de la multitude. Il met le bonnet sur sa tête, et l'approbation est générale. Comme il étouffait par l'effet de la saison et de la foule, l'un de ces hommes à moitié ivre, qui tenait un verre et une bouteille, lui offre à boire. Le roi craignait depuis long-temps d'être empoisonné : cependant il boit sans hésiter, et il est vivement applaudi.

Pendant ce temps, madame Elisabeth, qui aimait tendrement son frère, et qui seule de la famille avait pu arriver jusqu'à lui, le suivait de fenêtre en fenêtre, pour partager ses dangers. Le peuple en la voyant la prit pour la reine. Les cris *voilà l'Autrichienne!* retentirent d'une manière effrayante. Les grenadiers nationaux qui avaient entouré la princesse voulaient détromper le peuple. « Laissez-le, dit cette sœur généreuse, laissez-le dans son erreur, et sauvez la reine! »

La reine, entourée de ses enfans, n'avait pu joindre son royal époux. Elle avait fui des appartemens inférieurs, était accourue dans la salle du conseil, et ne pouvait parvenir jusqu'au roi, à cause de la foule qui obstruait tout le château. Elle voulait se réunir à lui, et demandait avec instance à être conduite dans la salle où il se trouvait. On était parvenu à l'en dissuader, et, rangée derrière la table du conseil avec quelques grenadiers, elle voyait défiler le peuple, le cœur plein d'effroi, et les yeux humides des larmes qu'elle retenait. A ses côtés sa fille versait des pleurs; son jeune fils, effrayé d'abord, s'était rassuré bientôt, et souriait avec l'heureuse ignorance de son âge. On lui avait présenté un bonnet rouge, que la reine avait mis sur sa tête. Santerre, placé de ce côté, recommandait le respect au peuple, et rassurait la princesse : il lui répétait le mot accoutumé et malheureusement inutile : *Madame, on vous trompe, on vous trompe*. Puis, voyant le jeune prince qui était accablé sous le bonnet rouge, « Cet enfant étouffe, » dit-il; et il le délivra de cette ridicule coiffure.

En apprenant les dangers du château, des députés étaient accourus auprès du roi, et parlaient au peuple pour l'inviter au respect. D'autres s'étaient rendus à l'assemblée pour l'instruire de ce qui se passait; et l'agitation s'y était augmentée de l'indignation du côté droit, et des efforts du côté gauche pour excuser cette irruption dans le palais du monarque. Une députation avait été décrétée sans contestation, et vingt-quatre membres étaient partis pour entourer le roi. La députation devait être renouvelée de demi-heure en demi-heure, pour tenir l'assemblée toujours instruite des évènemens. Les députés envoyés parlèrent tour à tour, en se faisant élever sur les épaules des grenadiers. Pétion parut ensuite, et fut accusé d'être arrivé trop tard. Il assura n'avoir été averti qu'à quatre heures et demie de l'invasion opérée à quatre; d'avoir mis une demi-heure pour arriver au château, et d'avoir eu ensuite tant d'obstacles à vaincre, qu'il n'avait pu être rendu auprès du roi avant cinq heures et demie. Il s'approcha du prince : « Ne craignez rien, lui dit-il, vous êtes au milieu du peuple. » Louis XVI, prenant alors la main d'un grenadier, la posa sur son cœur en disant : « Voyez s'il bat plus vite qu'à l'ordinaire. » Cette noble réponse fut fort applaudie. Pétion monta enfin sur un fauteuil, et, s'adressant à la foule, lui dit qu'après avoir fait ses représentations au roi, il ne lui restait qu'à se retirer sans tumulte, et de manière à ne pas souiller cette journée. Quelques témoins prétendent que Pétion dit, ses *justes* représentations. Ces mots ne prouveraient au surplus que le besoin de ne pas blesser la multitude. Santerre joignit son influence à la sienne, et le château fut bientôt évacué. La foule se retira paisiblement et avec ordre. Il était environ sept heures du soir.

Aussitôt le roi, la reine, sa sœur, ses enfans se réunirent en versant un torrent de larmes. Le roi, étourdi de cette scène, avait encore le bonnet rouge sur sa tête; il s'en aperçut pour la première fois depuis plusieurs heures, et il le rejeta avec indignation. Dans ce moment, de nouveaux députés arrivèrent pour s'informer de l'état du château. La reine, le parcourant avec eux, leur montrait les portes enfoncées, les meubles brisés, et s'exprimait avec douleur sur tant d'outrages. Merlin de Thionville, l'un des plus ardens républicains, était du nombre des députés présens; la reine aperçut des larmes dans ses yeux. « Vous pleurez, « lui dit-elle, de voir le roi et sa famille traités si « cruellement par un peuple qu'il a toujours voulu « rendre heureux. — Il est vrai, madame, répondit « Merlin, je pleure sur les malheurs d'une femme « belle, sensible et mère de famille; mais, ne vous « y méprenez point, il n'y a pas une de mes larmes « pour le roi ni pour la reine : je hais les rois et les « reines..... [1]. »

---

[1]. Voyez madame Campan, tome II, page 125.

CHAPITRE IV.

SUITE DE LA JOURNÉE DU 20 JUIN.—ARRIVÉE DE LAFAYETTE A PARIS; SES PLAINTES A L'ASSEMBLÉE.— BRUITS DE GUERRE; INVASION PROCHAINE DES PRUSSIENS; DISCOURS DE VERGNIAUD. — RÉCONCILIATION DE TOUS LES PARTIS DANS LE SEIN DE L'ASSEMBLÉE, LE 7 JUILLET.— LA PATRIE EST DÉCLARÉE EN DANGER.—LE DÉPARTEMENT SUSPEND LE MAIRE PÉTION DE SES FONCTIONS.—ADRESSES MENAÇANTES CONTRE LA ROYAUTÉ.—LAFAYETTE PROPOSE AU ROI UN PROJET DE FUITE.—TROISIÈME ANNIVERSAIRE DU 14 JUILLET; DESCRIPTION DE LA FÊTE.—PRÉLUDES D'UNE NOUVELLE RÉVOLUTION.—COMITÉ INSURRECTIONNEL.—DÉTAILS SUR LES PLUS CÉLÈBRES RÉVOLUTIONNAIRES A CETTE ÉPOQUE; CAMILLE DESMOULINS, MARAT, ROBESPIERRE, DANTON. — PROJETS DES AMIS DU ROI POUR LE SAUVER.—DÉMARCHES DES DÉPUTÉS GIRONDINS POUR ÉVITER UNE INSURRECTION.

Le lendemain de cette journée insurrectionnelle du 20, dont nous venons de retracer les principales circonstances, Paris avait encore un aspect menaçant, et les divers partis s'agitèrent avec plus de violence. L'indignation dut être générale chez les partisans de la cour, qui la regardaient comme outragée, et chez les constitutionnels, qui considéraient cette invasion comme un attentat aux lois et à la tranquillité publique. Le désordre avait été grand, mais on l'exagérait encore : on supposait qu'il y avait eu le projet d'assassiner le roi, et que le complot n'avait manqué que par un heureux hasard. Ainsi, par une réaction naturelle, la faveur du jour était toute pour la famille royale, exposée la veille à tant de dangers et d'outrages, et une extrême défaveur régnait contre les auteurs supposés de l'insurrection.

Les visages étaient mornes dans l'assemblée; quelques députés s'élevèrent avec force contre les évènemens de la veille. M. Bigot proposa une loi contre les pétitions armées, et contre l'usage de faire défiler des bandes dans la salle. Quoiqu'il existât déjà des lois à cet égard, on les renouvela par un décret. M. Daveirhoult voulait qu'on informât contre les perturbateurs. « Informer, lui dit-on, contre quarante mille hommes ! — Eh bien, reprit-il, si on ne peut distinguer entre quarante mille hommes, punissez la garde, qui ne s'est pas défendue; mais agissez de quelque manière. » Les ministres vinrent ensuite faire un rapport sur ce qui s'était passé, et une discussion s'éleva sur la nature des faits. Un membre de la droite, sur le motif que Vergniaud n'était pas suspect, et qu'il avait été témoin de la scène, voulut qu'il parlât sur ce qu'il avait vu. Mais Vergniaud ne se leva point à cet appel, et garda le silence. Cependant les plus hardis du côté gauche secouèrent cette contrainte et reprirent courage vers la fin de la séance. Ils osèrent même proposer qu'on examinât si, dans les décrets de circonstance, le *veto* était nécessaire. Mais cette proposition fut repoussée par une forte majorité.

Vers le soir, on craignit une nouvelle scène semblable à celle de la veille. Le peuple se retirant avait dit qu'il reviendrait, et on crut qu'il voulait tenir promesse. Mais, soit que ce fût un reste de l'émotion de la veille, soit que, pour le moment, cette nouvelle tentative fût désapprouvée par les chefs du parti populaire, on l'arrêta très facilement; et Pétion courut rapidement au château prévenir le roi que l'ordre était rétabli, et que le peuple, après lui avoir fait ses représentations, était calme et satisfait. « Cela n'est pas vrai, lui dit le roi. — Sire.... — Taisez-vous. — Le magistrat du peuple n'a pas à se taire, quand il fait son devoir, et qu'il dit la vérité. — La tranquillité de Paris repose sur votre tête. — Je connais mes devoirs; je saurai les observer. — C'est assez : allez les remplir, retirez-vous. »

Le roi, malgré une extrême bonté, était susceptible de mouvemens d'humeur, que les courtisans appelaient *coups de boutoir*. La vue de Pétion, qu'on accusait d'avoir favorisé les scènes de la veille, l'irrita, et produisit la conversation que nous venons de rapporter. Tout Paris la connut bientôt.

Deux proclamations furent immédiatement répandues, l'une du roi et l'autre de la municipalité; et il sembla que ces deux autorités entraient en lutte.

La municipalité disait aux citoyens de demeurer calmes, de respecter le roi, de respecter et de *faire respecter* l'assemblée nationale; de ne pas se réunir en armes, parce que les lois le défendaient, et surtout de se défier des malintentionnés qui tâchaient de les mettre de nouveau en mouvement.

On répandait en effet que la cour cherchait à soulever le peuple une seconde fois, pour avoir l'occasion de le mitrailler. Ainsi le château supposait le projet d'un assassinat, les faubourgs supposaient celui d'un massacre.

Le roi disait : « Les Français n'auront pas appris
« sans douleur qu'une multitude, égarée par quel-
« ques factieux, est venue à main armée dans l'ha-
« bitation du roi..... Le roi n'a opposé aux menaces
« et aux insultes des factieux que sa conscience et
« son amour pour le bien public.

« Il ignore quel sera le terme où ils voudront
« s'arrêter, mais, à quelque excès qu'ils se portent,
« ils ne lui arracheront jamais un consentement
« à tout ce qu'il croira contraire à l'intérêt pu-
« blic, etc...

« Si ceux qui veulent renverser la monarchie
« ont besoin d'un crime de plus, ils peuvent le
« commettre...

« Le roi ordonne à tous les corps administratifs
« et municipalités de veiller à la sûreté des per-
« sonnes et des propriétés. »

Ces langages opposés répondaient aux deux opinions qui se formaient alors. Tous ceux que la conduite de la cour avait désespérés, n'en furent que plus irrités contre elle, et plus décidés à déjouer ses projets par tous les moyens possibles. Les sociétés populaires, les municipalités, les hommes à piques, une portion de la garde nationale, le côté gauche de l'assemblée, comprirent la proclamation du maire de Paris, et se promirent de n'être prudens qu'autant qu'il le faudrait pour ne pas se faire mitrailler sans résultat décisif. Incertains encore sur les moyens à employer, ils attendaient, pleins de la même méfiance et de la même aversion. Leur premier soin fut d'obliger les ministres à comparaître devant l'assemblée, pour rendre compte des précautions qu'ils avaient prises sur deux points essentiels :

1° Sur les troubles religieux, excités par les prêtres;

2° Sur la sûreté de la capitale, que le camp de vingt mille hommes, refusé par le roi, était destiné à couvrir.

Ceux qu'on appelait aristocrates, les constitutionnels sincères, une partie des gardes nationales, plusieurs provinces, et surtout les directoires de département, se prononcèrent dans cette occasion et d'une manière énergique. Les lois ayant été violées, ils avaient tout l'avantage de la parole, et ils en usèrent hautement. Une foule d'adresses arrivèrent au roi. A Rouen, à Paris, on prépara une pétition qui fut couverte de vingt mille signatures, et qui fut associée dans la haine du peuple à celle déjà signée par huit mille Parisiens, contre le camp sous Paris. Enfin une information fut ordonnée par le département, contre le maire Pétion et le procureur de la commune Manuel, accusés tous deux d'avoir favorisé, par leur inertie, l'irruption du 20 juin. On parlait, dans ce moment, avec admiration de la conduite du roi pendant cette fatale journée; il y avait un retour général de l'opinion sur son caractère, qu'on se reprochait d'avoir soupçonné de faiblesse. Mais on vit bientôt que ce courage passif qui résiste n'est pas cet autre courage actif, entreprenant, qui prévient les dangers, au lieu de les attendre avec résignation.

Le parti constitutionnel s'agita aussi avec la plus extrême activité. Tous ceux qui avaient entouré Lafayette pour concerter avec lui la lettre du 16 juin, se réunirent encore, afin de tenter une grande démarche. Lafayette avait été indigné en apprenant ce qui s'était passé au château; et on le trouva parfaitement disposé. On lui fit arriver plusieurs adresses de ses régimens, qui témoignaient la même indignation. Que ces adresses fussent suggérées ou spontanées, il les interrompit par un ordre du jour, en promettant d'exprimer lui-même et en personne les sentimens de toute l'armée. Il résolut donc de venir répéter au corps législatif ce qu'il lui avait écrit le 16 juin. Il s'entendit avec Luckner, facile à conduire comme un vieux guerrier qui n'était jamais sorti de son camp. Il lui fit écrire une lettre destinée au roi, et exprimant les mêmes sentimens qu'il allait faire connaître de vive voix à la barre du corps législatif. Il prit ensuite toutes les mesures nécessaires pour que son absence ne pût nuire aux opérations militaires, et il s'arracha à l'amour de ses soldats, pour se rendre à Paris au milieu des plus grands dangers.

Lafayette comptait sur sa fidèle garde nationale, et sur un nouvel élan de sa part. Il comptait aussi sur la cour, dont il ne pouvait craindre l'inimitié, puisqu'il venait se sacrifier pour elle. Après avoir prouvé son amour chevaleresque pour la liberté, il voulait prouver son attachement sincère au roi, et dans son exaltation héroïque, il est probable que son cœur n'était pas insensible à la gloire de ce double dévouement. Il arriva le 28 juin au matin; le bruit s'en répandit rapidement, et partout on se disait avec étonnement et curiosité que le général Lafayette était à Paris.

Avant qu'il arrivât, l'assemblée avait été agitée

par un grand nombre de pétitions contraires. Celles de Rouen, du Havre, de l'Ain, de Seine-et-Oise, du Pas-de-Calais, de l'Aisne, s'élevaient contre les excès du 20 juin; celles d'Arras, de l'Hérault, semblaient presque les approuver. On avait lu, d'une part, la lettre de Luckner pour le roi; et de l'autre des placards épouvantables contre lui. Ces diverses lectures avaient excité le trouble pendant plusieurs jours.

Le 28, une foule considérable s'était portée à l'assemblée, expérant que Lafayette, dont on ignorait encore les projets, pourrait y paraître. En effet, on annonce vers une heure et demie qu'il demande à être admis à la barre. Il y est accueilli par les applaudissemens du côté droit, et par le silence des tribunes et du côté gauche.

« Messieurs, dit-il, je dois d'abord vous assurer
« que, d'après les dispositions concertées entre le
« maréchal Luckner et moi, ma présence ici ne
« compromet aucunement ni le succès de nos
« armes, ni la sûreté de l'armée que j'ai l'honneur
« de commander. »

Le général annonce ensuite les motifs qui l'amènent. On a soutenu que sa lettre n'était pas de lui; et il vient l'avouer, et il sort pour faire cet aveu du milieu de son camp, où l'entoure l'amour de ses soldats. Une raison plus puissante l'a porté à cette démarche : le 20 juin a excité l'indignation

LAFAYETTE.

Publié par Furne

de son armée, qui lui a présenté une multitude d'adresses. Il les a interdites, et a pris l'engagement de se faire l'organe de ses troupes auprès de l'assemblée nationale. « Déjà, ajoute-t-il, les soldats se demandent si c'est vraiment la cause de la liberté et de la constitution qu'ils défendent. »

Il supplie l'assemblée nationale :

1° De poursuivre les instigateurs du 20 juin ;

2° De détruire une secte qui envahit la souveraineté nationale, et dont les débats publics ne laissent aucun doute sur l'atrocité de ses projets ;

3° Enfin de faire respecter les autorités, et de donner aux armées l'assurance que la constitution ne recevra aucune atteinte au dedans, tandis qu'elles prodiguent leur sang pour la défendre au dehors.

Le président lui répond que l'assemblée sera fidèle à la loi jurée, et qu'elle examinera sa pétition. Il est invité aux honneurs de la séance.

Le général va s'asseoir sur les bancs de la droite. Le député Kersaint observe que c'est au banc des pétitionnaires qu'il doit se placer. Oui! non! s'écrie-t-on de toutes parts. Le général se lève modestement, et va se rendre au banc des pétitionnaires. Des applaudissemens nombreux l'accompagnent à cette place nouvelle. Guadet prend le premier la parole, et, usant d'un détour adroit, il se demande si les ennemis sont vaincus, si la patrie est délivrée, puisque M. de Lafayette est à Paris. « Non, répond-il, la patrie n'est pas délivrée ! notre situation n'a pas changé, et cependant le général de l'une de nos armées est à Paris ! » Il n'examinera pas, continue-t-il, si M. de Lafayette, qui ne voit dans le peuple français que des factieux entourant et menaçant les autorités, n'est pas lui-même entouré d'un état-major qui le circonvient ; mais il fera observer à M. de Lafayette qu'il manque à la constitution en se faisant l'organe d'une armée légalement incapable de délibérer, et que probablement aussi il a manqué à la hiérarchie des pouvoirs militaires, en venant à Paris sans l'autorisation du ministre de la guerre.

En conséquence, Guadet demande que le ministre déclare s'il a donné un congé à M. de Lafayette, et que, de plus, la commission extraordinaire fasse un rapport sur la question de savoir si un général pourra entretenir l'assemblée d'objets purement politiques.

Ramond se présente pour répondre à Guadet. Il commence par une observation bien naturelle et bien souvent applicable, c'est que, suivant les circonstances, on varie fort sur l'interprétation des lois. « Jamais, dit-il, on n'avait été si scrupuleux sur l'existence du droit de pétition. Lorsque récemment encore une foule armée se présenta, on ne lui demanda point quelle était sa mission ; on ne lui reprocha point d'attenter, par l'appareil des armes, à l'indépendance de l'assemblée; et lorsque M. de Lafayette, qui, par sa vie entière, est pour l'Amérique et pour l'Europe l'étendard de la liberté, lorsqu'il se présente, les soupçons s'éveillent!... S'il y a deux poids et deux mesures, s'il y a deux manières de considérer les choses, qu'il soit permis de faire quelque acception de personne en faveur du fils aîné de la liberté!... »

Ramond vote ensuite pour le renvoi de la pétition à la commission extraordinaire, afin d'examiner, non la conduite de Lafayette, mais sa pétition elle-même. Après un grand tumulte, après un double appel, la motion de Ramond est décrétée. Lafayette sort de l'assemblée entouré d'un cortége nombreux de députés et de soldats de la garde nationale, tous ses partisans et ses anciens compagnons d'armes.

C'était le moment décisif pour lui, pour la cour et pour le parti populaire; il se rend au château. Les propos les plus injurieux circulent autour de lui, dans les groupes des courtisans. Le roi et la reine accueillent avec froideur celui qui venait se dévouer pour eux. Lafayette quitte le château, affligé, non pour lui-même, mais pour la famille royale, des dispositions qu'on vient de lui montrer. A sa sortie des Tuileries, une foule nombreuse le reçoit, l'accompagne jusqu'à sa demeure aux cris de *vive Lafayette*, et vient même planter un *mai* devant sa porte. Ces témoignages d'un ancien dévouement touchaient le général, et intimidaient les Jacobins. Mais il fallait profiter de ces restes de dévouement, et les exciter davantage, pour les rendre efficaces. Quelques chefs de la garde nationale particulièrement dévoués à la famille royale s'adressèrent à la cour pour savoir ce qu'il fallait faire. Le roi et la reine furent tous deux d'avis qu'on ne devait pas seconder M. de Lafayette[1]. Il se trouva donc abandonné par la seule portion de la garde nationale sur laquelle on pût encore s'appuyer. Néanmoins, voulant servir le roi malgré lui-même, il s'entendit avec ses amis. Mais ceux-ci n'étaient pas mieux d'accord. Les uns, et particulièrement Lally-Tolendal, désiraient qu'il agît promptement contre les jacobins, et qu'il les attaquât de vive force dans leur club. Les autres, tous membres du département et de l'assemblée, s'appuyant sans cesse sur la loi, n'ayant de ressources qu'en elle, n'en voulaient pas conseiller la violation, et s'opposaient à toute attaque ouverte. Néanmoins Lafayette préféra le plus hardi de ces deux conseils : il assigna un rendez-vous à ses partisans pour aller avec eux chasser les jacobins de

---

1. Voyez madame Campan, tome II, page 224, une lettre de M. de Lally au roi de Prusse, et tous les historiens.

leur salle, et en murer les portes. Mais, quoique le lieu de la réunion fût fixé, peu s'y rendirent, et Lafayette fut dans l'impossibilité d'agir. Cependant, tandis qu'il était désespéré de se voir si mal secondé, les jacobins, qui ignoraient la défection des siens, furent saisis d'une terreur panique, et abandonnèrent leur club. Ils coururent chez Dumouriez, qui n'était pas encore parti pour l'armée; ils le pressèrent de se mettre à leur tête et de marcher contre Lafayette; mais leur offre ne fut point acceptée. Lafayette resta encore un jour à Paris au milieu des dénonciations, des menaces et des projets d'assassinat, et partit enfin désespéré de son inutile dévouement, et du funeste entêtement de la cour. Et c'est ce même homme, si complètement abandonné lorsqu'il venait s'exposer aux poignards pour sauver le roi, qu'on a accusé d'avoir trahi Louis XVI ! Les écrivains de la cour ont prétendu que ses moyens étaient mal combinés : sans doute il était plus facile et plus sûr, du moins en apparence, de se servir de quatre-vingt mille Prussiens; mais à Paris, et avec le projet de ne pas appeler l'étranger, que pouvait-on de plus, que de se mettre à la tête de la garde nationale, et imposer aux jacobins en les dispersant?

Lafayette partit avec l'intention de servir encore le roi, et de lui ménager, s'il était possible, les moyens de quitter Paris. Il écrivit à l'assemblée une lettre où il répéta avec plus d'énergie encore tout ce qu'il avait dit lui-même contre ce qu'il appelait les factieux.

A peine le parti populaire fut-il délivré des craintes que lui avaient causées la présence et les projets du général, qu'il continua ses attaques contre la cour, et persista à demander un compte rigoureux des moyens qu'elle prenait pour préserver le territoire. On savait déjà, quoique le pouvoir exécutif n'en eût rien notifié à l'assemblée, que les Prussiens avaient rompu la neutralité, et qu'ils s'avançaient par Coblentz au nombre de quatre-vingt mille hommes, tous vieux soldats du grand Frédéric, et commandés par le duc de Brunswick, général célèbre. Luckner, ayant trop peu de troupes et ne comptant pas assez sur les Belges, avait été obligé de se retirer sur Lille et Valenciennes. Un officier avait brûlé, en se retirant de Courtray, les faubourgs de la ville, et on avait cru que le but de cette mesure cruelle était d'aliéner les Belges. Le gouvernement ne faisait rien pour augmenter la force de nos armées, qui n'était tout au plus, sur les trois frontières, que de deux cent trente mille hommes. Il ne prenait aucun de ces moyens puissans qui réveillent le zèle et l'enthousiasme d'une nation. L'ennemi enfin pouvait être dans six semaines à Paris.

La reine y comptait, et en faisait la confidence à

une de ses dames. Elle avait l'itinéraire des émigrés et du roi de Prusse. Elle savait que tel jour ils pouvaient être à Verdun, tel autre à Lille, et qu'on devait faire le siége de cette dernière place. Cette malheureuse princesse espérait, disait-elle, être délivrée dans un mois [1]. Hélas! que n'en croyait-elle plutôt les sincères amis qui lui représentaient les inconvéniens des secours étrangers et inutiles; qu'ils arriveraient assez tôt pour la compromettre, mais trop tard pour la sauver! Que n'en croyait-elle ses propres craintes à cet égard, et les sinistres pressentimens qui l'assiégeaient quelquefois!

On a vu que le moyen auquel le parti national tenait le plus, c'était une réserve de vingt mille fédérés sous Paris. Le roi, comme on l'a dit, s'était opposé à ce projet. Il fut sommé, dans la personne de ses ministres, de s'expliquer sur les précautions qu'il avait prises pour suppléer aux mesures ordonnées par le décret non sanctionné. Il répondit en proposant un projet nouveau, qui consistait à diriger sur Soissons une réserve de quarante-deux bataillons de volontaires nationaux, pour remplacer l'ancienne réserve, qu'on venait d'épuiser en complétant les deux principales armées. C'était en quelque sorte le premier décret, à une différence près, que les patriotes regardaient comme

---

[1]. Voyez madame Campan, tome II, page 230.

très importante, c'est que le camp de réserve serait formé entre Paris et la frontière, et non près de Paris même. Ce plan avait été accueilli par des murmures et renvoyé au comité militaire.

Depuis, plusieurs départemens et municipalités, excités par leur correspondance avec Paris, avaient résolu d'exécuter le décret du camp de vingt mille hommes, quoiqu'il ne fût pas sanctionné. Les départemens des Bouches-du-Rhône, de la Gironde, de l'Hérault, donnèrent le premier exemple, et furent bientôt imités par d'autres. Tel fut le commencement de l'insurrection.

Dès que ces levées spontanées furent connues, l'assemblée, modifiant le projet des quarante-deux nouveaux bataillons, proposé par le roi, décréta que les bataillons qui, dans leur zèle, s'étaient déjà mis en marche avant d'avoir été légalement appelés, passeraient par Paris, pour s'y faire inscrire à la municipalité de cette ville; qu'ils seraient ensuite dirigés sur Soissons, pour y camper; enfin que ceux qui pourraient se trouver à Paris avant le 14 juillet, jour de la fédération, assisteraient à cette solennité nationale. Cette fête n'avait pas eu lieu en 91 à cause de la fuite à Varennes, et on voulait la célébrer en 92 avec éclat. L'assemblée ajouta qu'immédiatement après la célébration, les fédérés s'achemineraient vers le lieu de leur destination.

C'était là tout à la fois autoriser l'insurrection, et renouveler, à peu de chose près, le décret non sanctionné. La seule différence, c'est que les fédérés ne faisaient que passer à Paris. Mais l'important était de les y amener; et, une fois arrivés, mille circonstances pouvaient les y retenir. Le décret fut immédiatement envoyé au roi, et sanctionné le lendemain.

A cette mesure importante on en joignit une autre : on se défiait d'une partie des gardes nationales, et surtout des états-majors, qui, à l'exemple des directoires de département, en se rapprochant de la haute autorité par leurs grades, penchaient davantage en sa faveur. C'était surtout celui de la garde nationale de Paris qu'on voulait atteindre; mais ne pouvant pas le faire directement, on décréta que tous les états-majors, dans les villes de plus de cinquante mille âmes, seraient dissous et réélus [1]. L'état d'agitation où se trouvait la France assurant aux hommes les plus ardens une influence toujours croissante, cette réélection devait amener des sujets dévoués au parti populaire et républicain.

C'étaient là de grandes mesures emportées de vive force sur le côté droit et la cour. Cependant rien de tout cela ne paraissait assez rassurant aux patriotes contre les dangers imminens dont ils se

[1]. Décret du 2 juillet.

croyaient menacés. Quarante mille Prussiens, tout autant d'Autrichiens et de Sardes, s'avançant sur nos frontières; une cour probablement d'accord avec l'ennemi, n'employant aucun moyen pour multiplier les armées et exciter la nation, usant au contraire du *veto* pour déjouer les mesures du corps législatif, et de la liste civile pour se procurer des partisans à l'intérieur; un général qu'on ne supposait pas capable de s'unir à l'émigration pour livrer la France, mais qu'on voyait disposé à soutenir la cour contre le peuple; toutes ces circonstances effrayaient les esprits, et les agitaient profondément. *La patrie est en danger*, était le cri général. Mais comment prévenir ce danger? telle était la difficulté. On n'était pas même d'accord sur les causes. Les constitutionnels et les partisans de la cour, aussi terrifiés que les patriotes eux-mêmes, n'imputaient les dangers qu'aux factieux, ils ne tremblaient que pour la royauté, et ne voyaient de péril que dans la désunion. Les patriotes, au contraire, ne trouvaient le péril que dans l'invasion, et n'en accusaient que la cour, ses refus, ses lenteurs, ses secrètes menées. Les pétitions se croisaient : les unes attribuaient tout aux jacobins, les autres à la cour, désignée tour à tour sous les noms du *château*, du *pouvoir exécutif*, du *veto*. L'assemblée écoutait, et renvoyait tout à la commission extraordinaire des douze, chargée depuis long-temps de chercher et de proposer des moyens de salut. Son plan était désiré avec impatience. En attendant, partout des placards menaçans couvraient les murs ; les feuilles publiques, aussi hardies que les affiches, ne parlaient que d'abdication forcée et de déchéance. C'était l'objet de tous les entretiens, et on semblait ne garder quelque mesure que dans l'assemblée. Là, les attaques contre la royauté n'étaient encore qu'indirectes. On avait proposé, par exemple, de supprimer le *veto* pour les décrets de circonstance; plusieurs fois il avait été question de la liste civile, de son emploi coupable, et on avait parlé, ou de la réduire, ou de l'assujettir à des comptes publics.

La cour n'avait jamais refusé de céder aux instances de l'assemblée, et d'augmenter matériellement les moyens de défense. Elle ne l'aurait pas pu sans se compromettre trop ouvertement; et d'ailleurs elle devait peu redouter l'augmentation numérique d'armées qu'elle croyait complètement désorganisées. Le parti populaire voulait, au contraire, de ces moyens extraordinaires qui annoncent une grande résolution, et qui souvent font triompher la cause la plus désespérée. Ce sont ces moyens que la commission des douze imagina enfin après un long travail, et proposa à l'assemblée. Elle s'était arrêtée au projet suivant :

Lorsque le péril deviendrait extrême, le corps législatif devait le déclarer lui-même, par cette formule solennelle : *La patrie est en danger.*

A cette déclaration, toutes les autorités locales, les conseils des communes, ceux des districts et des départemens, l'assemblée elle-même, comme la première des autorités, devaient être en permanence, et siéger sans interruption. Tous les citoyens, sous les peines les plus graves, seraient tenus de remettre aux autorités les armes qu'ils possédaient, pour qu'il en fût fait la distribution convenable. Tous les hommes, vieux et jeunes, en état de servir, devaient être enrôlés dans les gardes nationales. Les uns étaient mobilisés, et transportés au siége des diverses autorités de district et de département; les autres pourraient être envoyés partout où le besoin de la patrie l'exigerait, soit au dedans, soit au dehors. L'uniforme n'était pas exigé de ceux qui ne pourraient en faire les frais. Tous les gardes nationaux transportés hors de leur domicile recevraient la solde des volontaires. Les autorités étaient chargées de se pourvoir de munitions. Un signe de rébellion, arboré avec intention, était puni de mort. Toute cocarde, tout drapeau étaient réputés séditieux, excepté la cocarde et le drapeau tricolore.

D'après ce projet, toute la nation était en éveil et en armes; elle avait le moyen de délibérer, de se battre partout, et à tous les instans; elle pouvait se passer du gouvernement, et suppléer à son inaction. Cette agitation sans but des masses populaires était régularisée et dirigée. Si enfin, après cet appel, les Français ne répondaient pas, on ne devait plus rien à une nation qui ne faisait rien pour elle-même. Une discussion des plus vives ne tarda pas, comme on le pense bien, à s'engager sur ce projet.

Le député Pastoret fit le rapport préliminaire le 30 juin.

Il ne satisfit personne, en donnant à tout le monde des torts, en les compensant les uns par les autres, et en ne fixant point d'une manière positive les moyens de parer aux dangers publics. Après lui, le député Jean de Bry motiva nettement et avec modération le projet de la commission. La discussion, une fois ouverte, ne fut bientôt qu'un échange de reproches. Elle donna essor aux imaginations bouillantes et précoces, qui vont droit aux moyens extrêmes. La grande loi du salut public, c'est-à-dire la dictature, c'est-à-dire le moyen de tout faire, avec la chance d'en user cruellement, mais puissamment, cette loi, qui ne devait être décrétée que dans la convention, fut cependant proposée dans la législative.

M. Delaunay d'Angers proposa à l'assemblée de déclarer que, jusqu'après l'éloignement du danger, elle ne *consulterait que la loi impérieuse et suprême du salut public.*

C'était, avec une formule abstraite et mystérieuse, supprimer évidemment la royauté, et déclarer l'assemblée souveraine absolue. M. Delaunay disait que la révolution n'était pas achevée, qu'on se trompait si on le croyait, et qu'il fallait garder les lois fixes pour la révolution sauvée, et non pour la révolution à sauver; il disait en un mot tout ce qu'on dit ordinairement en faveur de la dictature, dont l'idée se présente toujours dans les momens de danger. La réponse des députés du côté droit était naturelle : on violait, suivant eux, les sermens prêtés à la constitution, en créant une autorité qui absorbait les pouvoirs réglés et établis. Leurs adversaires répliquaient en alléguant que l'exemple de la violation était donné, qu'il ne fallait pas se laisser prévenir et surprendre sans défense.— Mais prouvez donc, reprenaient les partisans de la cour, que cet exemple est donné, et qu'on a trahi la constitution. A ce défi on répondait par de nouvelles accusations contre la cour, et ces accusations étaient repoussées à leur tour par des reproches aux agitateurs. — Vous êtes des factieux. — Vous êtes des traîtres.— Tel était le reproche réciproque et éternel, telle était la question à résoudre.

M. de Jaucourt voulait renvoyer la proposition

aux Jacobins, tant il la trouvait violente. M. Isnard, à l'ardeur duquel elle convenait, demandait qu'elle fût prise en considération, et que le discours de M. Delaunay fût envoyé aux départemens pour être opposé à celui de M. Pastoret, qui n'était qu'*une dose d'opium donnée à un agonisant.*

M. de Vaublanc réussit à se faire écouter en disant que la constitution pouvait se sauver par la constitution; que le projet de M. Jean de Bry en était la preuve, et qu'il fallait imprimer le discours de M. Delaunay, si l'on voulait, mais au moins ne pas l'envoyer aux départemens, et revenir à la proposition de la commission. La discussion fut en effet remise au 3 juillet.

Un député n'avait pas encore parlé, c'était Vergniaud. Membre de la Gironde, et son plus grand orateur, il en était néanmoins indépendant. Soit insouciance, soit véritable élévation, il semblait au-dessus des passions de ses amis; et en partageant leur ardeur patriotique, il ne partageait pas toujours leur préoccupation et leur emportement. Quand il se décidait dans une question, il entraînait, par son éloquence et par une certaine impartialité reconnue, cette partie flottante de l'assemblée que Mirabeau maîtrisait autrefois par sa dialectique et sa véhémence. Partout les masses incertaines appartiennent au talent et à la raison [1].

[1]. C'est une justice que rendait à Vergniaud le *Journal de Paris*, alors

On avait annoncé qu'il parlerait le 3 juillet; une foule immense était accourue pour entendre ce grand orateur, sur une question qu'on regardait comme décisive.

Il prend en effet la parole [1], et jette un premier coup d'œil sur la France. « Si on ne croyait, dit-il, à l'amour impérissable du peuple pour la liberté, on douterait si la révolution rétrograde ou si elle arrive à son terme. Nos armées du Nord avançaient en Belgique, et tout à coup elles se replient; le théâtre de la guerre est reporté sur notre territoire, et il ne restera de nous chez les malheureux Belges, que le souvenir des incendies qui auront éclairé notre retraite! Dans le même temps, une formidable armée de Prussiens menace le Rhin, quoiqu'on nous eût fait espérer que leur marche ne serait pas si prompte.

« Comment se fait-il qu'on ait choisi ce moment pour renvoyer les ministres populaires, pour rompre la chaîne de leurs travaux, livrer l'empire à des mains inexpérimentées, et repousser les mesures utiles que nous avons cru devoir proposer?... Serait-il vrai que l'on redoute nos triomphes?.....

---

si connu par son opposition à la majorité de l'assemblée, et par les grands talens qui présidaient à sa rédaction, notamment le malheureux et immortel André Chénier. (*Voyez la feuille du 4 juillet 1792.*)

1. Il n'est pas nécessaire d'avertir que j'analyse ici, et que je ne donne pas textuellement le discours de Vergniaud.

Est-ce du sang de Coblentz, ou du vôtre, que l'on est avare?..... Veut-on régner sur des villes abandonnées, sur des champs dévastés?..... Où sommes-nous enfin?..... Et vous, Messieurs, qu'allez-vous entreprendre de grand pour la chose publique?...

« Vous, qu'on se flatte d'avoir intimidés; vous dont on se flatte d'alarmer les consciences en qualifiant votre patriotisme d'esprit de faction, comme si on n'avait pas appelé factieux ceux qui prêtèrent le serment du Jeu de Paume; vous qu'on a tant calomniés, parce que vous êtes étrangers à une caste orgueilleuse que la constitution a renversée dans la poussière; vous à qui on suppose des intentions coupables, comme si, investis d'une autre puissance que celle de la loi, vous aviez une liste civile; vous que, par une hypocrite modération, on voudrait refroidir sur les dangers du peuple; vous que l'on a su diviser, mais qui, dans ce moment de danger, déposerez vos haines, vos misérables dissensions, et ne trouverez pas si doux de vous haïr, que vous préfériez cette infernale jouissance au salut de la patrie; vous tous enfin, écoutez-moi : quelles sont vos ressources? que vous commande la nécessité? que vous permet la constitution? »

Pendant ce début, de nombreux applaudissemens ont couvert la voix de l'orateur. Il continue et découvre deux genres de dangers, les uns intérieurs, les autres extérieurs.

« Pour prévenir les premiers, l'assemblée a proposé un décret contre les prêtres, et, soit que le génie de Médicis erre encore sous les voûtes des Tuileries, soit qu'un Lachaise ou un Letellier trouble encore le cœur du prince, le décret a été refusé par le trône. Il n'est pas permis de croire, sans faire injure au roi, qu'il veuille les troubles religieux. Il se croit donc assez puissant, il a donc assez des anciennes lois pour assurer la tranquillité publique. Que ses ministres en répondent donc sur leur tête, puisqu'ils ont les moyens de l'assurer !

« Pour prévenir les dangers extérieurs, l'assemblée avait imaginé un camp de réserve : le roi l'a repoussé. Ce serait lui faire injure que de croire qu'il veut livrer la France; il doit donc avoir des forces suffisantes pour la protéger; ses ministres doivent donc nous répondre, sur leur tête, du salut de la patrie. »

Jusqu'ici l'orateur s'en tient, comme on voit, à la responsabilité ministérielle, et se borne à la rendre plus menaçante. « Mais, ajoute-t-il, ce n'est pas tout de jeter les ministres dans l'abîme que leur méchanceté ou leur impuissance aurait creusé... Qu'on m'écoute avec calme, qu'on ne se hâte pas de me deviner..... »

A ces mots l'attention redouble; un silence pro-

fond règne dans l'assemblée. « C'est au nom *du roi*, dit-il, que les princes français ont tenté de soulever l'Europe ; c'est pour venger *la dignité du roi* que s'est conclu le traité de Pilnitz ; c'est pour venir *au secours du roi* que le souverain de Bohême et de Hongrie nous fait la guerre, que la Prusse marche vers nos frontières. Or, je lis dans la constitution : « Si le roi se met à la tête d'une armée
« et en dirige les forces contre la nation, ou s'il ne
« s'oppose pas, par un acte formel, à une telle en-
« treprise qui s'exécuterait en son nom, il sera
« censé avoir abdiqué la royauté. »

« Qu'est-ce qu'un acte formel d'opposition ? Si cent mille Autrichiens marchaient vers la Flandre, cent mille Prussiens vers l'Alsace, et que le roi leur opposât dix ou vingt mille hommes, aurait-il fait un *acte formel* d'opposition ?

« Si le roi, chargé de notifier les hostilités imminentes, instruit des mouvemens de l'armée prussienne, n'en donnait aucune connaissance à l'assemblée nationale ; si un camp de réserve, nécessaire pour arrêter les progrès de l'ennemi dans l'intérieur, était proposé, et que le roi y substituât un plan incertain et très long à exécuter ; si le roi laissait le commandement d'une armée à un général intrigant, et suspect à la nation ; si un autre général, nourri loin de la corruption des cours et familier avec la victoire, demandait un renfort, et que par un refus le roi lui dît : *Je te défends de vaincre* ; pourrait-on dire que le roi a fait un *acte formel* d'opposition

« J'ai exagéré plusieurs faits, reprend Vergniaud pour ôter tout prétexte à des applications purement hypothétiques. Mais si, tandis que la France nagerait dans le sang, le roi vous disait : Il est vrai que les ennemis prétendent agir pour moi, pour ma dignité, pour mes droits, mais j'ai prouvé que je n'étais pas leur complice : j'ai mis des armées en campagne; ces armées étaient trop faibles, mais la constitution ne fixe pas le degré de leurs forces : je les ai rassemblées trop tard, mais la constitution ne fixe pas le temps de leur réunion : j'ai arrêté un général qui allait vaincre, mais la constitution n'ordonne pas les victoires : j'ai eu des ministres qui trompaient l'assemblée et désorganisaient le gouvernement, mais leur nomination m'appartenait : l'assemblée a rendu des décrets utiles que je n'ai pas sanctionnés, mais j'en avais le droit : j'ai fait tout ce que la constitution m'a prescrit; il n'est donc pas possible de douter de ma fidélité pour elle. »

De vifs applaudissemens éclatent de toutes parts. « Si donc, reprend Vergniaud, le roi vous tenait ce langage, ne seriez-vous pas en droit de lui répondre : O roi! qui, comme le tyran Lysandre, avez cru que la vérité ne valait pas mieux que le mensonge, qui avez feint de n'aimer les lois que pour conserver la puissance qui vous servirait à les braver, était-ce nous défendre que d'opposer aux soldats étrangers des forces dont l'infériorité ne laissait pas même d'incertitude sur leur défaite? Était-ce nous défendre que d'écarter les projets tendant à fortifier l'intérieur? Était-ce nous défendre que de ne pas réprimer un général qui violait la constitution, et d'enchaîner le courage de ceux qui la servaient?... La constitution vous laissa-t-elle le choix des ministres pour notre bonheur ou notre ruine? Vous fit-elle chef de l'armée pour notre gloire ou notre honte? Vous donna-t-elle enfin le droit de sanction, une liste civile et tant de prérogatives pour perdre constitutionnellement la constitution et l'empire? Non! non! homme, que la générosité des Français n'a pu rendre sensible, que le seul amour du despotisme a pu toucher..... vous n'êtes plus rien pour cette constitution que vous avez si indignement violée, pour ce peuple que vous avez si lâchement trahi!...

« Mais non, reprend l'orateur, si nos armées ne sont point complètes, le roi n'en est sans doute pas coupable; sans doute il prendra les mesures nécessaires pour nous sauver, sans doute la marche des Prussiens ne sera pas aussi triomphante qu'ils l'espèrent; mais il fallait tout prévoir et tout dire, car la franchise peut seule nous sauver. »

Vergniaud finit en proposant un message à Louis XVI, ferme, mais respectueux, qui l'oblige à opter entre la France et l'étranger, et lui apprenne que les Français sont résolus à périr ou à triompher avec la constitution. Il veut en outre qu'on déclare la patrie en danger, pour réveiller dans les cœurs ces grandes affections qui ont animé les grands peuples, et qui sans doute se retrouveront dans les Français; car ce ne sera pas, dit-il, dans les Français régénérés de 89 que la nature se montrera dégradée. Il veut enfin qu'on mette un terme à des dissensions dont le caractère devient sinistre, et qu'on réunisse ceux qui sont dans Rome et sur le mont Aventin.

En prononçant ces derniers mots, la voix de l'orateur était altérée, l'émotion générale. Les tribunes, le côté gauche, le côté droit, tout le monde applaudissait. Vergniaud quitte la tribune, et il est entouré par une foule empressée de le féliciter. Seul jusqu'alors il avait osé parler à l'assemblée de la déchéance dont tout le monde s'entretenait dans le public, mais il ne l'avait présentée que d'une manière hypothétique, et avec des formes encore respectueuses, quand on les compare au langage inspiré par les passions du temps.

Dumas veut répondre. Il essaie d'improviser après Vergniaud, et devant des auditeurs encore tout pleins de ce qu'ils venaient d'éprouver. Il réclame plusieurs fois le silence et une attention qui n'était plus pour lui. Il s'appesantit sur les reproches faits au pouvoir exécutif. « La retraite de Luckner est due, dit-il, au sort des batailles, qu'on ne peut régler du fond des cabinets. Sans doute vous avez confiance en Luckner? — Oui! oui, » s'écrie-t-on; et Kersaint demande un décret qui déclare que Luckner a conservé la confiance nationale. Le décret est rendu, et Dumas continue. Il dit avec raison que si on a confiance en ce général, on ne peut regarder l'intention de sa retraite comme coupable ou suspecte; que, quant au défaut de forces dont on se plaint, le maréchal sait lui-même qu'on a réuni pour cette entreprise toutes les troupes alors disponibles; que d'ailleurs tout devait être déjà préparé par l'ancien ministère girondin, auteur de la guerre offensive, et que s'il n'y avait pas de moyens suffisans, la faute en était à ce ministère seul; que les nouveaux ministres n'avaient pas pu tout réparer avec quelques courriers, et qu'enfin ils avaient donné carte blanche à Luckner, et lui avaient laissé le pouvoir d'agir suivant les circonstances et le terrain.

« On a refusé le camp de vingt mille hommes, ajoute Dumas, mais d'abord les ministres ne sont pas responsables du *veto*, et ensuite le projet qu'ils y ont substitué valait mieux que celui proposé par l'assemblée, parce qu'il ne paralysait pas les moyens de recrutement. On a refusé le décret contre les prêtres, mais il n'y a pas besoin de lois nouvelles pour assurer la tranquillité publique; il ne faut que du calme, de la sûreté, du respect pour la liberté individuelle et la liberté des cultes. Partout où ces libertés ont été respectées, les prêtres n'ont pas été séditieux. » Dumas justifie enfin le roi en objectant qu'il n'avait pas voulu la guerre, et Lafayette en rappelant qu'il avait toujours aimé la liberté.

Le décret proposé par la commission des douze, pour régler les formes d'après lesquelles on déclarerait la patrie en danger, fut rendu au milieu des plus vifs applaudissemens. Mais on ajourna la déclaration du danger, parce qu'on ne crut pas devoir le proclamer encore. Le roi, sans doute excité par tout ce qui avait été dit, notifia à l'assemblée les hostilités imminentes de la Prusse, qu'il fonda sur la convention de Pilnitz, sur l'accueil fait aux rebelles, sur les violences exercées envers les commerçans français, sur le renvoi de notre ministre, et le départ de Paris de l'ambassadeur prussien; enfin, sur la marche des troupes prussiennes au nombre de cinquante-deux mille hommes. « Tout me prouve, ajoutait le message du roi, une alliance entre Vienne et Berlin. (On rit à ces mots.) Aux termes de la constitution, j'en donne avis au corps législatif. » — Oui, répliquent plusieurs voix, quand les Prussiens sont à Coblentz! — Le message fut renvoyé à la commission des douze.

La discussion sur les formes de la déclaration du *danger de la patrie* fut continuée. On décréta que cette déclaration serait considérée comme une simple proclamation, et que par conséquent elle ne serait pas soumise à la sanction royale; ce qui n'était pas très juste, puisqu'elle renfermait des dispositions législatives. Mais déjà, sans avoir voulu la proclamer, on suivait la loi du salut public.

Les disputes devenaient tous les jours plus envenimées. Le vœu de Vergniaud, de réunir ceux qui étaient dans Rome et sur le mont Aventin, ne se réalisait pas; les craintes qu'on s'inspirait réciproquement se changeaient en une haine irréconciliable.

Il y avait dans l'assemblée un député nommé Lamourette, évêque constitutionnel de Lyon, qui n'avait jamais vu dans la liberté que le retour à la fraternité primitive, et qui s'affligeait autant qu'il s'étonnait des divisions de ses collègues. Il ne croyait à aucune haine véritable des uns à l'égard des autres, et ne leur supposait à tous que des méfiances injustes. Le 7 juillet, au moment où on allait continuer la discussion sur le danger de la patrie, il demande la parole pour une motion d'ordre; et, s'adressant à ses collègues avec le ton le plus persuasif et la figure la plus noble, il leur dit que tous les jours on leur propose des mesures terribles pour faire cesser le danger de la patrie; que, pour lui, il croit à des moyens plus doux et plus efficaces. C'est la division des représentans qui cause tous les maux, et c'est à cette désunion qu'il faut apporter remède. « Oh! s'écrie le digne pasteur, celui qui réussirait à vous réunir, celui-là serait le véritable vainqueur de l'Autriche et de Coblentz. On dit tous les jours que votre réunion est impossible au point où sont les choses..... ah! j'en frémis !..... mais c'est là une injure : il n'y a d'irréconciliables que le crime et la vertu. Les gens de bien disputent vivement, parce qu'ils ont la conviction sincère de leurs opinions, mais ils ne sauraient se haïr ! Messieurs, le salut public est dans vos mains, que tardez-vous de l'opérer?....

« Que se reprochent les deux parties de l'assemblée ? L'une accuse l'autre de vouloir modifier la constitition par la main des étrangers, et celle-ci accuse la première de vouloir renverser la monarchie pour établir la république. Eh bien, messieurs, foudroyez d'un même anathème et la république et les deux chambres, vouez-les à l'exécration commune par un dernier et irrévocable serment! jurons de n'avoir qu'un seul esprit, qu'un seul sentiment; jurons-nous fraternité éternelle!

Que l'ennemi sache que ce que nous voulons, nous le voulons tous, et la patrie est sauvée! »

L'orateur avait à peine achevé ces derniers mots, que les deux côtés de l'assemblée étaient debout, applaudissant à ses généreux sentimens, et pressés de décharger le poids de leurs animosités réciproques. Au milieu d'une acclamation universelle, on voue à l'exécration publique tout projet d'altérer la constitution par les deux chambres ou par la république, et on se précipite des bancs opposés pour s'embrasser. Ceux qui avaient attaqué et ceux qui avaient défendu Lafayette, le *veto*, la liste civile, les *factieux* et les *traîtres*, sont dans les bras les uns des autres; toutes les distinctions sont confondues, et l'on voit s'embrassant MM. Pastoret et Condorcet, qui la veille s'étaient réciproquement maltraités dans les feuilles publiques. Il n'y a plus de côté droit ni de côté gauche, et tous les députés sont indistinctement assis les uns auprès des autres. Dumas est auprès de Bazire, Jaucourt auprès de Merlin, et Ramont auprès de Chabot.

On décide aussitôt qu'on informera les provinces, l'armée et le roi, de cet heureux événement; une députation, conduite par Lamourette, se rend au château. Lamourette retourne, annonçant l'arrivée du roi qui vient, comme au 4 février 1790, témoigner sa satisfaction à l'assemblée, et lui dire qu'il était fâché d'attendre une députation, car il lui tardait bien d'accourir au milieu d'elle.

L'enthousiasme est porté au comble par ces paroles, et, à en croire le cri unanime, la patrie est sauvée. Y avait-il là un roi et huit cents députés hypocrites qui, formant à l'improviste le projet de se tromper, feignaient l'oubli des injures pour se trahir ensuite avec plus de sûreté? Non, sans doute; un tel projet ne se forme pas chez un si grand nombre d'hommes, subitement, sans préméditation antérieure. Mais la haine pèse; il est si doux d'en décharger le poids! et d'ailleurs, à la vue des événemens les plus menaçans, quel était le parti, qui dans l'incertitude de la victoire, n'eût consenti volontiers à garder le présent tel qu'il était, pourvu qu'il fût assuré? Ce fait prouve, comme tant d'autres, que la méfiance et la crainte produisaient toutes les haines, qu'un moment de confiance les faisait disparaître, et que le parti qu'on appelait républicain ne songeait pas à la république par système, mais par désespoir. Pourquoi, rentré dans son palais, le roi n'écrivait-il pas sur-le-champ à la Prusse et à l'Autriche? Pourquoi ne joignait-il pas à ces mesures secrètes quelque mesure publique et grande? Pourquoi ne disait-il pas comme son aïeul Louis XIV, à l'approche de l'ennemi : *Nous irons tous!*

Mais le soir on annonça à l'assemblée le résultat

de la procédure instruite par le département contre Pétion et Manuel, et ce résultat était la suspension de ces deux magistrats. D'après ce qu'on a su depuis, de la bouche de Pétion lui-même, il est probable qu'il aurait pu empêcher le mouvement du 20 juin, puisque plus tard il en empêcha d'autres. A la vérité, on l'ignorait alors, mais on présumait fortement sa connivence avec les agitateurs, et de plus, on avait à lui reprocher quelques infractions aux lois, comme, par exemple, d'avoir mis la plus grande lenteur dans ses communications aux diverses autorités, et d'avoir souffert que le conseil de la commune prît un arrêté contraire à celui du département, en décidant que les pétitionnaires seraient reçus dans les rangs de la garde nationale. La suspension prononcée par le département était donc légale et courageuse, mais impolitique. Après la réconciliation du matin, n'y avait-il pas en effet la plus grande imprudence à signifier, le soir même, la suspension de deux magistrats jouissant de la plus grande popularité? A la vérité, le roi s'en référait à l'assemblée, mais elle ne dissimula pas son mécontentement, et elle lui renvoya la décision pour qu'il se prononçât lui-même. Les tribunes recommencèrent leurs cris accoutumés ; une foule de pétitions vinrent demander *Pétion ou la mort*, et le député Grangeneuve, dont la personne avait été insultée, exigea le rapport contre l'auteur de l'outrage : ainsi la réconciliation était déjà oubliée. Brissot, dont le tour était venu de parler sur la question du danger public, demandait du temps pour modifier les expressions de son discours, à cause de la réconciliation qui était survenue depuis ; il ne put néanmoins s'empêcher de rappeler tous les faits de négligence et de lenteur reprochés à la cour ; et, malgré la prétendue réconciliation, il finit par demander qu'on traitât solennellement la question de la déchéance, qu'on accusât les ministres pour avoir notifié si tard les hostilités de la Prusse, que l'on créât une commission secrète composée de sept membres, et chargée de veiller au salut public, qu'on vendît les biens des émigrés, qu'on accélérât l'organisation des gardes nationales, et qu'enfin on déclarât sans délai *la patrie en danger*.

On apprit en même temps la conspiration de Dussaillant, ancien noble, qui, à la tête de quelques insurgés, s'était emparé du fort de Bannes dans le département de l'Ardèche, et qui menaçait de là toute la contrée environnante. Les dispositions des puissances furent aussi exposées à l'assemblée par le ministère. La maison d'Autriche, entraînant la Prusse, l'avait décidée à marcher contre la France ; cependant les disciples de Frédéric murmuraient contre cette alliance impolitique. Les électorats étaient tous nos ennemis ouverts ou cachés. La Russie s'était déclarée la première contre la révolution, elle avait accédé au traité de Pilnitz, elle avait flatté les projets de Gustave, et secondé les émigrés; tout cela, pour tromper la Prusse et l'Autriche, et les porter toutes deux sur la France, tandis qu'elle agissait contre la Pologne. Dans le moment, elle traitait avec MM. de Nassau et d'Esterhazy, chefs des émigrés; cependant, malgré ses fastueuses promesses, elle leur avait seulement accordé une frégate, pour se délivrer de leur présence à Pétersbourg. La Suède était immobile depuis la mort de Gustave, et recevait nos vaisseaux. Le Danemarck promettait une stricte neutralité. On pouvait se regarder comme en guerre avec la cour de Turin. Le pape préparait ses foudres. Venise était neutre, mais semblait vouloir protéger Trieste de ses flottes. L'Espagne, sans entrer ouvertement dans la coalition, ne semblait cependant pas disposée à exécuter le pacte de famille, et à rendre à la France les secours qu'elle en avait reçus. L'Angleterre s'engageait à la neutralité, et en donnait de nouvelles assurances. Les États-Unis auraient voulu nous aider de tous leurs moyens, mais ces moyens étaient nuls, à cause de leur éloignement et de la faiblesse de leur population.

A ce tableau, l'assemblée voulait déclarer de suite la patrie en danger; cependant la déclaration fut renvoyée à un nouveau rapport de tous les comités réunis. Le 11 juillet, après ces rapports entendus au milieu d'un silence profond, le président prononça la formule solennelle : Citoyens! la patrie est en danger!

Dès cet instant, les séances furent déclarées permanentes; des coups de canon, tirés de moment en moment, annoncèrent cette grande crise; toutes les municipalités, tous les conseils de district et de département siégèrent sans interruption; toutes les gardes nationales se mirent en mouvement. Des amphithéâtres étaient élevés au milieu des places publiques, et des officiers municipaux y recevaient sur une table, portée par des tambours, le nom de ceux qui venaient s'enrôler volontairement : les enrôlemens s'élevèrent jusqu'à quinze mille dans un jour.

La réconciliation du 7 juillet et le serment qui l'avait suivie n'avaient, comme on vient de voir, calmé aucune méfiance. On songeait toujours à se prémunir contre les projets du château, et l'idée de déclarer le roi déchu ou de le forcer à abdiquer, se présentait à tous les esprits, comme le seul remède possible aux maux qui menaçaient la France. Vergniaud n'avait fait qu'indiquer cette idée, et sous une forme hypothétique; d'autres, et surtout le député Torné, voulaient que l'on considérât comme une proposition positive la supposition de

Vergniaud. Des pétitions de toutes les parties de la France vinrent prêter le secours de l'opinion publique à ce projet désespéré des députés patriotes.

Déjà la ville de Marseille avait fait une pétition menaçante, lue à l'assemblée le 19 juin, et rapportée plus haut. Au moment où la patrie fut déclarée en danger, il en arriva plusieurs autres encore. L'une proposait d'accuser Lafayette, de supprimer le *veto* dans certains cas, de réduire la liste civile, et de réintégrer Manuel et Pétion dans leurs fonctions municipales. Une autre demandait, avec la suppression du *veto*, la publicité des conseils. Mais la ville de Marseille, qui avait donné le premier exemple de ces actes de hardiesse, les porta bientôt au dernier excès; elle fit une adresse par laquelle elle engageait l'assemblée à abolir la royauté dans la branche régnante, et à ne lui substituer qu'une royauté élective et sans *veto*, c'est-à-dire une véritable *magistrature exécutive*, comme dans les républiques. La stupeur produite par cette lecture fut bientôt suivie des applaudissemens des tribunes, et de la proposition d'imprimer faite par un membre de l'assemblée. Cependant l'adresse fut renvoyée à la commission des douze, pour recevoir l'application de la loi qui déclarait infame tout projet d'altérer la constitution.

La consternation régnait à la cour; elle régnait

aussi dans le parti patriote, que des pétitions hardies étaient loin de rassurer. Le roi croyait qu'on en voulait à sa personne; il s'imaginait que le 20 juin était un projet d'assassinat manqué; et c'était certainement une erreur, car rien n'eût été plus facile que l'exécution de ce crime, s'il eût été projeté. Craignant un empoisonnement, lui et sa famille prenaient leurs repas chez une dame de confiance de la reine, où ils ne mangeaient d'autres alimens que ceux qui étaient préparés dans les offices du château[1]. Comme le jour de la fédération approchait, la reine avait fait préparer pour le roi un plastron composé de plusieurs doublures d'étoffe, et capable de résister à un premier coup de poignard. Cependant, à mesure que le temps s'écoulait, et que l'audace populaire augmentait, sans qu'aucune tentative d'assassinat eût lieu, le roi commençait à mieux comprendre la nature de ses dangers; il entrevoyait déjà que ce n'était plus un coup de poignard, mais une condamnation juridique, qu'il avait à redouter; et le sort de Charles Ier obsédait continuellement son imagination souffrante.

Quoique rebuté par la cour, Lafayette n'en était pas moins résolu de sauver le roi; il lui fit donc offrir un projet de fuite très hardiment combiné.

---

1. Voyez la note 17 à la fin du volume.

Il s'était d'abord emparé de Luckner, et avait arraché à la facilité du vieux maréchal jusqu'à la promesse de marcher sur Paris. En conséquence, Lafayette voulait que le roi fît mander lui et Luckner, sous prétexte de les faire assister à la fédération. La présence de deux généraux lui semblait devoir imposer au peuple et prévenir tous les dangers qu'on redoutait pour ce jour-là. Le lendemain de la cérémonie, Lafayette voulait que Louis XVI sortît publiquement de Paris, sous prétexte d'aller à Compiègne faire preuve de sa liberté aux yeux de l'Europe. En cas de résistance il ne demandait que cinquante cavaliers dévoués pour l'arracher de Paris. De Compiègne, des escadrons préparés devaient le conduire au milieu des armées françaises, où Lafayette s'en remettait à sa probité pour la conservation des institutions nouvelles. Enfin, dans le cas où aucun de ces moyens n'aurait réussi, le général était décidé à marcher sur Paris avec toutes ses troupes [1].

Soit que ce projet exigeât une trop grande hardiesse de la part de Louis XVI, soit aussi que la répugnance de la reine pour Lafayette l'empêchât d'accepter ses secours, le roi les refusa de nouveau, et lui fit faire une réponse assez froide, et peu digne du zèle que le général lui témoignait. « Le meilleur

---

[1]. Voyez la note 18 à la fin du volume.

« conseil, portait cette réponse, à donner à M. de
« Lafayette, est de servir toujours d'épouvantail
« aux factieux, en remplissant bien son métier de
« général[1]. »

Le jour de la fédération approchait; le peuple et l'assemblée ne voulaient pas que Pétion manquât à la solennité du 14. Déjà le roi avait voulu se décharger sur l'assemblée du soin d'approuver ou d'improuver l'arrêt du département, mais l'assemblée, comme on l'a vu, l'avait contraint à s'expliquer lui-même; elle le pressait tous les jours de faire connaître sa décision, pour que cette question pût être terminée avant le 14. Le 12, le roi confirma la suspension. Cette nouvelle augmenta le mécontentement. L'assemblée se hâta de prendre un parti à son tour, et il est facile de deviner lequel. Le lendemain, c'est-à-dire le 13, elle réintégra Pétion. Mais, par un reste de ménagement, elle ajourna sa décision relativement à Manuel, qu'on avait vu se promener en écharpe au milieu du tumulte du 20 juin sans faire aucun usage de son autorité.

Enfin le 14 juillet 1792 arriva : combien les temps étaient changés depuis le 14 juillet 1790! Ce n'était plus ni cet autel magnifique desservi par trois cents prêtres, ni ce vaste champ couvert

---

1. Voyez la note 19 à la fin du volume.

de soixante mille gardes nationaux, richement vêtus et régulièrement organisés ; ni ces gradins latéraux chargés d'une foule immense, ivre de joie et de plaisir ; ni enfin ce balcon où les ministres, la famille royale et l'assemblée assistaient à la première fédération ! Tout était changé : on se haïssait comme après une fausse réconciliation, et tous les emblèmes annonçaient la guerre. Quatre-vingt-trois tentes figuraient les quatre-vingt-trois départemens. A côté de chacune était un peuplier, au sommet duquel flottaient des banderoles aux trois couleurs. Une grande tente était destinée à l'assemblée et au roi, une autre aux corps administratifs de Paris. Ainsi toute la France semblait camper en présence de l'ennemi. L'autel de la patrie n'était plus qu'une colonne tronquée, placée au sommet de ces gradins qui existaient encore dans le Champ-de-Mars, depuis la première cérémonie. D'un côté on voyait un monument pour ceux qui étaient morts ou qui allaient mourir à la frontière ; de l'autre un arbre immense appelé l'arbre de la féodalité. Il s'élevait au milieu d'un vaste bûcher, et portait sur ses branches des couronnes, des cordons bleus, des tiares, des chapeaux de cardinaux, des clefs de Saint-Pierre, des manteaux d'hermine, des bonnets de docteurs, des sacs de procès, des titres de noblesse, des écussons, des armoiries, etc. Le roi devait être invité à y mettre le feu.

Le serment devait être prêté à midi. Le roi s'était rendu dans les appartemens de l'École-Militaire; il y attendait le cortége national, qui était allé poser la première pierre d'une colonne qu'on voulait placer sur les ruines de l'ancienne Bastille. Le roi avait une dignité calme, la reine s'efforçait de surmonter une douleur trop visible. Sa sœur, ses enfans l'entouraient. On s'émut dans les appartemens par quelques expressions touchantes; les larmes mouillèrent les yeux de plus d'un asistant; enfin le cortége arriva. Jusque-là le Champ-de-Mars avait été presque vide; tout à coup la multitude fit irruption. Sous le balcon où était placé le roi, on vit défiler pêle-mêle des femmes, des enfans, des hommes ivres, criant *vive Pétion! Pétion ou la mort!* et portant sur leurs chapeaux les mots qu'ils avaient à la bouche; des fédérés se tenant sous le bras les uns les autres, et transportant un relief de la Bastille, avec une presse qu'on arrêtait de temps en temps, pour imprimer et répandre des chansons patriotiques. Après, venaient les légions de la garde nationale, les régimens de troupes de ligne, conservant avec peine la régularité de leurs rangs au milieu de cette populace flottante; enfin les autorités elles-mêmes et l'assemblée. Le roi descendit alors, et, placé au milieu d'un carré de troupes, il s'achemina, avec le cortége, vers l'autel de la patrie. La foule était immense au milieu du Champ-de-Mars, et ne permettait d'avancer que lentement. Après beaucoup d'efforts de la part des régimens, le roi parvint jusqu'aux marches de l'autel. La reine, placée sur le balcon qu'elle n'avait pas quitté, observait cette scène avec une lunette. La confusion sembla s'augmenter un instant autour de l'autel, et le roi descendre d'une marche; à cette vue la reine poussa un cri et jeta l'effroi autour d'elle. Cependant la cérémonie s'acheva sans accident. A peine le serment était prêté, qu'on s'empressa de courir à l'arbre de la féodalité. On voulait y entraîner le roi pour qu'il y mît le feu; mais il s'en dispensa en répondant avec à-propos qu'il n'y avait plus de féodalité. Il reprit alors sa marche vers l'École-Militaire. Les troupes, joyeuses de l'avoir sauvé, poussèrent des cris réitérés de *vive le roi!* La multitude, qui éprouve toujours le besoin de sympathiser, répéta ces cris, et fut aussi prompte à le fêter, qu'elle l'avait été à l'insulter quelques instans auparavant. L'infortuné Louis XVI parut aimé quelques heures encore : le peuple et lui-même le crurent un moment; mais les illusions mêmes n'étaient plus faciles, et on commençait déjà à ne pouvoir plus se tromper. Le roi rentra au palais, satisfait d'avoir échappé à des périls qu'il croyait grands, mais très alarmé encore de ceux qu'il entrevoyait dans l'avenir.

Les nouvelles qui arrivaient chaque jour de la frontière augmentaient les alarmes et l'agitation. La déclaration de *la patrie en danger* avait mis toute la France en mouvement, et avait provoqué le départ d'une foule de fédérés. Ils n'étaient que deux mille à Paris le jour de la fédération ; mais ils y arrivaient incessamment, et leur manière de s'y conduire justifiait à la fois les craintes et les espérances qu'on avait conçues de leur présence dans la capitale. Tous volontairement enrôlés, ils composaient ce qu'il y avait de plus exalté dans les clubs de France. L'assemblée leur fit allouer trente sous par jour, et leur réserva exclusivement les tribunes. Bientôt ils lui firent la loi à elle-même par leurs cris et leurs applaudissemens. Liés avec les jacobins, réunis dans un club qui, en quelques jours, surpassa la violence de tous les autres, ils étaient prêts à s'insurger au premier signal. Ils le déclarèrent même à l'assemblée par une adresse. Ils ne partiraient pas, disaient-ils, que les ennemis de l'intérieur ne fussent terrassés. Ainsi le projet de réunir à Paris une force insurrectionnelle était, malgré l'opposition de la cour, entièrement réalisé.

A ce moyen on en joignit d'autres. Les anciens soldats des gardes-françaises étaient distribués dans les régimens ; l'assemblée ordonna qu'ils seraient réunis en corps de gendarmerie. Leurs dispositions ne pouvaient être douteuses, puisqu'ils avaient commencé la révolution. On objecta vainement que ces soldats, presque tous sous-officiers dans l'armée, en composaient la principale force. L'assemblée n'écouta rien, redoutant l'ennemi du dedans beaucoup plus que l'ennemi du dehors. Après s'être composé des forces, il fallait décomposer celles de la cour; à cet effet, l'assemblée ordonna l'éloignement de tous les régimens. Jusque-là elle était dans les termes de la constitution; mais, ne se contentant pas de les écarter, elle leur enjoignit de se rendre à la frontière, et en cela elle usurpa la disposition de la force publique appartenant au roi.

Le but de cette mesure était surtout d'éloigner les Suisses, dont la fidélité ne pouvait être douteuse. Pour parer ce coup, le ministère fit agir M. d'Affry, leur commandant. Celui-ci s'appuya sur ses capitulations pour refuser de quitter Paris. On parut prendre en considération les raisons qu'il présentait, mais on ordonna provisoirement le départ de deux bataillons suisses.

Le roi, il est vrai, avait son *veto* pour résister à ces mesures, mais il avait perdu toute influence et ne pouvait plus user de sa prérogative. L'assemblée elle-même ne pouvait pas toujours résister aux propositions faites par certains de ses membres, et constamment appuyées par les applaudissemens des tribunes. Jamais elle ne manquait de se prononcer pour la modération quand c'était possible ; et tandis qu'elle consentait d'une part aux mesures les plus insurrectionnelles, on la voyait de l'autre approuver et accueillir les pétitions les plus modérées.

Les mesures prises, les pétitions, le langage qu'on tenait dans toutes les conversations, annonçaient une révolution prochaine. Les girondins la prévoyaient et la désiraient, mais ils n'en distinguaient pas clairement les moyens, et ils en redoutaient l'issue. Au-dessous d'eux on se plaignait de leur inertie ; on les accusait de mollesse et d'incapacité. Tous les chefs de clubs et de sections, fatigués d'une éloquence sans résultat, demandaient à grands cris une direction active et unique, pour que les efforts populaires ne fussent pas infructueux. Il y avait aux Jacobins une salle pour le travail des correspondances. On y avait établi un comité central des fédérés pour se concerter et s'entendre. Afin que les résolutions fussent plus secrètes et plus énergiques, on réduisit ce comité à cinq membres, et il reçut entre eux le nom de *comité insurrectionnel*. Ces cinq membres étaient les nommés Vaugeois, grand-vicaire ; Debessé de la Drôme ; Guillaume, professeur à Caen ; Simon, journaliste à Strasbourg ; Galissot de Langres. Bientôt on y joignit Carra, Gorsas, Fournier l'Américain, Westermann ; Kienlin de Strasbourg, Santerre ; Alexandre, commandant du faubourg Saint-Marceau ; un Polonais, nommé Lazouski, capitaine des canonniers dans le bataillon de Saint-Marceau ; un ex-constituant, Antoine de Metz ; deux électeurs, Lagrevy et Garin. Manuel, Camille Desmoulins, Danton, s'y réunirent ensuite, et y exercèrent la plus grande influence[1]. On s'entendit avec Barbaroux, qui promit la coopération de ses Marseillais, dont l'arrivée était impatiemment attendue. On se mit en communication avec le maire Pétion, et on obtint de lui la promesse de ne pas empêcher l'insurrection. On lui promit en retour de faire garder sa demeure, et de l'y consigner, pour justifier son inaction par une apparence de contrainte, si l'entreprise ne réussissait pas. Le projet définitivement arrêté fut de se rendre en armes au château, et de déposer le roi. Mais il fallait mettre le peuple en mouvement, et une circonstance extraordinaire était indispensable pour y réussir. On cherchait à la produire, et on s'en entretenait aux Jacobins. Le député Chabot s'étendait avec l'ardeur de son tempérament sur la nécessité d'une grande résolution, et disait que pour la déterminer il serait à désirer que la cour attentât aux jours d'un député. Grangeneuve, député lui-même, écoutait ce discours : c'était un homme d'un esprit médiocre, mais d'un caractère dévoué. Il

---

[1]. Voyez la note 20 à la fin du volume.

prend Chabot à part. « Vous avez raison, lui dit-il ; il faut qu'un député périsse, mais la cour est trop habile pour nous fournir une occasion aussi belle. Il faut y suppléer, et me tuer au plus tôt aux environs du château. Gardez le secret et préparez les moyens. » Chabot, saisi d'enthousiasme, lui offre de partager son sort. Grangeneuve accepte en lui disant que deux morts feront plus d'effet qu'une. Ils conviennent du jour, de l'heure, des moyens pour se tuer et ne pas *s'estropier*, disent-ils ; et ils se séparèrent, résolus de s'immoler pour le succès de la cause commune. Grangeneuve, décidé à tenir parole, met ordre à ses affaires domestiques, et à dix heures et demie du soir, s'achemine au lieu du rendez-vous. Chabot n'y était pas. Il attend. Chabot ne venant pas, il imagine que sa résolution est changée, mais il espère que du moins l'exécution aura lieu pour lui-même. Il va et vient plusieurs fois, attendant le coup mortel ; mais il est obligé de retourner sain et sauf, sans avoir pu s'immoler pour une calomnie.

On attendait donc impatiemment l'occasion qui ne se présentait pas, et on s'accusait réciproquement de manquer de force, d'habileté et d'ensemble. Les députés girondins, le maire Pétion, enfin tous les hommes en évidence, qui, soit à la tribune, soit dans leurs fonctions, étaient obligés de parler le langage de la loi, se mettaient toujours plus à l'écart, et condamnaient ces agitations continuelles qui les compromettaient sans amener un résultat. Ils reprochaient aux agitateurs subalternes d'épuiser leurs forces dans des mouvemens partiels et inutiles, qui exposaient le peuple sans produire un évènement décisif. Ceux-ci, au contraire, qui faisaient dans leurs cercles ce qu'ils pouvaient, reprochaient aux députés et au maire Pétion leurs discours publics, et les accusaient de retenir l'énergie du peuple. Ainsi les députés blâmaient la masse de n'être pas organisée, et celle-ci se plaignait à eux de ne pas l'être. On sentait surtout le besoin d'avoir un chef. Il faut un homme, était le cri général; mais lequel? On n'en voyait aucun parmi les députés. Ils étaient tous plutôt orateurs que conspirateurs; et d'ailleurs leur élévation et leur genre de vie les éloignaient trop de la multitude, sur laquelle il fallait agir. Il en était de même de Roland, de Servan, de tous ces hommes dont le courage n'était pas douteux, mais que leur rang plaçait trop au-dessus du peuple. Pétion, par ses fonctions, aurait pu communiquer facilement avec la multitude; mais Pétion était froid, impassible, et plus capable de mourir que d'agir. Il avait pour système d'arrêter les petites agitations au profit d'une insurrection décisive; mais en le suivant à la rigueur, il contrariait les mouvemens de chaque jour, et il perdait toute faveur auprès des agitateurs qu'il paralysait sans les dominer. Il leur fallait un chef qui, n'étant pas sorti encore du sein de la multitude, n'eût pas perdu tout pouvoir sur elle, et qui eût reçu de la nature le génie de l'entraînement.

Un vaste champ s'était ouvert dans les clubs, les sections et les journaux révolutionnaires. Beaucoup d'hommes s'y étaient fait remarquer, mais aucun n'avait encore acquis une supériorité marquée. Camille Desmoulins s'était distingué par sa verve, son cynisme, son audace, et par sa promptitude à attaquer tous les hommes qui semblaient se ralentir dans la carrière révolutionnaire. Il était connu des dernières classes; mais il n'avait ni les poumons d'un orateur populaire, ni l'activité et la force entraînante d'un chef de parti.

Un autre journaliste avait acquis une effrayante célébrité; c'était Marat, connu sous le nom de *l'Ami du peuple*, et devenu, par ses provocations au meurtre, un objet d'horreur pour tous les hommes qui conservaient encore quelque modération. Né à Neuchâtel, et livré à l'étude des sciences physiques et médicales, il avait attaqué avec audace les systèmes les mieux établis, et avait prouvé une activité d'esprit pour ainsi dire convulsive. Il était médecin dans les écuries du comte d'Artois, lorsque la révolution commença. Il se précipita sans hésiter dans cette nouvelle carrière, et se fit bientôt remarquer dans sa section. Sa taille était médiocre, sa tête volumineuse, ses traits prononcés, son teint livide, son œil ardent, sa personne négligée. Il n'eût paru que ridicule ou hideux, mais tout à coup on entendit sortir de ce corps étrange des maximes bizarres et atroces, proférées avec un accent dur et une insolente familiarité. Il fallait abattre, disait-il, plusieurs mille têtes, et détruire tous les aristocrates, qui rendaient la liberté impossible. L'horreur et le mépris s'amoncelèrent autour de lui. On le heurtait, on lui marchait sur les pieds, on se jouait de sa misérable personne; mais, habitué aux luttes scientifiques et aux assertions les plus étranges, il avait appris à mépriser ceux qui le méprisaient, et il les plaignait comme incapables de le comprendre. Il étala dès lors dans ses feuilles l'affreuse doctrine dont il était rempli. La vie souterraine à laquelle il était condamné pour échapper à la justice, avait exalté son tempérament, et les témoignages de l'horreur publique l'enflammaient encore davantage. Nos mœurs polies n'étaient à ses yeux que des vices qui s'opposaient à l'égalité républicaine; et, dans sa haine ardente pour les obstacles, il ne voyait qu'un moyen de salut, l'extermination. Ses études et ses expériences sur l'homme physique avaient dû l'habituer à vaincre l'aspect de la douleur; et sa pensée ardente, ne se trouvant arrêtée par aucun instinct de sensibilité, allait directement à son but par des voies de sang. Cette idée même d'opérer par la destruction s'était peu à peu systématisée dans sa tête. Il voulait un dictateur, non pour lui procurer le plaisir de la toute-puissance, mais pour lui imposer la charge terrible d'épurer la société. Ce dictateur devait avoir un boulet aux pieds pour être toujours sous la main du peuple; il ne fallait lui laisser qu'une seule faculté, celle d'indiquer les victimes, et d'ordonner pour unique châtiment la mort. Marat ne connaissait que cette peine, parce qu'il ne punissait pas, mais supprimait l'obstacle.

Voyant partout des aristocrates conspirant contre la liberté, il recueillait çà et là tous les faits qui satisfaisaient sa passion; il dénonçait avec fureur, et avec une légèreté qui venait de sa fureur même, tous les noms qu'on lui désignait, et qui souvent n'existaient pas. Il les dénonçait sans haine personnelle, sans crainte et même sans danger pour lui-même, parce qu'il était hors de tous les rapports humains, et que ceux de l'outragé à l'outrageant n'existaient plus entre lui et ses semblables.

Décrété récemment avec Royou, *l'Ami du roi*, il s'était caché chez un avocat obscur et misérable qui lui avait donné asile. Barbaroux fut appelé auprès de lui. Barbaroux s'était livré à l'étude des sciences physiques, et avait connu autrefois Marat.

Il ne put se dispenser de se rendre à sa demande, et crut, en l'écoutant, que sa tête était dérangée. Les Français, à entendre cet homme effrayant, n'étaient que de mesquins révolutionnaires. « Donnez-moi, disait-il, deux cents Napolitains, armés de poignards et portant à leur bras gauche un manchon en guise de bouclier; avec eux je parcourrai la France, et je ferai la révolution. » Il voulait, pour signaler les aristocrates, que l'assemblée leur ordonnât de porter un ruban blanc au bras, et qu'elle permît de les tuer, quand ils seraient trois réunis. Sous le nom d'aristocrates, il comprenait les royalistes, les feuillans, les girondins; et quand, par hasard, on lui parlait de la difficulté de les reconnaître, « il n'y avait pas, disait-il, à s'y tromper; il fallait tomber sur ceux qui avaient des voitures, des valets, des habits de soie, et qui sortaient des spectacles : c'étaient sûrement des aristocrates. »

Barbaroux sortit épouvanté. Marat, obsédé de son atroce système, s'inquiétait peu des moyens d'insurrection; il était d'ailleurs incapable de les préparer. Dans ses rêves meurtriers, il se complaisait dans l'idée de se retirer à Marseille. L'enthousiasme républicain de cette ville lui faisait espérer d'y être mieux compris et mieux accueilli. Il songea donc à s'y réfugier, et voulait que Barbaroux l'y envoyât sous sa recommandation; mais celui-ci ne voulait pas faire un pareil présent à sa ville natale, et il laissa là cet insensé dont il ne prévoyait pas alors l'apothéose.

Le systématique et sanguinaire Marat n'était donc pas le chef actif qui aurait pu réunir ces masses éparses et fermentant confusément. Robespierre en aurait été plus capable parce qu'il s'était fait aux Jacobins une clientèle d'auditeurs, ordinairement plus active qu'une clientèle de lecteurs; mais il n'avait pas non plus toutes les qualités nécessaires. Robespierre, médiocre avocat d'Arras, fut député par cette ville aux états-généraux. Là, il s'était lié avec Pétion et Buzot, et soutenait avec âpreté les opinions que ceux-ci défendaient avec une conviction profonde et calme. Il parut d'abord ridicule par la pesanteur de son débit et la pauvreté de son éloquence; mais son opiniâtreté lui attira quelque attention, surtout à l'époque de la révision. Lorsque après la scène du Champ-de-Mars, on répandit le bruit que le procès allait être fait aux signataires de la pétition des jacobins, sa terreur et sa jeunesse inspirèrent de l'intérêt à Buzot et à Roland; et on lui offrit un asile. Mais il se rassura bientôt; et l'assemblée s'étant séparée, il se retrancha chez les Jacobins, où il continua ses harangues dogmatiques et ampoulées. Élu accusateur public, il refusa ces nouvelles fonctions, et ne songea qu'à se donner la double réputation de patriote incorruptible et d'orateur éloquent.

Ses premiers amis, Pétion, Buzot, Brissot, Roland, le recevaient chez eux, et voyaient avec peine son orgueil souffrant qui se révélait dans ses regards et dans tous ses mouvemens. On s'intéressait à lui, et on regrettait que, songeant si fort à la chose publique, il songeât aussi tant à lui-même. Cependant il était trop peu important pour qu'on lui en voulût de son orgueil, et on lui pardonnait en faveur de sa médiocrité et de son zèle. On remarquait surtout que, silencieux dans toutes les réunions, et donnant rarement son avis, il était le premier le lendemain à produire à la tribune les idées qu'il avait recueillies chez les autres. On lui en fit l'observation, sans lui adresser de reproches; et bientôt il détesta cette réunion d'hommes supérieurs comme il avait détesté celle des constituans. Alors il se retira tout à fait aux Jacobins, où, comme on l'a vu, il différa d'avis avec Brissot et Louvet, sur la question de la guerre, et les appela, peut-être même les crut mauvais citoyens, parce qu'ils pensaient autrement que lui, et soutenaient leur avis avec éloquence. Était-il de bonne foi lorsqu'il soupçonnait sur-le-champ ceux qui l'avaient blessé, ou bien les calomniait-il sciemment ? Ce sont là les mystères des ames. Mais avec une raison étroite et commune, avec une extrême susceptibilité, il était très disposé à s'irriter, et difficile à éclairer; et il n'est pas impossible qu'une haine d'orgueil ne se changeât chez lui en une haine de principes, et qu'il crût méchans tous ceux qui l'avaient offensé.

Quoi qu'il en soit, dans le cercle inférieur où il s'était placé, il excita l'enthousiasme par son dogmatisme et par sa réputation d'incorruptibilité. Il fondait ainsi sa popularité sur les passions aveugles et les esprits médiocres. L'austérité, le dogmatisme froid, captivent les caractères ardens, souvent même les intelligences supérieures. Il y avait en effet des hommes disposés à prêter à Robespierre une véritable énergie, et des talens supérieurs aux siens. Camille Desmoulins l'appelait son Aristide, et le trouvait éloquent.

D'autres le jugeant sans talens, mais subjugués par son pédantisme, allaient répétant que c'était l'homme qu'il fallait mettre à la tête de la révolution, et que sans ce dictateur, elle ne pourrait marcher. Pour lui, permettant à ses partisans tous ces propos, il ne se montrait jamais dans les conciliabules des conjurés. Il se plaignit même d'être compromis, parce que l'un d'eux, habitant dans la même maison que lui, y avait réuni quelquefois le comité insurrectionnel. Il se tenait donc en arrière, laissant agir ses prôneurs, Panis, Sergent, Osselin, et autres membres des sections et des conseils municipaux.

ASSEMBLÉE LÉGISLATIVE (1792).

Marat, qui cherchait un dictateur, voulut s'assurer si Robespierre pouvait l'être. La personne négligée et cynique de Marat contrastait avec celle de Robespierre, qui était plein de réserve et de soins pour lui-même. Retiré dans un cabinet élégant, où son image était reproduite de toutes les manières, en peinture, en gravure, en sculpture, il s'y livrait à un travail opiniâtre, et relisait sans cesse Rousseau, pour y composer ses discours. Marat le vit, ne trouva en lui que de petites haines personnelles, point de grand système, point de cette audace sanguinaire qu'il puisait dans sa monstrueuse conviction, point de génie enfin; il sortit plein de mépris pour ce *petit homme*, le déclara incapable de sauver l'état, et se persuada d'autant plus qu'il possédait seul le grand système social.

Les partisans de Robespierre entourèrent Barbaroux, et voulurent le conduire chez lui, disant qu'il fallait *un homme*, et que Robespierre seul pouvait l'être. Ce langage déplut à Barbaroux, dont la fierté se pliait peu à l'idée de la dictature, et dont l'imagination ardente était déjà séduite par la vertu de Roland et les talens de ses amis. Il alla cependant chez Robespierre. Il fut question dans l'entretien, de Pétion, dont la popularité offusquait Robespierre, et qui, disait-on, était incapable de servir la révolution. Barbaroux répondit avec humeur aux reproches qu'on adressait à Pétion, et défendit vivement un caractère qu'il admirait. Robespierre parla de la révolution, et répéta, suivant son usage, qu'il en avait accéléré la marche. Il finit, comme tout le monde, par dire qu'il fallait un homme. Barbaroux répondit qu'il ne voulait ni dictateur ni roi. Fréron répliqua que Brissot voulait l'être. On se rejeta ainsi le reproche, et on ne s'entendit pas. Quand on se quitta, Panis, voulant corriger le mauvais effet de cette entrevue, dit à Barbaroux qu'il avait mal saisi la chose, qu'il ne s'agissait que d'une autorité momentanée, et que Robespierre était le seul homme auquel on pût la donner. Ce sont ces propos vagues, ces petites rivalités, qui persuadèrent faussement aux girondins que Robespierre voulait usurper. Une ardente jalousie fut prise en lui pour de l'ambition ; mais c'était une de ces erreurs que le regard troublé des partis commet toujours. Robespierre, capable tout au plus de haïr le mérite, n'avait ni la force ni le génie de l'ambition, et ses partisans avaient pour lui des prétentions qu'il n'aurait pas osé concevoir lui-même.

Danton était plus capable qu'aucun autre d'être ce chef que toutes les imaginations désiraient, pour mettre de l'ensemble dans les mouvemens révolutionnaires. Il s'était jadis essayé au barreau, et n'y avait pas réussi. Pauvre et dévoré de passions, il s'était jeté dans les troubles politiques avec ardeur;

et probablement avec des espérances. Il était ignorant, mais doué d'une intelligence supérieure et d'une imagination vaste. Ses formes athlétiques, ses traits écrasés et un peu africains, sa voix tonnante, ses images bizarres, mais grandes, captivaient l'auditoire des Cordeliers et des sections. Son visage exprimait tour à tour les passions brutales, la jovialité, et même la bienveillance. Danton ne haïssait et n'enviait personne, mais son audace était extraordinaire; et dans certains momens d'entraînement, il était capable d'exécuter tout ce que l'atroce intelligence de Marat était capable de concevoir.

Une révolution dont l'effet imprévu, mais inévitable, avait été de soulever les basses classes de la société contre les classes élevées, devait réveiller l'envie, faire naître des systèmes, et déchaîner des passions brutales. Robespierre fut l'envieux; Marat, le systématique; et Danton fut l'homme passionné, violent, mobile, et tour à tour cruel ou généreux. Si les deux premiers, obsédés, l'un par une envie dévorante, l'autre par de sinistres systèmes, durent avoir peu de ces besoins qui rendent les hommes accessibles à la corruption, Danton, au contraire, plein de passions, avide de jouir, ne dut être rien moins qu'incorruptible. Sous prétexte de lui rembourser une ancienne charge d'avocat au conseil, la cour lui donna des sommes assez considérables;

mais elle réussit à le payer et non à le gagner. Il n'en continua pas moins à haranguer et à exciter contre elle la multitude des clubs. Quand on lui reprochait de ne pas exécuter son marché, il répondait que pour se conserver le moyen de servir la cour, il devait en apparence la traiter en ennemie.

Danton était donc le plus redoutable chef de ces bandes qu'on gagnait et conduisait par la parole. Mais audacieux, entraînant au moment décisif, il n'était pas propre à ces soins assidus qu'exige l'envie de dominer; et quoique très influent sur les conjurés, il ne les gouvernait pas encore. Il était capable seulement, dans un moment d'hésitation, de les ranimer et de les porter au but par une impulsion décisive.

Les divers membres du comité insurrectionnel n'avaient pas encore pu s'entendre. La cour, instruite de leurs moindres mouvemens, prenait de son côté quelques mesures pour se mettre à l'abri d'une attaque soudaine, et se donner le temps d'attendre en sûreté l'arrivée des puissances coalisées. Elle avait formé et établi près du château un club, appelé le club français, qui se composait d'ouvriers et de soldats de la garde nationale. Ils avaient tous leurs armes cachées dans le local même de leurs séances, et pouvaient, dans un cas pressant, courir au secours de la famille royale. Cette seule réunion coûtait à la liste civile 10,000 francs par jour. Un Marseillais, nommé Lieutaud, entretenait en outre une troupe qui occupait alternativement les tribunes, les places publiques, les cafés et les cabarets, pour y parler en faveur du roi, et pour résister aux continuelles émeutes des patriotes [1]. Partout, en effet, on se disputait, et presque toujours des paroles on en venait aux coups; mais malgré tous les efforts de la cour, ses partisans étaient clair-semés, et la partie de la garde nationale qui lui était dévouée, se trouvait réduite au plus grand découragement.

Un grand nombre de serviteurs fidèles, éloignés jusque là du trône, accouraient pour défendre le roi, et lui faire un rempart de leurs corps. Leurs réunions étaient fréquentes et nombreuses au château, et elles augmentaient la méfiance publique. On les appelait *chevaliers du poignard*, depuis la scène de février 1791. On avait donné des ordres pour réunir secrètement la garde constitutionnelle, qui, quoique licenciée, avait toujours reçu ses appointemens. Pendant ce temps, les conseils se croisaient autour du roi, et produisaient dans son ame faible et naturellement incertaine, les perplexités les plus douloureuses. Des amis sages, et entre autres Malesherbes [2], lui conseillaient d'abdiquer;

---

1. Voyez Bertrand de Molleville, tomes VIII et IX.
2. Voyez Bertrand de Molleville.

d'autres, et c'était le plus grand nombre, voulaient qu'il prît la fuite; du reste, ils n'étaient d'accord ni sur les moyens, ni sur le lieu, ni sur le résultat de l'évasion. Pour mettre quelque ensemble dans ces divers plans, le roi voulut que Bertrand de Molleville s'entendît avec Duport le constituant. Le roi avait beaucoup de confiance en ce dernier, et il fut obligé de donner un ordre positif à Bertrand, qui prétendait ne vouloir entretenir aucune relation avec un constitutionnel tel que Duport. Dans ce comité se trouvaient encore Lally-Tolendal, Malouet, Clermont-Tonnerre, Gouvernet et autres, tous dévoués à Louis XVI, mais, hors ce point, différant assez d'opinion sur la part qu'il faudrait faire à la royauté, si on parvenait à la sauver. On y résolut la fuite du roi, et sa retraite au château de Gaillon, en Normandie. Le duc de Liancourt, ami de Louis XVI, et jouissant de toute sa confiance, commandait cette province; il répondait de ses troupes et des habitans de Rouen, qui s'étaient prononcés par une adresse énergique contre le 20 juin. Il offrait de recevoir la famille royale, et de la conduire à Gaillon, ou de la remettre à Lafayette, qui la transporterait au milieu de son armée. Il donnait en outre toute sa fortune pour seconder l'exécution de ce projet, et ne demandait à réserver à ses enfans que cent louis de rente. Ce plan convenait aux membres constitutionnels du comité, parce qu'au lieu de mettre le roi dans les mains de l'émigration, il le plaçait auprès du duc de Liancourt et de Lafayette. Par le même motif, il répugnait aux autres, et risquait de déplaire à la reine et au roi. Le château de Gaillon avait le grand avantage de n'être qu'à trente-six lieues de la mer, et d'offrir, par la Normandie, province bien disposée, une fuite facile en Angleterre. Il en avait encore un autre, c'était de n'être qu'à vingt lieues de Paris. Le roi pouvait donc s'y rendre sans manquer à la loi constitutionnelle, et c'était beaucoup pour lui, car il tenait singulièrement à ne pas se mettre en état de contravention ouverte.

M. de Narbonne et la fille de Necker, madame Staël, imaginèrent aussi un projet de fuite. L'émigration, de son côté, proposa le sien : c'était de transporter le roi à Compiègne, et de là sur les bords du Rhin par la forêt des Ardennes. Chacun veut conseiller un roi faible, parce que chacun aspire à lui donner une volonté qu'il n'a pas. Tant d'inspirations contraires ajoutaient à l'indécision naturelle de Louis XVI, et ce prince malheureux, assiégé de conseils, frappé de la raison des uns, entraîné par la passion des autres, tourmenté de craintes sur le sort de sa famille, agité par les scrupules de sa conscience, hésitait entre mille projets, et voyait arriver le flot populaire sans oser ni le braver, ni le fuir.

Les députés girondins, qui avaient si hardiment abordé la question de la déchéance, demeuraient cependant incertains à la veille d'une insurrection ; quoique la cour fût presque désarmée, et que la toute-puissance se trouvât du côté du peuple, néanmoins l'approche des Prussiens, et la crainte qu'inspire toujours un ancien pouvoir, même après qu'il a été privé de ses forces, leur persuadèrent qu'il vaudrait encore mieux transiger avec la cour que de s'exposer aux chances d'une attaque. Dans le cas même où cette attaque serait heureuse, ils craignaient que l'arrivée très prochaine des étrangers ne détruisît tous les résultats d'une victoire sur le château, et ne fît succéder de terribles vengeances à un succès d'un moment. Cependant, malgré cette disposition à traiter, ils n'ouvrirent point de négociations à ce sujet, et n'osèrent pas prendre l'initiative; mais ils écoutèrent un nommé Boze, peintre du roi, et très lié avec Thierry, valet de chambre de Louis XVI. Le peintre Boze, effrayé des dangers de la chose publique, les engagea à écrire ce qu'ils croiraient propre, dans cette extrémité, à sauver le roi et la liberté. Ils firent donc une lettre qui fut signée par Guadet, Gensonné, Vergniaud, et qui commenaçait par ces mots : *Vous nous demandez, monsieur, quelle est notre opinion sur la situation actuelle de la France...* Ce début prouve assez que l'explication avait été provoquée. Il n'était plus temps pour le roi, disaient à Boze les trois députés, de se rien dissimuler, et il s'abuserait étrangement s'il ne voyait pas que sa conduite était la cause de l'agitation générale, et de cette violence des clubs dont il se plaignait sans cesse; de nouvelles protestations de sa part seraient inutiles et paraîtraient dérisoires; au point où se trouvaient les choses, il ne fallait pas moins que des démarches décisives pour rassurer le peuple : tout le monde, par exemple, croyait fermement qu'il était au pouvoir du roi d'écarter les armées étrangères; il fallait donc qu'il commençât par ordonner cet éloignement; il devait ensuite choisir un ministère patriote, congédier Lafayette qui, dans l'état des choses, ne pouvait plus servir utilement; rendre une loi pour l'éducation constitutionnelle du jeune dauphin, soumettre la liste civile à une comptabilité publique, et déclarer solennellement qu'il n'accepterait pour lui-même d'augmentation de pouvoir, que du consentement libre de la nation. A ces conditions, ajoutaient les Girondins, il était à espérer que l'irritation se calmerait, et qu'avec du temps et de la persévérance dans ce système, le roi recouvrerait la confiance qu'il avait aujourd'hui tout à fait perdue.

Certes, les Girondins se trouvaient alors bien près d'atteindre leur but, si véritablement ils avaient conspiré jusqu'à cet instant et depuis long-temps pour la réalisation d'une république; et l'on voudrait qu'ils se fussent arrêtés tout à coup au moment de réussir, pour faire donner le ministère à trois de leurs amis! Voilà ce qui ne peut être; et il devient évident que la république ne fut désirée qu'en désespoir de la monarchie, que jamais elle ne fut un véritable projet, et que même, à la veille de l'obtenir, ceux qu'on accuse de l'avoir longuement préparée, ne voulaient pas sacrifier la chose publique au triomphe de ce système, et consentaient à garder la monarchie constitutionnelle, pourvu qu'elle fût entourée d'assez de sécurité. Les Girondins, en demandant l'éloignement des troupes, prouvaient assez que le danger actuel seul les occupait; l'attention qu'ils donnaient à l'éducation du dauphin, prouve suffisamment encore que la monarchie n'était pas pour eux un avenir insupportable.

On a prétendu que Brissot, de son côté, avait fait des propositions pour empêcher la déchéance, et qu'il y avait mis la condition d'une somme très forte. Cette assertion est de Bertrand de Molleville, qui a toujours calomnié par deux raisons : méchanceté de cœur et fausseté d'esprit. Mais il n'en donne aucune preuve; et la pauvreté connue de Brissot, sa conviction exaltée, doivent répondre pour lui. Il ne serait pas impossible sans doute que la cour eût donné de l'argent à l'adresse de Brissot, mais cela ne prouverait pas que l'argent eût été ou demandé ou reçu par lui. Le fait déjà rapporté plus haut sur la corruption de Pétion, promise à la cour par des escrocs, ce fait et beaucoup d'autres du même genre montrent assez quelle confiance il faut ajouter à ces accusations de vénalité, si souvent et si facilement hasardées. D'ailleurs, quoi qu'il en puisse être de Brissot, les trois députés Gensonné, Guadet, Vergniaud, n'ont pas même été accusés, et ils furent les seuls signataires de la lettre remise à Boze.

Le cœur ulcéré du roi était moins capable que jamais d'écouter leurs sages avis. Thierry lui présenta la lettre, mais il la repoussa durement, et fit ses deux réponses accoutumées, que ce n'était pas lui, mais le ministère patriote, qui avait provoqué la guerre; et que, quant à la constitution, il l'observait fidèlement, tandis que les autres mettaient tous leurs soins à la détruire[1]. Ces raisons n'étaient pas très-justes; car, bien qu'il n'eût pas

---

[1]. Voyez la note 21 à la fin du volume.

provoqué la guerre, ce n'en était pas moins un devoir pour lui de la bien soutenir ; et, quant à sa fidélité scrupuleuse à la lettre de la loi, c'était peu que l'observation du texte ; il fallait encore ne pas compromettre la chose même en appelant l'étranger.

Il faut sans doute attribuer à l'espérance qu'avaient les Girondins de voir leurs avis écoutés, les ménagemens qu'ils gardèrent lorsqu'on voulut soulever dans l'assemblée la question de la déchéance tous les jours agitée dans les clubs, dans les groupes et les pétitions. Chaque fois qu'ils venaient, au nom de la commission des douze, parler du danger de la patrie et des moyens d'y remédier : Remontez *à la cause* du danger, leur disait-on ; *à la cause*, répétaient les tribunes. Vergniaud, Brissot et les Girondins répondaient que la commission avait les yeux *sur la cause*, et que lorsqu'il en serait temps on la dévoilerait ; mais que pour le moment il fallait ne pas jeter encore un nouveau levain de discorde.

Mais il était décidé que tous les moyens et les projets de transaction échoueraient ; et la catastrophe, prévue et redoutée, arriva bientôt, comme nous le verrons ci-après.

CHAPITRE V.

ARRIVÉE DES MARSEILLAIS A PARIS; DÎNER ET SCÈNES SANGLANTES AUX CHAMPS-ÉLYSÉES.—MANIFESTE DU DUC DE BRUNSWICK.—LES SECTIONS DE PARIS DEMANDENT LA DÉCHÉANCE DU ROI. — LE ROI REFUSE DE FUIR.— L'ASSEMBLÉE REJETTE LA PROPOSITION D'ACCUSER LAFAYETTE.—PRÉPARATIFS DE L'INSURRECTION ; MOYENS DE DÉFENSE DU CHATEAU.—INSURRECTION DU 10 AOÛT; LES FAUBOURGS S'EMPARENT DES TUILERIES APRÈS UN COMBAT SANGLANT ; LE ROI SE RETIRE A L'ASSEMBLÉE ; SUSPENSION DU POUVOIR ROYAL; CONVOCATION D'UNE CONVENTION NATIONALE.

A la suite d'une fête donnée aux fédérés, le comité insurrectionnel décida qu'on partirait le matin, 26 juillet, sur trois colonnes, pour se rendre au château, et qu'on marcherait avec le drapeau rouge, et avec cette inscription : *Ceux qui tireront sur les colonnes du peuple seront mis à mort sur-le-champ.* Le résultat devait être de constituer le roi prisonnier, et de l'enfermer à Vincennes. On avait engagé la garde nationale de Versailles à seconder ce mouvement; mais on l'avait avertie si tard, et on était si peu d'accord avec elle, que ses officiers vinrent à la mairie de Paris, le matin même, pour savoir ce qu'il fallait faire. Le secret d'ailleurs fut si mal gardé, que la cour était déjà avertie, toute la famille royale debout, et le château plein de monde. Pétion, voyant que les mesures avaient été mal prises, craignant quelque trahison, et considérant surtout que les Marseillais n'étaient point encore arrivés, se rendit en toute hâte au faubourg, pour arrêter un mouvement qui devait perdre le parti populaire, s'il ne réussissait pas.

Le tumulte était affreux dans les faubourgs; on y avait sonné le tocsin toute la nuit. Pour exciter le peuple, on avait répandu le bruit qu'il existait au château un amas d'armes qu'il fallait aller chercher. Pétion parvint avec beaucoup de peine à ramener l'ordre; le garde-des-sceaux Champion de Cicé, qui s'y était rendu de son côté, y reçut des coups de sabre; enfin le peuple consentit à se retirer, et l'insurrection fut ajournée.

Les querelles, les contestations de détail par lesquelles on prélude d'ordinaire à une rupture définitive, continuèrent sans interruption. Le roi avait fait fermer le jardin des Tuileries depuis le 20 juin. La terrasse des Feuillans, aboutissant à l'assemblée, était seule ouverte, et des sentinelles avaient la consigne de ne laisser passer personne de cette terrasse dans le jardin. Despréménil y fut rencontré s'entretenant vivement avec un député. Il fut hué, poursuivi dans le jardin, et porté jusqu'au Palais-Royal, où il reçut plusieurs blessures. Les consignes qui empêchaient de pénétrer dans le jardin ayant été violées, il fut question d'y suppléer par un décret. Cependant le décret ne fut pas rendu; on proposa seulement d'y mettre un écriteau portant ces mots : *Défense de passer sur le territoire étranger.* L'écriteau fut placé, il suffit pour empêcher le peuple d'y mettre les pieds, quoique le roi eût fait lever les consignes. Ainsi les procédés n'étaient déjà plus ménagés. Une lettre de Nancy, par exemple, annonçait plusieurs traits civiques qui avaient eu lieu dans cette ville; sur-le-champ l'assemblée en envoya copie au roi.

Enfin, le 30, les Marseillais arrivèrent. Ils étaient cinq cents, et comptaient dans leurs rangs tout ce que le Midi renfermait de plus exalté, et tout ce que le commerce amenait de plus turbulent dans le port de Marseille. Barbaroux se rendit au-devant d'eux à Charenton. A cette occasion, un nouveau projet fut concerté avec Santerre. Sous prétexte d'aller au-devant des Marseillais, on voulait réunir les faubourgs, se rendre ensuite en bon ordre au Carrousel, et y camper sans tumulte, jusqu'à ce que l'assemblée eût suspendu le roi, ou qu'il eût volontairement abdiqué. Ce projet plaisait aux philanthropes du parti, qui auraient voulu terminer cette révolution sans effusion de sang. Cependant il manqua, parce que Santerre ne réussit pas à réunir le faubourg, et ne put amener qu'un petit nombre d'hommes au-devant des Marseillais. Santerre leur offrit tout de suite un repas qui fut servi aux Champs-Elysées. Le même jour, et au même moment, une réunion de gardes nationaux du bataillon des Filles-Saint-Thomas, et d'autres individus, écrivains ou militaires, tous dévoués à la cour, faisaient un repas auprès du lieu où étaient fêtés les Marseillais. Certainement ce repas n'avait pu être préparé à dessein pour troubler celui des Marseillais, puisque l'offre faite à ces derniers avait été inopinée, car au lieu d'un festin on avait médité une insurrection. Cependant il était impossible que des voisins si opposés d'opinion achevassent paisiblement leur repas. La populace insulta les royalistes, qui voulurent se défendre; les patriotes, appelés au secours de la populace, accoururent avec ardeur, et le combat s'engagea. Il ne fut pas long; les Marseillais, fondant sur leurs adversaires, les mirent en fuite, en tuèrent un et en blessèrent plusieurs. Dans un moment, le trouble se répandit dans Paris. Les fédérés parcouraient les rues, et arrachaient les cocardes de ruban, prétendant qu'il les fallait en laine.

Quelques-uns des fugitifs arrivèrent tout sanglans aux Tuileries, où ils furent accueillis avec empressement, et traités avec des soins bien naturels, puisqu'on voyait en eux des amis victimes de leur dévouement. Les gardes nationaux qui étaient de service au château rapportèrent ces détails, y ajoutèrent peut-être, et ce fut l'occasion de nouveaux bruits, de nouvelles haines contre la famille royale et les dames de la cour, qui avaient, disait-on, essuyé avec leurs mouchoirs la sueur et le sang des blessés. On en conclut même que la scène avait été préparée, et ce fut le motif d'une nouvelle accusation contre les Tuileries.

La garde nationale de Paris demanda aussitôt l'éloignement des Marseillais ; mais elle fut huée par les tribunes, et sa pétition n'obtint aucun succès.

C'est au milieu de ces circonstances que fut répandu un écrit attribué au prince de Brunswick, et bientôt reconnu authentique. Nous avons déjà parlé de la mission de Mallet-du-Pan. Il avait donné au nom du roi l'idée et le modèle d'un manifeste ; mais cette idée fut bientôt dénaturée. Un autre manifeste, inspiré par les passions de Coblentz, et revêtu du nom de Brunswick, fut publié au-devant de l'armée prussienne. Cette pièce était conçue en ces termes :

« Leurs majestés l'empereur et le roi de Prusse
« m'ayant confié le commandement des armées com-
« binées qu'ils ont fait rassembler sur les frontières

« de France, j'ai voulu annoncer aux habitans de
« ce royaume les motifs qui ont déterminé les me-
« sures des deux souverains, et les intentions qui
« les guident.

« Après avoir supprimé arbitrairement les droits
« et possessions des princes allemands en Alsace et
« en Lorraine, troublé et renversé, dans l'intérieur,
« le bon ordre et le gouvernement légitime; exercé
« contre la personne sacrée du roi et contre son
« auguste famille des attentats et des violences qui
« sont encore perpétués et renouvelés de jour en
« jour, ceux qui ont usurpé les rênes de l'admi-
« nistration ont enfin comblé la mesure en faisant
« déclarer une guerre injuste à sa majesté l'empe-
« reur, et en attaquant ses provinces situées en
« Pays-Bas; quelques-unes des possessions de l'em-
« pire germanique ont été enveloppées dans cette
« oppression, et plusieurs autres n'ont échappé au
« même danger qu'en cédant aux menaces impé-
« rieuses du parti dominant et de ses émissaires.

« Sa majesté le roi de Prusse, uni avec sa majesté
« impériale par les liens d'une alliance étroite et
« défensive, et membre prépondérant lui-même
« du corps germanique, n'a donc pu se dispenser
« de marcher au secours de son allié et de ses co-
« états; et c'est sous ce double rapport qu'il prend
« la défense de ce monarque et de l'Allemagne.

« A ces grands intérêts se joint encore un but

« également important, et qui tient à cœur aux
« deux souverains, c'est de faire cesser l'anarchie
« dans l'intérieur de la France, d'arrêter les atta-
« ques portées au trône et à l'autel, de rétablir le
« pouvoir légal, de rendre au roi la sûreté et la
« liberté dont il est privé, et de le mettre en état
« d'exercer l'autorité légitime qui lui est due.

« Convaincus que la partie saine de la nation
« française abhorre les excès d'une faction qui la
« subjugue, et que le plus grand nombre des ha-
« bitans attend avec impatience le moment du
« secours pour se déclarer ouvertement contre les
« entreprises odieuses de leurs oppresseurs, sa
« majesté l'empereur et sa majesté le roi de Prusse
« les appellent et les invitent à retourner sans délai
« aux voies de la raison et de la justice, de l'ordre
« et de la paix. C'est dans ces vues que moi, sous-
« signé, général commandant en chef les deux
« armées, déclare :

« 1° Qu'entraînées dans la guerre présente par
« des circonstances irrésistibles, les deux cours al-
« liées ne se proposent d'autre but que le bonheur
« de la France sans prétendre s'enrichir par des
« conquêtes ;

« 2° Qu'elles n'entendent point s'immiscer dans
« le gouvernement intérieur de la France, mais
« qu'elles veulent uniquement délivrer le roi, la
« reine et la famille royale de leur captivité, et pro-

« curer à sa majesté très-chrétienne la sûreté né-
« cessaire pour qu'elle puisse faire sans danger,
« sans obstacle, les convocations qu'elle jugera à
« propos, et travailler à assurer le bonheur de ses
« sujets, suivant ses promesses et autant qu'il dé-
« pendra d'elle ;

« 3° Que les armées combinées protégeront les
« villes, bourgs et villages, et les personnes et les
« biens de tous ceux qui se soumettront au roi, et
« qu'elles concourront au rétablissement instan-
« tané de l'ordre et de la police dans toute la
« France ;

« 4° Que les gardes nationales sont sommées de
« veiller provisoirement à la tranquillité des villes
« et des campagnes, à la sûreté des personnes et des
« biens de tous les Français jusqu'à l'arrivée des
« troupes de leurs majestés impériale et royale, ou
« jusqu'à ce qu'il en soit autrement ordonné, sous
« peine d'en être personnellement responsables ;
« qu'au contraire, ceux des gardes nationaux qui
« auront combattu contre les troupes des deux
« cours alliées, et qui seront pris les armes à la
« main, seront traités en ennemis, et punis comme
« rebelles à leur roi et comme perturbateurs du
« repos public.

« 5° Que les généraux, officiers, bas-officiers et
« soldats des troupes de ligne françaises sont éga-
« lement sommés de revenir à leur ancienne fidé-

« lité, et de se soumettre sur-le-champ au roi, leur
« légitime souverain;

« 6° Que les membres des départemens, des
« districts et des municipalités, seront également
« responsables, sur leurs têtes et sur leurs biens,
« de tous les délits, incendies, assassinats, pillages
« et voies de fait qu'ils laisseront commettre ou
« qu'ils ne se seront pas notoirement efforcés d'em-
« pêcher dans leur territoire; qu'ils seront égale-
« ment tenus de continuer provisoirement leurs
« fonctions jusqu'à ce que sa majesté très-chré-
« tienne, remise en pleine liberté, y ait pourvu
« ultérieurement, ou qu'il en ait été autrement
« ordonné en son nom dans l'intervalle;

« 7° Que les habitans des villes, bourgs et vil-
« lages, qui oseraient se défendre contre les troupes
« de leurs majestés impériale et royale, et tirer sur
« elles, soit en rase campagne, soit par les fenê-
« tres, portes et ouvertures de leurs maisons,
« seront punis sur-le-champ suivant la rigueur du
« droit de la guerre, et leurs maisons démolies ou
« brûlées. Tous les habitans, au contraire, desdites
« villes, bourgs et villages, qui s'empresseront de
« se soumettre à leur roi, en ouvrant leurs portes
« aux troupes de leurs majestés, seront à l'instant
« sous leur sauvegarde immédiate; leurs personnes,
« leurs biens, leurs effets, seront sous la protec-

« tion des lois; et il sera pourvu à la sûreté géné-
« rale de tous et de chacun d'eux;

« 8° La ville de Paris et tous ses habitans, sans
« distinction, seront tenus de se soumettre sur-le-
« champ et sans délai au roi, de mettre ce prince
« en pleine et entière liberté, et de lui assurer,
« ainsi qu'à toutes les personnes royales, l'invio-
« labilité et le respect auxquels le droit de la na-
« ture et des gens oblige les sujets envers les sou-
« verains, leurs majestés impériale et royale ren-
« dant personnellement responsables de tous les
« évènemens, sur leur tête, pour être jugés mili-
« tairement, sans espoir de pardon, tous les mem-
« bres de l'assemblée nationale, du département,
« du district, de la municipalité et de la garde
« nationale de Paris, les juges de paix et tous au-
« tres qu'il appartiendra; déclarant en outre, leurs
« dites majestés, sur leur foi et parole d'empereur
« et roi, que si le château des Tuileries est forcé
« ou insulté, que s'il est fait la moindre violence,
« le moindre outrage à leurs majestés le roi, la
« reine et la famille royale, s'il n'est pas pourvu
« immédiatement à leur sûreté, à leur conservation
« et à leur liberté, elles en tireront une vengeance
« exemplaire et à jamais mémorable, en livrant la
« ville de Paris à une exécution militaire et à une
« subversion totale, et les révoltés coupables d'at-

« tentats, aux supplices qu'ils auront mérités.
« Leurs majestés impériale et royale promettent,
« au contraire, aux habitans de la ville de Paris
« d'employer leurs bons offices auprès de sa ma-
« jesté très-chrétienne pour obtenir le pardon de
« leurs torts et de leurs erreurs, et de prendre
« les mesures les plus vigoureuses pour assurer
« leurs personnes et leurs biens, s'ils obéissent
« promptement et exactement à l'injonction ci-
« dessus.

« Enfin leurs majestés, ne pouvant reconnaître
« pour lois en France que celles qui émaneront du
« roi jouissant d'une liberté parfaite, protestent
« d'avance contre l'authenticité de toutes les dé-
« clarations qui pourraient être faites au nom de
« sa majesté très-chrétienne, tant que sa personne
« sacrée, celle de la reine et de toute la famille
« royale ne seront pas réellement en sûreté : à
« l'effet de quoi leurs majestés impériale et royale
« invitent et sollicitent sa majesté très-chrétienne
« de désigner la ville de son royaume la plus voisine
« de ses frontières dans laquelle elle jugera à pro-
« pos de se retirer avec la reine et sa famille, sous
« une bonne et sûre escorte qui lui sera envoyée
« pour cet effet, afin que sa majesté très-chrétienne
« puisse en toute sûreté appeler auprès d'elle les
« ministres et les conseillers qu'il lui plaira de dé-
« signer, faire telles convocations qui lui paraîtront

« convenables, pourvoir au rétablissement du bon
« ordre, et régler l'administration de son royaume.

« Enfin je déclare et m'engage encore, en mon
« propre et privé nom, et en ma qualité susdite,
« de faire observer partout aux troupes confiées à
« mon commandement une bonne et exacte disci-
« pline, promettant de traiter avec douceur et
« modération les sujets bien intentionnés qui se
« montreront paisibles et soumis, et de n'employer
« la force qu'envers ceux qui se rendront coupa-
« bles ou de résistance ou de mauvaise volonté.

« C'est par ces raisons que je requiers et exhorte
« tous les habitans du royaume, de la manière la
« plus forte et la plus instante, de ne pas s'opposer
« à la marche et aux opérations des troupes que
« je commande, mais de leur accorder plutôt par-
« tout une libre entrée et toute bonne volonté,
« aide et assistance que les circonstances pourront
« exiger.

« Donné au quartier-général de Coblentz, le
« 25 juillet 1792.

« *Signé* CHARLES-GUILLAUME-FERDINAND,
duc de Brunswick-Lunebourg. »

Ce qui parut surtout étonnant dans cette déclaration, c'est que, datée du 25 de Coblentz, elle
se trouva le 28 à Paris, et fut imprimée dans tous
les journaux royalistes. Elle produisit un effet ex-

traordinaire. Cet effet fut celui des passions sur les passions. On se promit de toutes parts de résister à un ennemi dont le langage était si hautain et les menaces si terribles. Dans l'état des esprits, il était naturel que le roi et la cour fussent accusés de cette nouvelle faute. Louis XVI s'empressa de désavouer le manifeste par un message, et il le pouvait sans doute de très-bonne foi, puisque cette pièce était si différente du modèle qu'il avait proposé; mais il devait déjà voir par cet exemple combien sa volonté serait outre-passée par son parti, si ce parti était jamais vainqueur. Ni son désaveu, ni les expressions dont il l'accompagna, ne purent ramener l'assemblée. En parlant de ce peuple dont le bonheur lui avait toujours été cher, il ajoutait : » Que de chagrins pourraient être ef-« facés par la plus légère marque de son retour ! »

Ces paroles touchantes n'excitèrent plus l'enthousiasme qu'elles avaient le don de produire autrefois; on n'y vit qu'une perfidie de langage, et beaucoup de députés appuyèrent l'impression pour rendre public, dirent-ils, le contraste qui existait entre les paroles et la conduite du roi. Dès ce moment, l'agitation ne cessa pas de croître, et les circonstances de s'aggraver. On eut connaissance d'un arrêté par lequel le département des Bouches-du-Rhône retenait les impôts pour payer les troupes qu'il avait envoyées contre les Savoisiens, et accusait d'insuffisance les mesures prises par l'assemblée. C'était un acte dû aux inspirations de Barbaroux. L'arrêté fut cassé par l'assemblée, sans que l'exécution en pût être empêchée. On répandit en même temps que les Sardes, qui s'avançaient, étaient au nombre de cinquante mille. Il fallut que le ministre des relations extérieures vînt assurer lui-même à l'assemblée que les rassemblemens n'étaient tout au plus que de onze à douze mille hommes. A ce bruit en succéda un autre : on prétendit que le petit nombre des fédérés actuellement rendus à Soissons, avaient été empoisonnés avec du verre mêlé dans leur pain. On assurait même qu'il y avait déjà cent soixante morts et huit cents malades. On alla aux informations, et on apprit que les farines se trouvant dans une église, des vitres avaient été cassées, et que quelques morceaux de verre s'étaient trouvés dans le pain. Il n'y avait cependant ni morts, ni malades.

Le 25 juillet, un décret avait rendu toutes les sections de Paris permanentes. Elles s'étaient réunies, et avaient chargé Pétion de proposer en leur nom la déchéance de Louis XVI. Le 3 août au matin, le maire de Paris, enhardi par ce vœu, se présenta à l'assemblée pour faire une pétition au nom des quarante-huit sections de Paris. Il exposa la conduite de Louis XVI depuis l'ouverture de la révolution ; il retraça, dans le langage du temps, les bienfaits de la nation envers le roi, et l'ingratitude du monarque. Il dépeignit les dangers dont toutes les imaginations étaient frappées, l'arrivée de l'étranger, la nullité des moyens de défense, la révolte d'un général contre l'assemblée, l'opposition d'une foule de directoires de département, et les menaces terribles et absurdes faites au nom de Brunswick ; en conséquence il conclut à la déchéance du roi, et demanda à l'assemblée de mettre cette importante question à l'ordre du jour.

Cette grande proposition, qui n'avait encore été faite que par des clubs, des fédérés, des communes, venait d'acquérir un autre caractère en étant présentée au nom de Paris et par son maire. Elle fut accueillie plutôt avec étonnement qu'avec faveur dans la séance du matin. Mais le soir la discussion s'ouvrit, et l'ardeur d'une partie de l'assemblée se déploya sans retenue. Les uns voulaient qu'on discutât la question sur-le-champ, les autres qu'on l'ajournât. On finit par la remettre au jeudi 9 août, et on continua à recevoir et à lire des pétitions exprimant, avec plus d'énergie encore que celle du maire, le même vœu et les mêmes sentimens.

La section de Mauconseil, allant plus loin que les autres, ne se borna pas à demander la déchéance, mais la prononça de sa pleine autorité. Elle déclara qu'elle ne reconnaissait plus Louis XVI pour roi des Français, et qu'elle irait bientôt demander au corps législatif s'il voulait enfin sauver la France; de plus, elle invita toutes les sections de l'empire (qu'elle n'appelait déjà plus le royaume) à imiter son exemple.

Comme on l'a déjà vu, l'assemblée ne suivait pas le mouvement insurrectionnel aussi vite que les autorités inférieures, parce que, chargée de veiller sur les lois, elle était obligée de les respecter davantage. Elle se trouvait ainsi fréquemment devancée par les corps populaires, et voyait le pouvoir s'échapper de ses mains. Elle cassa donc l'arrêté de la section de Mauconseil; Vergniaud et Cambon employèrent les expressions les plus sévères contre cet acte, qu'ils appelèrent une usurpation de la souveraineté du peuple. Il paraît cependant que, dans cet acte, ils condamnaient moins la violation des principes que la précipitation des pétitionnaires, et surtout l'inconvenance de leur langage à l'égard de l'assemblée nationale.

Le terme de toutes les incertitudes approchait; le même jour on se réunissait en même temps dans le comité insurrectionnel des fédérés, et chez les amis du roi, qui préparaient sa fuite. Le comité remit l'insurrection au jour où l'on discuterait la déchéance, c'est-à-dire au 9 août au soir, pour le 10 au matin. De leur côté, les amis du roi délibéraient sur sa fuite, dans le jardin de M. de Montmorin. MM. de Liancourt et de Lafayette y renouvelaient leurs offres. Tout était disposé pour le départ. Cependant on manquait d'argent; Bertrand de Molleville avait inutilement épuisé la liste civile pour payer des clubs royalistes, des orateurs de tribunes, des orateurs de groupes, de prétendus séducteurs qui ne séduisaient personne, et gardaient pour eux les fonds de la cour. On suppléa au défaut d'argent par des prêts que des sujets généreux s'empressèrent de faire au roi. Les offres de M. de Liancourt ont déjà été rapportées; il donna tout l'or qu'il avait pu se procurer. D'autres personnes fournirent celui qu'elles possédaient. Des amis dévoués se préparèrent à suivre la voiture qui transporterait la famille royale, et, s'il le fallait, à périr à ses côtés. Tout étant disposé, les conseillers réunis chez Montmorin résolurent le départ, après un conciliabule qui dura toute une soirée. Le roi, qui le vit immédiatement après, donna son consentement à cette résolution, et ordonna qu'on s'entendît avec MM. de Montciel et de Sainte-Croix. Quelles que fussent les opinions des hommes qui s'étaient réunis pour cette entreprise, c'était une grande joie pour eux de croire un moment à la prochaine délivrance du monarque [1].

Mais le lendemain tout était changé; le roi fit répondre qu'il ne partirait point, parce qu'il ne

---

[1]. Voyez la note 22 à la fin du volume.

voulait pas commencer la guerre civile. Tous ceux qui, avec des sentimens très-différens, s'intéressaient également à lui, furent consternés. Ils apprirent que le motif réel n'était pas celui qu'avait donné le roi. Le véritable était d'abord l'arrivée de Brunswick, annoncée comme très-prochaine; ensuite l'ajournement de l'insurrection, et surtout le refus de la reine de se confier aux constitutionnels. Elle avait énergiquement exprimé sa répugnance, en disant qu'il valait mieux périr que de se mettre dans les mains de gens qui leur avaient fait tant de mal [1].

Ainsi, tous les efforts des constitutionnels et tous les dangers furent inutiles. Lafayette s'était gravement compromis. On savait qu'il avait décidé Luckner à marcher au besoin sur la capitale. Celui-ci, appelé auprès de l'assemblée, avait tout avoué au comité extraordinaire des douze. Le vieux Luckner était faible et mobile. Quand des mains d'un parti il passait dans celles d'un autre, il se laissait arracher l'aveu de tout ce qu'il avait entendu ou dit la veille, s'excusait ensuite de ses aveux en disant qu'il ne savait pas la langue française, pleurait et se plaignait de n'être entouré que de factieux. Guadet eut l'adresse de lui faire confesser les propositions de Lafayette; et Bureau de

---

[1]. Voyez les Mémoires de madame Campan, tome II, pag. 125.

Puzy, accusé d'en avoir été l'intermédiaire, fut mandé à la barre. C'était un des amis et des officiers de Lafayette; il nia tout avec assurance, et avec un ton qui persuada que les négociations de son général lui étaient inconnues. La question de savoir si on mettrait Lafayette en accusation fut encore ajournée.

On approchait du jour fixé pour la discussion de la déchéance; le plan de l'insurrection était arrêté et connu. Les Marseillais, quittant leur caserne trop éloignée, s'étaient transportés à la section des Cordeliers, où se tenait le club du même nom. Ils se trouvaient ainsi au centre de Paris, et très près du lieu de l'action. Deux officiers municipaux avaient été assez hardis pour faire distribuer des cartouches aux conjurés; tout enfin était préparé pour le 10.

Le 8 on délibéra sur le sort de Lafayette. Une forte majorité le mit hors d'accusation. Quelques députés, irrités de l'acquittement, demandent l'appel nominal; et, à cette seconde épreuve, quatre cent quarante-six voix ont le courage de se prononcer pour le général, contre deux cent vingt-quatre. Le peuple, soulevé à cette nouvelle, se réunit à la porte de la salle, insulte les députés qui sortent, et maltraite particulièrement ceux qui étaient connus pour appartenir au côté droit de l'assemblée, tels que Vaublanc, Girardin, Dumas, etc. De tous côtés on s'indigne contre la représentation nationale, et on répète à haute voix qu'il n'y a plus de salut avec une assemblée qui vient d'absoudre *le traître Lafayette.*

Le lendemain, 9 août, une agitation extraordinaire règne parmi les députés. Ceux qui avaient été insultés la veille se plaignent en personne ou par lettres. Lorsqu'on rapporte que M. Beaucaron allait être livré à la corde, un rire barbare éclate dans les tribunes. Quand on ajoute que M. de Girardin a été frappé, ceux même qui le savaient le mieux lui demandent avec ironie où et comment. « Eh! ne sait-on pas, reprend noblement M. de Girardin, que les lâches ne frappent jamais que par derrière! » Enfin, un membre réclame l'ordre du jour. Cependant l'assemblée décide que le procureur-syndic de la commune, Rœderer, sera mandé à la barre pour être chargé de garantir, sous sa responsabilité personnelle, la sûreté et l'inviolabilité des membres de l'assemblée.

On propose d'interpeller le maire de Paris et de l'obliger à déclarer, par oui ou par non, s'il peut assurer la tranquillité publique. Guadet réplique à cette proposition par celle d'interpeller aussi le roi, et de l'obliger à son tour à déclarer, par oui ou par non, s'il peut répondre de la sûreté et de l'inviolabilité du territoire.

Cependant, au milieu de ces propositions contraires, il était facile d'apercevoir que l'assemblée redoutait le moment décisif, et que les girondins eux-mêmes auraient mieux aimé obtenir la déchéance par une délibération, que de recourir à une attaque douteuse et meurtrière. Rœderer arrive sur ces entrefaites, et annonce qu'une section a décidé de sonner le tocsin, et de marcher sur l'assemblée et sur les Tuileries, si la déchéance n'est pas prononcée. Pétion entre à son tour; il ne s'explique pas d'une manière positive, mais il avoue des projets sinistres; il énumère les précautions prises pour prévenir les mouvemens dont on est menacé, et promet de se concerter avec le département pour adopter ses mesures, si elles lui paraissaient meilleures que celles de la municipalité.

Pétion, ainsi que tous ses amis girondins, préférait la déchéance prononcée par l'assemblée à un combat incertain contre le château. La majorité pour la déchéance étant presque assurée, il aurait voulu arrêter les projets du comité insurrectionnel. Il se présenta donc au comité de surveillance des Jacobins, et engagea Chabot à suspendre l'insurrection, en lui disant que les girondins avaient résolu la déchéance, et la convocation immédiate d'une convention nationale; qu'ils étaient sûrs de la majorité, et qu'il ne fallait pas s'exposer à une attaque dont le résultat serait douteux. Chabot répondit qu'il n'y avait rien à espérer d'une assemblée qui avait absous *le scélérat Lafayette;* que lui, Pétion, se laissait abuser par ses amis; que le peuple avait enfin pris la résolution de se sauver lui-même, et que le tocsin sonnerait le soir même dans les faubourgs.

« Vous aurez donc toujours *mauvaise tête?* reprit Pétion. Malheur à nous, si on s'insurge! Je connais votre influence, mais j'ai aussi la mienne, et je l'emploierai contre vous. — Vous serez arrêté, répliqua Chabot, et on vous empêchera d'agir. »

Les esprits étaient en effet trop excités pour que les craintes de Pétion pussent être comprises, et que son influence pût s'exercer. Une agitation générale régnait dans Paris; le tambour battait le rappel dans tous les quartiers; les bataillons de la garde nationale se réunissaient et se rendaient à leurs postes, avec des dispositions très diverses. Les sections se remplissaient, non pas du plus grand nombre de citoyens, mais des plus ardens. Le comité insurrectionnel s'était formé sur trois points. Fournier et quelques autres étaient au faubourg Saint-Marceau; Santerre et Westermann occupaient le faubourg Saint-Antoine; Danton, enfin, Camille Desmoulins, Carra, étaient aux Cordeliers avec le bataillon de Marseille. Barbaroux, après avoir placé des éclaireurs à l'assemblée et au château, avait disposé des courriers prêts à prendre la route du midi. Il s'était pourvu en outre d'une dose de poison, tant on était incertain du succès, et il attendait aux Cordeliers le résultat de l'insurrection. On ne sait où était Robespierre; Danton avait caché Marat dans une cave de la section, et s'était ensuite emparé de la tribune des Cordeliers. Chacun hésitait, comme à la veille d'une grande résolution; mais Danton, proportionnant l'audace à la gravité de l'évènement, faisait retentir sa voix tonnante; il énumérait ce qu'il appelait les crimes de la cour; il rappelait la haine de celle-ci pour la constitution, ses paroles trompeuses, ses promesses hypocrites, toujours démenties par sa conduite, et enfin ses machinations évidentes pour amener l'étranger. « Le peuple, disait-il, ne peut plus recourir qu'à lui-même, car la constitution est insuffisante, et l'assemblée a absous Lafayette; il ne reste donc plus que vous pour vous sauver vous-mêmes. Hâtez-vous donc, car cette nuit même, des satellites cachés dans le château doivent faire une sortie sur le peuple, et l'égorger avant de quitter Paris pour rejoindre Coblentz. Sauvez-vous donc; aux armes! aux armes! »

Dans ce moment, un coup de fusil est tiré dans la cour du Commerce; le cri *aux armes* devient bientôt général, et l'insurrection est proclamée. Il était alors onze heures et demie. Les Marseillais se forment à la porte des Cordeliers, s'emparent des canons, et se grossissent d'une foule nombreuse qui se range à leurs côtés. Camille Desmoulins et d'autres se précipitent pour aller faire sonner le tocsin; mais ils ne trouvent pas la même ardeur dans les différentes sections. Ils s'efforcent de réveiller leur zèle; bientôt elles se réunissent et nomment des commissaires, qui doivent aller à l'Hôtel-de-Ville déplacer l'ancienne municipalité, et s'emparer de tous les pouvoirs. Enfin on court aux cloches, on s'en empare de vive force, et le tocsin commence à sonner. Ce bruit lugubre retentit dans l'immense étendue de la capitale; il se propage de rues en rues et d'édifices en édifices; il appelle les députés, les magistrats, les citoyens, à leurs postes; il arrive enfin au château, et vient y annoncer que la nuit fatale approche; nuit terrible, nuit d'agitation et de sang, qui devait être pour le monarque la dernière passée dans le palais de ses pères!

Des émissaires de la cour venaient de lui apprendre qu'on touchait au moment de la catastrophe; ils avaient rapporté le mot du président des Cordeliers, qui avait dit à ses gens qu'il ne s'agissait plus, comme au 20 juin, d'une simple promenade civique; c'est-à-dire que si le 20 juin avait été la menace, le 10 août devait être le coup décisif. On n'en doutait plus en effet. Le roi, la reine, leurs deux enfans, leur sœur madame Élisabeth, ne s'étaient pas couchés, et après le souper avaient passé dans la salle du conseil, où se trouvaient tous les ministres et un grand nombre d'officiers supérieurs. On y délibérait, dans le trouble, sur les moyens de sauver la famille royale. Les moyens de résistance étaient faibles, ayant été presque anéantis, soit par les décrets de l'assemblée, soit par les fausses mesures de la cour elle-même.

La garde constitutionnelle, dissoute par un décret de l'assemblée, n'avait pas été remplacée par le roi, qui avait mieux aimé lui continuer ses appointemens que d'en former une nouvelle : c'étaient dix-huit cents hommes de moins au château.

Les régimens dont les dispositions avaient paru favorables au roi, pendant la dernière fédération, avaient été éloignés de Paris, par le moyen accoutumé des décrets.

Les Suisses n'avaient pu être éloignés, grâce à leurs capitulations; mais on les avait privés de leur artillerie; et la cour, lorsqu'elle fut un moment décidée à fuir dans la Normandie, y avait envoyé l'un de ces fidèles bataillons, sous le prétexte de veiller à l'arrivée des grains. Ce bataillon n'avait pas encore été rappelé. Quelques Suisses seulement, casernés à Courbevoie, étaient rentrés par l'autorisation de Pétion, et tous ensemble ne s'élevaient pas à plus de huit ou neuf cents hommes.

La gendarmerie venait d'être composée des anciens soldats des gardes-françaises, auteurs du 14 juillet.

Enfin la garde nationale n'avait ni les mêmes chefs, ni la même organisation, ni le même dévouement qu'au 6 octobre 1789. L'état-major, ainsi qu'on l'a vu, en avait été reconstitué. Une foule de citoyens s'étaient dégoûtés du service, et ceux qui n'avaient pas déserté leur poste étaient intimidés par la fureur de la populace. La garde nationale se trouvait donc, comme tous les corps de l'état, composée d'une nouvelle génération révolutionnaire. Elle se partageait, comme la France entière, en constitutionnels et républicains. Tout le bataillon des Filles-Saint-Thomas, et une partie de celui des Petits-Pères, étaient dévoués au roi; les autres étaient indifférens ou ennemis. Les canonniers surtout, qui composaient la principale force, étaient républicains décidés. Les fatigues qu'imposait l'arme de ces derniers en avaient éloigné la riche bourgeoisie; des serruriers, des forgerons se trouvaient ainsi maîtres des canons, et ils partageaient les sentimens du peuple, puisqu'ils en faisaient partie.

Ainsi il restait au roi huit ou neuf cents Suisses, et un peu plus d'un bataillon de la garde nationale.

On se souvient que, depuis la retraite de Lafayette, le commandement de la garde nationale passait alternativement aux six chefs de légion. Il était échu ce jour-là au commandant Mandat, ancien militaire, mal vu à la cour à cause de ses opinions constitutionnelles, mais lui inspirant une entière confiance, par sa fermeté, ses lumières et son attachement à ses devoirs. Mandat, général en chef pendant cette nuit fatale, avait fait à la hâte les seules dispositions possibles.

Déjà le plancher de la grande galerie qui joint le Louvre au Tuileries avait été coupé dans une certaine étendue, pour interdire le passage aux assaillans. Mandat ne songea donc pas à protéger cette aile du palais, et porta tous ses soins du côté des cours et du jardin. Malgré le rappel, peu de gardes nationaux s'étaient réunis. Les bataillons ne s'étaient pas complétés, et les plus zélés se rendaient individuellement au château, où Mandat les avait enrégimentés et distribués conjointement avec les Suisses, dans les cours, le jardin et les appartemens. Il avait placé une pièce de canon dans la cour des Suisses, trois dans celle du milieu, et trois dans celle des Princes.

Ces pièces étaient malheureusement confiées aux canonniers de la garde nationale, et l'ennemi se trouvait ainsi dans la place. Mais les Suisses, pleins d'ardeur et de fidélité, les observaient de l'œil, prêts, au premier mouvement, à s'emparer des canons, et à jeter les canonniers eux-mêmes hors de l'enceinte du château.

Mandat avait placé en outre quelques postes avancés de gendarmerie à la colonnade du Louvre et à l'Hôtel-de-Ville. Mais cette gendarmerie, comme nous venons de le dire, était composée des anciens gardes-françaises.

A ces défenseurs du château il faut joindre une foule de vieux serviteurs, que leur âge ou leur modération avait empêchés d'émigrer, et qui, au moment du danger, étaient accourus, les uns pour s'absoudre de n'être point allés à Coblentz, les autres pour mourir généreusement à côté de leur prince. Ils s'étaient pourvus à la hâte de toutes les armes qu'ils avaient pu se procurer au château ; ils portaient de vieux sabres, des pistolets attachés à leur ceinture avec des mouchoirs, quelques-uns même avaient pris les pelles et les pincettes des cheminées : ainsi les plaisanteries ne furent pas oubliées dans ce sinistre moment, où la cour aurait dû être sérieuse au moins une fois. Cette affluence de personnes inutiles, loin de pouvoir servir, offusquait la garde nationale, qui s'en défiait, et ne faisait qu'ajouter à la confusion, déjà trop grande.

Tous les membres du directoire du département s'étaient rendus au château. Le vertueux duc de Larochefoucauld s'y trouvait; Rœderer, le procureur-syndic, y était aussi; on avait mandé Pétion, qui arriva avec deux officiers municipaux. On obligea Pétion de signer l'ordre de repousser la force par la force, et il le signa pour ne pas paraître le complice des insurgés. On s'était réjoui de le posséder au château, et de tenir en sa personne un otage cher au peuple. L'assemblée, avertie de ce dessein, l'appela à la barre par un décret; le roi, auquel on conseillait de le retenir, ne le voulut pas, et il sortit ainsi des Tuileries sans aucun obstacle.

L'ordre de repousser la force par la force une fois obtenu, divers avis furent ouverts sur la manière d'en user. Dans cet état d'exaltation, plus d'un projet insensé dut s'offrir aux esprits. Il en était un assez hardi, et qui probablement aurait pu réussir; c'était de prévenir l'attaque en dissipant les insurgés qui n'étaient pas encore très-nombreux et qui, avec les Marseillais, formaient tout au plus une masse de quelques mille hommes. Dans ce moment, en effet, le faubourg Saint-Marceau n'était pas encore réuni; Santerre hésitait au faubourg Saint-Antoine; Danton seul et les Marseillais avaient osé se rassembler aux Cordeliers, et ils attendaient avec impatience, au pont Saint-Michel, l'arrivée des autres assaillans.

Une sortie vigoureuse aurait pu les dissiper; et, dans ce moment d'hésitation, un mouvement de terreur aurait infailliblement empêché l'insurrection. Mandat donna un autre plan plus sûr et plus légal, c'était d'attendre la marche des faubourgs, mais de les attaquer sur deux points décisifs dès qu'ils seraient en mouvement. Il voulait d'abord que, lorsque les uns déboucheraient sur la place de l'Hôtel-de-Ville, par l'arcade Saint-Jean, on les chargeât à l'improviste, et qu'on fît de même au Louvre contre ceux qui viendraient par le Pont-Neuf, le long du quai des Tuileries. Il avait à cet effet ordonné à la gendarmerie placée à la colonnade de laisser défiler les insurgés, et de les charger ensuite en queue, quand la gendarmerie placée au Carrousel fondrait sur eux par les guichets du Louvre et les attaquerait en tête. Le succès de pareils moyens était presque certain. Déjà les commandans de divers postes, et notamment celui de l'Hôtel-de-Ville, avaient reçu de Mandat les ordres nécessaires.

On a déjà vu qu'une nouvelle municipalité venait d'être formée à l'Hôtel-de-Ville. Danton et Manuel avaient été les seuls membres conservés. L'ordre de Mandat est montré à cette municipalité insurrectionnelle. Sur-le-champ elle somme le commandant de comparaître à l'Hôtel-de-Ville. La sommation est portée au château, où l'on ignorait la composition de la nouvelle commune. Mandat hésite; mais ceux qui l'entourent, et les membres eux-mêmes du département, ne sachant pas ce qui s'était passé, et pensant qu'il ne fallait pas encore enfreindre la loi par un refus de comparaître, l'engagent à obéir. Mandat se décide; il remet à son fils, qui était avec lui au château, l'ordre de repousser la force par la force, signé de Pétion, et il se rend à la sommation de la municipalité. Il était environ quatre heures du matin. A peine est-il arrivé à l'Hôtel-de-Ville, qu'il est surpris d'y trouver une autorité nouvelle. Aussitôt on l'entoure, on l'interroge sur l'ordre qu'il avait donné, on le renvoie ensuite, et en le renvoyant le président fait un geste sinistre qui devient un arrêt de mort. En effet, le malheureux commandant est à peine sorti, qu'on s'empare de lui, et qu'il est renversé d'un coup de pistolet. On le dépouille de ses vêtemens, sans y trouver l'ordre remis à son fils, et son corps est jeté à la rivière, où tant d'autres cadavres allaient bientôt le suivre.

Cet acte sanglant paralysa tous les moyens de défense du château, détruisit toute unité, et empêcha l'exécution du plan de défense. Cependant tout n'était pas perdu encore, et l'insurrection n'était pas entièrement formée. Les Marseillais, après avoir attendu impatiemment le faubourg Saint-Antoine, qui n'arrivait pas, avaient cru un instant la journée manquée. Mais Westermann, portant l'épée sur la poitrine de Santerre, l'avait obligé à marcher. Les faubourgs étaient alors successivement arrivés, les uns par la rue Saint-Honoré, les autres par le Pont-Neuf, le Pont-Royal et les guichets du Louvre. Les Marseillais marchaient en tête des colonnes, avec les fédérés bretons, et ils avaient pointé leurs pièces sur le château. Au grand nombre des insurgés, qui grossissait à chaque instant, s'était jointe une multitude de curieux; et l'ennemi paraissait encore plus considérable qu'il ne l'était réellement. Tandis qu'on se portait au château, Santerre était accouru à l'Hôtel-de-Ville pour se faire nommer commandant en chef de la garde nationale; et Westermann était resté sur le champ de bataille pour diriger les assaillans. Il y avait donc partout une confusion extraordinaire, à tel point que Pétion qui, d'après le plan arrêté, aurait dû être gardé chez lui par une force insurrectionnelle, attendait encore la garde qui devait mettre sa responsabilité à couvert par une contrainte apparente. Il envoya lui-même à l'Hôtel-de-Ville, et on plaça enfin quelque cent hommes à sa porte, pour qu'il parût en état d'arrestation.

Le château était en ce moment tout-à-fait assiégé. Les assaillans étaient sur la place; et à la faveur du jour naissant, on les voyait à travers les vieilles portes des cours, on les apercevait des fenêtres, on découvrait leur artillerie pointée sur le château, on entendait leurs cris confus et leurs chants menaçans. On avait voulu revenir au projet de les prévenir; mais quand on eut appris la mort de Mandat, les ministres et le département furent d'avis d'attendre l'attaque pour se laisser forcer dans les limites de la loi.

Rœderer venait de parcourir les rangs de cette garnison, et de faire aux Suisses et aux gardes nationaux la proclamation légale, qui leur défendait d'attaquer, mais qui leur enjoignait de repousser la force par la force. On engagea le roi à faire lui-même la revue des serviteurs qui se préparaient à le défendre. Ce malheureux prince avait passé la nuit à écouter les avis divers qui se croisaient autour de lui, et dans les rares momens de relâche, il avait prié le ciel pour sa royale épouse, pour ses enfans et sa sœur, objets de toutes ses craintes. « Sire, lui dit la reine avec énergie, c'est le moment de vous montrer. » On assure même, qu'arrachant un pistolet à la ceinture du vieux d'Affry, elle le présenta vivement au roi. Les yeux de la princesse étaient rouges de larmes, mais son front semblait relevé, sa narine était gonflée par la colère et la fierté. Quant au roi, il ne craignait rien pour sa personne, il montrait même un grand sang-froid dans ce péril extrême; mais il était alarmé pour sa famille, et la douleur de la voir si exposée avait altéré ses traits. Il se présenta néanmoins avec fermeté. Il avait un habit violet, il portait une épée, et sa coiffure, qui n'avait pas été réparée depuis la veille, était à moitié en désordre. En paraissant au balcon, il aperçut, sans être ému, une artillerie formidable pointée sur le château. Sa présence excita encore quelques restes d'enthousiasme; les bonnets des grenadiers furent tout à coup élevés sur la pointe des sabres et des baïonnettes; l'antique cri de *Vive le roi!* retentit une dernière fois sous les voûtes du château paternel. Un dernier reste de courage se ranima, les cœurs abattus se réchauffèrent; on eut encore un moment de confiance et d'espoir. C'est dans cet instant qu'arrivèrent quelques nouveaux bataillons de la garde nationale, formés plus tard que les autres, et qui se rendaient à l'ordre précédemment donné par Mandat. Ils entrèrent à l'instant où les cris de *Vive le roi!* retentissaient dans la cour. Les uns se joignirent à ceux qui saluaient ainsi la présence du monarque; les autres, qui n'étaient pas du même sentiment, se crurent en danger, et se rappelant toutes les fables populaires qu'on avait débitées, s'imaginèrent qu'ils allaient être livrés aux *chevaliers du poignard*. Ils s'écrièrent aussitôt que le scélérat de Mandat les avait trahis, et ils excitèrent une espèce de tumulte. Les canonniers, imitant cet exemple, tournèrent leurs pièces contre la façade du château. Une dispute s'engagea aussitôt avec les bataillons dévoués; les canonniers furent désarmés et remis à un détachement; on dirigea vers les jardins les nouveaux arrivans.

Le roi, dans cet instant, après s'être montré au balcon, descendait l'escalier pour faire la revue dans les cours. On annonce son arrivée : chacun reprend ses rangs; il les traverse avec une contenance tranquille, et en promenant sur tout le monde des regards expressifs qui pénétraient les cœurs. S'adressant aux soldats, il leur dit, avec une voix assurée, qu'il était touché de leur dévouement, qu'il serait à leurs côtés, et qu'en le défendant lui-même, ils défendaient leurs femmes et leurs enfans. Il passe ensuite sous le vestibule pour se rendre dans le jardin; mais au même instant, il entend le cri *à bas le veto*, poussé par un des bataillons qui venaient d'entrer. Deux officiers, placés à côté de lui, veulent alors l'empêcher de faire la revue dans le jardin; d'autres l'engagent à aller visiter le poste du Pont-Tournant; il y consent avec courage. Mais il est obligé de passer le long de la terrasse des Feuillans, chargée de peuple. Pendant ce trajet, il n'est séparé de la foule furieuse que par un ruban tricolore; il s'avance cependant, et reçoit toutes sortes d'insultes et d'outrages; il voit même les bataillons défiler devant lui, parcourir le jardin, et en sortir sous ses yeux, pour aller se réunir aux assaillans sur la place du Carrousel.

Cette désertion, celle des canonniers, les cris *à bas le veto*, avaient ôté toute espérance au roi. Dans ce même moment, les gendarmes réunis à la colonnade du Louvre et ailleurs s'étaient ou dispersés ou réunis au peuple. De son côté, la garde nationale qui occupait les appartemens, et sur laquelle on croyait pouvoir compter, était mécontente de se trouver avec les gentilshommes, et paraissait se défier d'eux. La reine la rassura. « Grenadiers, s'écria-t-elle en montrant ces gentils« hommes, ce sont vos compagnons; ils viennent « mourir à vos côtés. » Cependant, malgré ce courage apparent, le désespoir était dans son ame. Cette revue avait tout perdu, et elle se plaignait que le roi n'eût montré aucune énergie. Il faut le répéter, ce malheureux prince ne craignait rien pour lui-même; il avait en effet refusé de se revêtir d'un plastron, comme au 14 juillet, disant qu'en un jour de combat, il devait être découvert comme le dernier de ses serviteurs. Le courage ne lui manquait donc pas, et depuis il en montra un assez noble, assez élevé; mais il lui manquait l'audace de l'offensive; il lui manquait d'être plus conséquent, et par exemple, de ne pas craindre l'effusion du sang, lorsqu'il consentait à l'arrivée de l'étranger en France. Il est certain, comme on l'a souvent dit, que s'il fût monté à cheval, et qu'il eût chargé à la tête des siens, l'insurrection aurait été dissipée.

Dans ce moment, les membres du département voyant le désordre général du château, et désespérant du succès de la résistance, se présentèrent au roi, et lui conseillèrent de se retirer au sein de l'assemblée. Ce conseil, tant de fois calomnié, comme tous ceux qu'on donne aux rois et qui ne réussissent pas, était le seul convenable dans le moment. Par cette retraite toute effusion de sang était prévenue, et la famille royale échappait à une mort presque certaine, si le palais était pris d'assaut. Dans l'état où se trouvaient les choses, le succès de cet assaut n'était pas douteux, et l'eût-il été, le doute suffisait pour qu'on évitât de s'y exposer.

La reine s'opposa vivement à ce projet. « Madame, lui dit Rœderer, vous exposez la vie de votre époux et celle de vos enfans : songez à la responsabilité dont vous vous chargez. » L'altercation fut assez vive; enfin le roi se décida à se retirer dans l'assemblée; et d'un air résigné : « Partons, dit-il à sa famille et à ceux qui l'entouraient. — Monsieur, dit la reine à Rœderer, vous répondez de la vie du roi et de mes enfans. — Madame, répliqua le procureur-syndic, je réponds de mourir à leurs côtés, mais je ne promets rien de plus. »

On se mit alors en marche pour se rendre à l'assemblée, par le jardin, la terrasse des Feuillans et la cour du Manége. Tous les gentilshommes et les serviteurs du château se précipitaient pour suivre le roi, et ils pouvaient le compromettre en irritant le peuple et en indisposant l'assemblée par leur présence. Rœderer faisait de vains efforts pour les arrêter, et leur répétait de toutes ses forces qu'ils allaient faire égorger la famille royale. Il parvint enfin à en écarter un grand nombre, et on partit. Un détachement de Suisses et de gardes nationaux accompagnèrent la famille royale. Une députation de l'assemblée vint la recevoir pour la conduire dans son sein. Dans ce moment, l'affluence fut si grande, que la foule était impénétrable. Un grenadier d'une haute taille se saisit du dauphin, et, l'élevant dans ses bras, traverse la multitude en le portant au-dessus de sa tête. La reine, à cette vue, croit qu'on lui enlève son fils, et pousse un cri; mais on la rassure; le grenadier entre, et vient déposer le royal enfant sur le bureau de l'assemblée.

Le roi et sa famille pénètrent alors, suivis de deux ministres. « Je viens, dit Louis XVI, pour éviter un grand crime, et je pense, messieurs, que je ne saurais être plus en sûreté qu'au milieu de vous. »

Vergniaud présidait; il répond au monarque qu'il peut compter sur la fermeté de l'assemblée nationale, et que ses membres ont juré de mourir en défendant les autorités constituées.

Le roi s'assied à côté du président; mais sur l'observation de Chabot, que sa présence peut nuire à la liberté des délibérations, on le place dans la loge du journaliste chargé de recueillir les séances. On en détruit la grille de fer, pour que, si la loge était envahie, il pût, avec sa famille, se précipiter sans obstacle dans l'assemblée. Le prince aide de ses mains à ce travail; la grille est renversée, et les outrages, les menaces peuvent arriver plus librement dans le dernier asile du monarque détrôné.

Rœderer fait alors le récit de ce qui s'est passé; il dépeint la fureur de la multitude, et les dangers auxquels est exposé le château, dont les cours ont déjà été envahies. L'assemblée ordonne que vingt de ses commissaires iront calmer le peuple. Les commissaires partent. Tout à coup on entend une décharge de canons. La consternation se répand dans la salle. « Je vous avertis, dit le roi, que je viens de défendre aux Suisses de tirer. » Mais les coups de canon sont entendus de nouveau; le bruit de la mousqueterie s'y joint; le trouble est à son comble. Bientôt on annonce que les commissaires députés par l'assemblée ont été dispersés. Au même instant la porte de la salle est attaquée, et retentit de coups effrayans; des citoyens armés se montrent à l'une des entrées. « Nous sommes forcés, » s'écrie un officier municipal. Le président se couvre; une foule de députés se précipitent de leur siége pour écarter les assaillans; enfin le tumulte s'apaise, et au bruit non interrompu de la mousqueterie et du canon, les députés crient vive la nation, la liberté, l'égalité!

Le combat le plus meurtrier s'était engagé au château. Le roi l'ayant quitté, on avait cru naturellement que le peuple ne s'acharnerait plus contre une demeure abandonnée : d'ailleurs, le trouble où l'on était empêchait de s'en occuper, et on n'avait donné aucun ordre pour le faire évacuer. Seulement on fit rentrer dans l'intérieur du palais toutes les troupes qui occupaient les cours, et elles se trouvèrent confusément répandues dans les appartemens, avec les domestiques, les gentilshommes et les officiers. La foule était immense au château, et on pouvait à peine s'y mouvoir, malgré sa vaste étendue.

Le peuple, qui peut-être ignorait le départ du roi, après avoir attendu assez long-temps devant le guichet principal, attaque enfin la porte, l'enfonce à coups de hache, et se précipite dans la cour Royale. Il se forme alors en colonne, et tourne contre le château les pièces de canon imprudemment laissées dans la cour après la retraite des

10 AOÛT 1792.

troupes. Cependant les assaillans n'attaquent pas encore. Ils font des démonstrations amicales aux soldats qui étaient aux fenêtres : « Livrez-nous le château, s'écrient-ils, et nous sommes amis. » Les Suisses témoignent des intentions pacifiques, et jettent des cartouches par les fenêtres. Quelques assiégeans, plus hardis, se détachent des colonnes et s'avancent jusque sous le vestibule du château. Au pied du grand escalier on avait placé une pièce de bois en forme de barricade, derrière laquelle étaient retranchés, pêle-mêle, des Suisses et des gardes nationaux. Ceux qui, du dehors, étaient parvenus jusque-là, voulaient pénétrer plus loin et enlever la barrière. Après une contestation assez longue, qui cependant n'amène pas encore de combat, la barrière est enlevée. Alors les assaillans s'introduisent dans l'escalier, en répétant qu'il faut que le château leur soit livré. On assure que dans ce moment des hommes à piques, restés dans la cour, s'emparent avec des crochets des sentinelles suisses placées en dehors, et les égorgent; on ajoute qu'un coup de fusil est tiré contre les fenêtres, et que les Suisses, indignés, répondent en faisant feu. Aussitôt en effet, une décharge terrible retentit dans le château, et ceux qui y avaient pénétré, fuient en criant qu'ils sont trahis. Il est difficile de bien savoir, au milieu de cette confusion, de quel côté sont partis les premiers coups. Les assaillans ont prétendu s'être avancés amicalement, et une fois engagés dans le château avoir été surpris et fusillés par trahison; c'est peu vraisemblable, car les Suisses n'étaient pas dans une situation à provoquer le combat. N'ayant plus aucun devoir de se battre, depuis le départ du roi, ils ne devaient songer qu'à se sauver, et une trahison n'en était pas le moyen. D'ailleurs, quand même l'agression pourrait changer quelque chose au caractère moral de ces évènemens, il faudrait convenir que la première et réelle agression, c'est-à-dire l'attaque du château, venait des insurgés. Le reste n'était plus qu'un accident inévitable, et imputable au hasard seul. Quoi qu'il en soit, ceux qui s'étaient introduits dans le vestibule et dans le grand escalier, entendent tout à coup la décharge, et tandis qu'ils fuient, ils reçoivent dans l'escalier même une grêle de balles. Les Suisses descendent alors en bon ordre; et, arrivés aux dernières marches, ils débouchent par le vestibule de la cour Royale. Là, ils s'emparent d'une des pièces de canon qui étaient dans la cour; et, malgré un feu terrible, ils la tournent et la déchargent sur les Marseillais, dont ils renversent un grand nombre. Les Marseillais se replient alors, et, le feu continuant, ils abandonnent la cour. La terreur se répand aussitôt parmi le peuple, qui fuit de tout côté, et regagne les faubourgs. Si, dans ce moment, les Suisses avaient poursuivi leurs avantages, si les gendarmes placés au Louvre, au lieu de déserter leur poste, avaient chargé les assiégeans repoussés, c'en était fait, et la victoire restait au château.

Mais dans ce moment arriva l'ordre du roi, confié à M. d'Hervilly, et portant défense de faire feu. M. d'Hervilly parvient sous le vestibule au moment où les Suisses venaient de repousser les assiégeans. Il les arrête, et leur enjoint, de la part du roi, de le suivre à l'assemblée. Les Suisses alors, en assez grand nombre, suivent M. d'Hervilly aux Feuillans, au milieu des décharges les plus meurtrières. Le château se trouve ainsi privé de la majeure partie de ses défenseurs. Il reste cependant encore, soit dans l'escalier, soit dans les appartemens, un assez grand nombre de malheureux Suisses, auxquels l'ordre n'est point parvenu, et qui bientôt vont être exposés, sans moyens de résistance, aux plus terribles dangers.

Pendant ce temps, les assiégeans s'étaient ralliés. Les Marseillais, unis aux Bretons, s'indignaient d'avoir cédé; ils se raniment et reviennent à la charge, pleins de fureur. Westermann, qui depuis montra des talens véritables, dirige leurs efforts avec intelligence, ils se précipitent avec ardeur, tombent en grand nombre, mais arrivent enfin sous le vestibule, franchissent l'escalier, et se rendent maîtres du château. La populace à piques s'y précipite à leur suite, et le reste de cette scène n'est bientôt plus qu'un massacre. Les malheureux Suisses implorent en vain leur grâce en jetant leurs armes; ils sont impitoyablement égorgés. Le feu est mis au château; les serviteurs qui le remplissent sont poursuivis; les uns fuient, les autres sont immolés. Dans le nombre, il y a des vainqueurs généreux : « Grâce aux femmes ! s'écrie l'un « d'entre eux; ne déshonorez pas la nation! » Et il sauve des dames de la reine, qui étaient à genoux, en présence des sabres levés sur leur tête. Il y eut des victimes courageuses; il y en eut d'ingénieuses à se sauver, quand il n'y avait plus de courage à se défendre; il y eut même, chez ces vainqueurs furieux, des mouvemens de probité; et l'or trouvé au château, soit vanité populaire, soit le désintéressement qui naît de l'exaltation, fut rapporté à l'assemblée.

L'assemblée était demeurée dans l'anxiété, attendant l'issue du combat. Enfin à onze heures, on entend les cris de victoire mille fois répétés. Les portes cèdent sous l'effort d'une multitude ivre de joie et de fureur. La salle est remplie des débris qu'on y apporte, des Suisses qu'on a faits prisonniers, et auxquels on accorde la vie, pour faire hommage à l'assemblée de cette clémence populaire. Pendant ce temps, le roi et sa famille, retirés dans l'étroite loge d'un journaliste, assistaient à la ruine de leur trône et à la joie de leurs vainqueurs. Vergniaud avait quitté un instant la présidence pour rédiger le décret de la déchéance; il rentre, et l'assemblée rend ce décret célèbre, d'après lequel :

Louis XVI est provisoirement suspendu de la royauté;

Un plan d'éducation est ordonné pour le prince royal;

Une convention nationale est convoquée.

Était-ce donc un projet longuement arrêté que celui de ruiner la monarchie, puisqu'on ne faisait que suspendre le roi, et qu'on préparait l'éducation du prince? Avec quelle crainte, au contraire, ne touchait-on pas à cet antique pouvoir? Avec quelle espèce d'hésitation n'approchait-on pas de ce vieux tronc, sous lequel les générations françaises avaient été tour à tour heureuses ou malheureuses, mais sous lequel enfin elles avaient vécu?

Cependant l'imagination publique est prompte; peu de temps lui devait suffire pour dépouiller les restes d'un antique respect; et la monarchie suspendue allait être bientôt la monarchie détruite. Elle allait périr, non dans la personne d'un Louis XI, d'un Charles IX, d'un Louis XIV, mais dans celle de Louis XVI, l'un des rois les plus honnêtes qui se soient assis sur le trône.

CHAPITRE VI.

Suite et fin de la journée du 10 août.—Rappel du ministère girondin ; Danton est nommé ministre de la justice. — État de la famille royale. — Situation des partis dans l'assemblée et au dehors après le 10 août. — Organisation et influence de la commune ; pouvoirs nombreux qu'elle s'arroge; son opposition avec l'assemblée. — Érection d'un tribunal criminel extraordinaire. — État des armées après le 10 août. — Résistance de Lafayette au nouveau gouvernement. — Décrété d'accusation, il quitte son armée et la France; est mis aux fers par les Autrichiens. — Position de Dumouriez. — Disposition des puissances, et situation réciproque des armées coalisées et des armées françaises. — Prise de Longwy par les Prussiens ; agitation de Paris à cette nouvelle. — Mesures révolutionnaires prises par la commune ; arrestation des suspects. — Massacres dans les prisons les 2, 3, 4, 5 et 6 septembre. — Principales scènes et circonstances de ces journées sanglantes.

Les Suisses avaient courageusement défendu les Tuileries, mais leur résistance fut inutile : le grand escalier avait été forcé, et le palais envahi. Le peuple, désormais vainqueur, pénétrait de toutes parts dans cette demeure de la royauté, où il avait toujours supposé des trésors extraordinaires, une félicité sans bornes, une puissance formidable, et des complots sinistres! Que de vengeances à exercer à la fois contre la richesse, la grandeur et le pouvoir!

Quatre-vingts grenadiers suisses, qui n'ont pas eu le temps de se retirer, défendent vigoureusement leur vie, et sont impitoyablement égorgés. La multitude se précipite ensuite dans les appartemens, et s'acharne sur ces inutiles amis, accourus pour défendre le roi, et poursuivis, sous le nom de *chevaliers du poignard*, de toute la haine populaire. Leurs armes impuissantes ne servent qu'à irriter les vainqueurs, et rendre plus vraisemblables les projets imputés à la cour. Toute porte qui se ferme est abattue. Deux huissiers voulant interdire l'entrée du grand conseil, et s'immoler à l'étiquette, sont massacrés en un instant. Les nombreux serviteurs de la famille royale fuient tumultueusement à travers les vastes galeries, se précipitent des fenêtres, ou cherchent dans l'immensité du palais un réduit obscur qui protége leur vie. Les femmes de la reine se réfugient dans l'un de ses appartemens, et s'attendent à chaque instant à être attaquées dans leur asile. La princesse de Tarente en fait ouvrir les portes pour ne pas augmenter l'irritation par la résistance. Les assaillans se présentent, et se saisissent de l'une d'elles. Déjà le fer est levé sur sa tête. « *Grâce aux femmes!* s'écrie une voix; *ne déshonorez pas la nation!* » A ce mot, le fer s'abaisse, les femmes de la reine sont épargnées, protégées, conduites hors du château par ces mêmes hommes qui allaient les immoler, et qui, avec toute la mobilité populaire, les escortent maintenant, et emploient pour les sauver le plus ingénieux dévouement. Après avoir massacré, on dévaste ; on brise ces magnifiques ameublemens, et on en disperse au loin les débris. Le peuple se répand dans les secrets appartemens de la reine, et s'y livre à la gaieté la plus obscène ; il pénètre dans les lieux les plus reculés, recherche tous les dépôts de papiers, brise toutes les fermetures, et satisfait le double plaisir de la curiosité et de la destruction. A l'horreur du meurtre et du sac se réunit celle de l'incendie. Déjà les flammes ayant dévoré les échoppes adossées aux cours extérieures commencent à s'étendre à l'édifice, et menacent d'une ruine complète cet imposant séjour de la royauté. La désolation n'est pas bornée à cette triste enceinte ; elle s'étend au loin. Les rues sont jonchées de débris et de cadavres. Quiconque fuit ou est supposé fuir est traité en ennemi, et poursuivi à coups de fusil. Un bruit presque continuel de mousqueterie a succédé à celui du canon et révèle à chaque instant de nouveaux meurtres. Que d'horreurs dans les suites d'une victoire, quels que soient les vaincus, les vainqueurs, et la cause pour laquelle on a combattu !

Le pouvoir exécutif étant dissous par la suspension de Louis XVI, il ne restait plus dans Paris que deux autorités, celle de la commune et celle de l'assemblée. Comme on l'a vu dans le récit du 10 août, des députés des sections, réunis à l'Hôtel-de-Ville, s'étaient emparés du pouvoir municipal en expulsant les anciens magistrats, et avaient dirigé l'insurrection pendant toute la nuit et la journée du 10. Ils possédaient la véritable force de fait ; ils avaient tout l'emportement de la victoire, et représentaient cette classe révolutionnaire, neuve et ardente, qui venait de lutter pendant toute la session contre l'inertie de cette autre classe d'hommes, plus éclairés, mais moins actifs, dont se composait l'assemblée législative. Le premier soin des députés des sections fut de destituer toutes les hautes autorités, qui, plus rapprochées du pouvoir suprême, lui étaient plus attachées. Ils avaient suspendu l'état-major de la garde nationale, et désorganisé la défense des Tuileries en arrachant Mandat au château, et donné à Santerre le commandement de la garde nationale. Ils n'avaient pas mis moins d'empressement à suspendre l'administration du département, qui, de la haute région où elle était placée, contraria toujours les passions populaires, qu'elle ne partageait pas. Quant à la municipalité, ils en avaient supprimé le conseil général, s'étaient substitués à son autorité, ne conservant que le maire Pétion, le procureur-syndic Manuel et les seize administrateurs municipaux. Tout cela s'était fait pendant l'attaque du château. Danton avait audacieusement dirigé cette orageuse séance; et, lorsque la mitraille des Suisses refoula la multitude le long des quais, et jusqu'à l'Hôtel-de-Ville, il était sorti en disant : « *Nos frères demandent du secours, allons leur en porter.* » Sa présence avait contribué à ramener le peuple sur le champ de bataille, et à décider la victoire. Le combat terminé, il fut question de délivrer Pétion de sa garde et de le remplacer dans ses fonctions de maire. Cependant, soit véritable intérêt pour sa personne, soit crainte de se donner un chef trop scrupuleux pour les premiers momens de l'insurrection, on avait décidé qu'il serait gardé encore un jour ou deux, sous le prétexte de mettre sa vie à couvert. En même temps on avait enlevé de la salle du conseil général, les bustes de Louis XVI, de Bailly et Lafayette. La classe nouvelle qui s'élevait écartait ainsi les premières illustrations révolutionnaires, pour y substituer les siennes.

Les insurgés de la commune devaient chercher à se mettre en rapport avec l'assemblée. Ils lui reprochaient des hésitations, et même du royalisme; mais ils voyaient toujours en elle la seule autorité souveraine actuellement existante, et n'étaient point du tout disposés à la méconnaître. Dans la matinée même du 10, une députation vint à sa barre lui annoncer la formation de la commune insurrectionnelle, et lui exposer ce qui avait été fait. Danton était au nombre des députés. « Le « peuple qui nous envoie vers vous, dit-il, nous a « chargés de vous déclarer qu'il vous croyait tou- « jours dignes de sa confiance, mais qu'il ne re- « connaissait d'autre juge des mesures extraordi- « naires auxquelles la nécessité l'a contraint de « recourir, que le peuple français, notre souverain « et le vôtre, réuni dans les assemblées primaires. »

L'assemblée répondit à ces députés, par l'organe de son président, qu'elle approuvait tout ce qui avait été fait, et qu'elle leur recommandait l'ordre et la paix. Elle leur fit donner en outre communication des décrets rendus dans la journée, avec invitation de les répandre. Après cela, elle rédigea une proclamation pour rappeler le respect dû aux personnes et aux propriétés, et chargea quelques-uns de ses membres d'aller la porter au peuple.

Son premier soin dans ce moment devait être de suppléer à la royauté détruite. Les ministres, réunis sous le nom de *conseil exécutif*, furent provisoirement chargés par elle des soins de l'administration, et de l'exécution des lois. Le ministre de la justice, dépositaire du sceau de l'État, devait l'apposer sur les décrets, et les promulguer au nom de la puissance législative. Il fallait ensuite choisir les personnes qui composeraient le ministère. On songea tout d'abord à replacer Roland, Clavière et Servan, destitués pour leur attachement à la cause populaire, car la révolution nouvelle devait vouloir tout ce que n'avait pas voulu la royauté. Ces trois ministres furent donc unanimement réintégrés, Roland à l'intérieur, Servan à la guerre, et Clavière aux finances. Il y avait encore à nommer un ministre de la justice, des affaires étrangères et de la marine. Ici le choix était libre; et les vœux formés autrefois pour le mérite obscur, ou pour le patriotisme ardent et désagréable à la cour, pouvaient être réalisés sans obstacle. Danton, si puissant sur la multitude, et si entraînant pendant les quarante-huit heures écoulées, fut jugé nécessaire; et bien qu'il déplût aux girondins comme un élu de la populace, il fut nommé ministre de la justice à la majorité de 222 voix sur 284. Après avoir donné cette satisfaction au peuple, et accordé cette place à l'énergie, on songea à mettre un savant à la marine. Ce fut le mathématicien Monge, connu et apprécié par Condorcet, et adopté sur sa proposition. On porta enfin Lebrun aux affaires étrangères, et on récompensa dans sa personne l'un de ces hommes laborieux, qui faisaient auparavant tout le travail dont les ministres avaient l'honneur.

Après avoir remplacé le pouvoir exécutif, l'assemblée déclara que tous les décrets sur lesquels Louis XVI avait apposé son *veto* recevraient force de loi. La formation d'un camp sous Paris, objet de l'un de ces décrets, et cause de si vives discussions, fut ordonnée sur-le-champ, et les canonniers reçurent l'autorisation, le jour même, de commencer des esplanades sur les hauteurs de Montmartre. Après avoir fait la révolution de Paris, il fallait en assurer le succès dans les départemens, et surtout aux armées, où commandaient des généraux suspects. Des commissaires pris dans l'assemblée furent chargés de se rendre dans les provinces et les armées, pour les éclairer sur les événemens du 10 août, et on leur donna des pouvoirs pour renouveler au besoin tous les chefs civils et militaires.

Quelques heures avaient suffi à tous ces décrets; et pendant que l'assemblée était occupée à les rendre, d'autres soins venaient sans cesse l'interrompre. Les effets précieux enlevés aux Tuileries étaient transportés dans son enceinte; les Suisses, les serviteurs du château, toutes les personnes arrêtées dans leur fuite, ou arrachées à la fureur du peuple, étaient conduites à sa barre comme dans un lieu d'asile. Une foule de pétitionnaires venaient les uns après les autres rapporter ce qu'ils avaient fait ou vu, et raconter leurs découvertes sur les complots supposés de la cour. Des accusations et des invectives de tout genre étaient proférées contre la famille royale, qui entendait tout cela du lieu étroit où on l'avait reléguée. Ce lieu était la loge du logographe. Louis XVI écoutait avec calme tous les discours, et s'entretenait par intervalles avec Vergniaud et d'autres députés, placés tout près de lui. Enfermé là depuis quinze heures, il avait demandé quelques alimens, qu'il partagea avec sa femme et ses enfans, et qui provoquaient d'ignobles observations sur le goût qu'on lui imputait pour la table! On sait si les partis victorieux épargnent le malheur! Le jeune dauphin, couché sur le sein de sa mère, y dormait profondément, accablé par une chaleur étouffante. La jeune princesse et madame Élisabeth, les yeux rouges de larmes, étaient à côté de la reine. Au fond de la loge se trouvaient quelques seigneurs dévoués qui n'avaient pas abandonné le malheur. Cinquante hommes, pris dans la troupe qui avait escorté la famille royale du château à l'assemblée, servaient de garde à cette enceinte. C'est de là que le monarque déchu contemplait les dépouilles de ses palais, assistait au démembrement de son antique pouvoir, et en voyait distribuer les restes aux diverses autorités populaires.

Le tumulte continuait avec une extrême violence, et, au gré du peuple, ce n'était pas assez

d'avoir suspendu la royauté, il fallait la détruire. Les pétitions se succédaient sur ce sujet, et, dans l'attente d'une réponse, la multitude s'agitait au dehors de la salle, en inondait les avenues, en assiégeait les portes, et deux ou trois fois elle les attaqua si violemment qu'on les crut enfoncées, et qu'on craignit pour la famille infortunée dont l'assemblée avait reçu le dépôt. Henri Larivière, envoyé avec d'autres commissaires pour calmer le peuple, rentra dans cet instant et s'écria avec force : « Oui, Messieurs, je le sais, je l'ai vu,
« je l'assure, la masse du peuple est décidée à
« périr mille fois, plutôt que de déshonorer la li-
« berté par aucun acte d'inhumanité; et à coup sûr
« il n'est pas une tête ici présente (et l'on doit
« m'entendre, ajouta-t-il) qui ne puisse compter
« sur la loyauté française. » Ces paroles rassurantes et courageuses furent applaudies. Vergniaud prit la parole à son tour, et répondit aux pétitionnaires qui demandaient qu'on changeât la suspension en déchéance. « Je suis charmé, dit-il, qu'on
« me fournisse l'occasion d'expliquer l'intention
« de l'assemblée en présence des citoyens. Elle a
« décrété la suspension du pouvoir exécutif, et a
« nommé une convention qui déciderait irrévoca-
« blement la grande question de la déchéance. En
« cela, elle s'est renfermée dans ses pouvoirs, qui
« ne lui permettaient pas de se faire juge elle-même

« de la royauté, elle a pourvu au salut de l'État « en mettant le pouvoir exécutif dans l'impossi- « bilité de nuire. Elle a satisfait ainsi à tous les « besoins en demeurant dans la limite de ses attri- « butions. » Ces paroles produisirent une impression favorable, et les pétitionnaires eux-mêmes, calmés par elles, se chargèrent d'éclairer et d'apaiser le peuple.

Il fallait mettre fin à cette séance si longue. Il fut donc ordonné que les effets enlevés au château seraient déposés à la commune; que les Suisses et toutes les personnes arrêtées seraient ou gardées aux Feuillans, ou transportées dans diverses maisons de détention; enfin que la famille royale serait gardée au Luxembourg jusqu'à la réunion de la convention nationale, mais qu'en attendant les préparatifs nécessaires pour l'y recevoir, elle logerait dans le local même de l'assemblée. A une heure du matin, le samedi 11, la famille royale fut transportée dans le logement qu'on lui destinait, et qui consistait en quatre cellules des anciens feuillans. Les seigneurs qui n'avaient pas quitté le roi s'établirent dans la première, le roi dans la seconde, la reine, sa sœur et ses enfans dans les deux autres. La femme du concierge servit les princesses, et remplaça le cortége nombreux des dames qui, la veille encore, se disputaient le soin de leur service.

La séance fut suspendue à trois heures du matin. Le bruit régnait encore dans Paris. Pour éviter les désordres, on avait illuminé les environs du château, et la plus grande partie des citoyens étaient sous les armes.

Tels avaient été cette journée célèbre, et ses résultats immédiats. Le roi et sa famille étaient prisonniers aux Feuillans, et les trois ministres disgraciés replacés en fonctions. Danton, caché la veille dans un club obscur, se trouvait ministre de la justice. Pétion était consigné chez lui, mais à son nom proclamé avec enthousiasme on ajoutait celui de *Père du peuple.* Marat, sorti de l'obscure retraite où Danton l'avait caché pendant l'attaque, et maintenant armé d'un sabre, se promenait dans Paris à la tête du bataillon Marseillais. Robespierre, qu'on n'a pas vu figurer pendant ces terribles scènes, Robespierre haranguait aux Jacobins, et entretenait quelques membres restés avec lui, de l'usage à faire de la victoire, de la nécessité de remplacer l'assemblée actuelle, et de mettre Lafayette en accusation.

Dès le lendemain, il fallut songer encore à calmer le peuple soulevé, et ne cessant de massacrer ceux qu'il prenait pour des aristocrates fugitifs. L'assemblée reprit sa séance le 11 à sept heures du matin. La famille royale fut replacée dans la loge du logographe, pour assister aux décisions qui allaient être prises, et aux scènes qui allaient se passer dans le corps législatif. Pétion, délivré et escorté par un peuple nombreux, vint rendre compte de l'état de Paris, qu'il avait visité, et où il avait tâché de répandre le calme et l'esprit de paix. Des citoyens s'étaient faits ses gardiens pour veiller sur ses jours. Pétion fut parfaitement accueilli par l'assemblée, et repartit aussitôt pour continuer ses exhortations pacifiques. Les Suisses déposés la veille aux Feuillans étaient menacés. La multitude demandait leur mort à grands cris, en les appelant complices du château et assassins du peuple. On parvint à l'apaiser en annonçant que les Suisses seraient jugés, et qu'une cour martiale allait être formée pour punir ce qu'on appela depuis *les conspirateurs du* 10 *août.* » Je demande, « s'écria le violent Chabot, qu'ils soient conduits « à l'Abbaye pour être jugés... Dans la terre de « l'égalité, la loi doit raser toutes les têtes, même « celles qui sont assises sur le trône. » Déjà les officiers avaient été transportés à l'Abbaye; les soldats le furent à leur tour. Il en coûta des peines infinies, et il fallut promettre au peuple de les juger promptement.

Comme on le voit l'idée de se venger de tous les défenseurs de la royauté, et de punir en eux les dangers qu'on avait courus, s'emparait déjà des esprits, et bientôt allait faire naître de cruelles divisions. En suivant les progrès de l'insurrection, on a déjà remarqué les germes de dissentimens qui commençaient à s'élever dans le parti populaire. On a déjà vu l'assemblée, composée d'hommes cultivés et calmes, se trouver en opposition avec les clubs et les municipalités, où se réunissaient des hommes inférieurs en éducation, en talens, mais qui, par leur position même, leurs mœurs moins élevées, leur ambition ascendante, étaient portés à agir et à précipiter les événemens; on a vu que, la veille du 10 août, Chabot différa d'avis avec Pétion, qui, d'accord avec la majorité de l'assemblée, voulait qu'on préférât un décret de déchéance à une attaque de vive force. Ces hommes, qui avaient conseillé la plus grande énergie possible, se trouvaient donc le lendemain en présence de l'assemblée, fiers d'une victoire remportée presque malgré elle, et lui rappelant, avec les expressions d'un respect équivoque, qu'elle avait absous Lafayette, et qu'il ne fallait pas qu'elle compromît encore par sa faiblesse le salut du peuple. Ils remplissaient la commune, où ils étaient mêlés à des bourgeois ambitieux, à des agitateurs subalternes, à des clubistes; ils occupaient les Jacobins et les Cordeliers, et quelques-uns d'entre eux siégeaient sur les bancs extrêmes du corps législatif. Le capucin Chabot, le plus ardent de tous, passait tour à tour de la tribune de l'assemblée à celle des

Jacobins, et menaçait toujours des piques et du tocsin.

L'assemblée avait prononcé la suspension, et ces hommes plus exigeans réclamaient la déchéance ; en nommant un gouverneur pour le dauphin, elle avait supposé la royauté, et eux voulaient la république ; elle pensait en majorité qu'on devait se défendre activement contre l'étranger, mais faire grâce aux vaincus ; eux soutenaient au contraire qu'il fallait non-seulement résister à l'étranger, mais encore sévir contre ceux qui, retranchés dans le château, avaient voulu massacrer le peuple et amener les Prussiens à Paris. S'élevant dans leur ardeur aux idées les plus extrêmes, ils soutenaient que les corps électoraux n'étaient pas nécessaires pour former la nouvelle assemblée, mais que tous les citoyens devaient être jugés aptes à voter. Déjà même un jacobin proposait de donner des droits politiques aux femmes. Ils disaient hautement enfin qu'il fallait que le peuple se présentât en armes pour manifester ses volontés au corps législatif. Marat excitait ce débordement des esprits, et provoquait à la vengeance, parce qu'il pensait, dans son affreux système, qu'il convenait de purger la France. Robespierre, moins par système d'épuration, moins par disposition sanguinaire, que par envie contre l'assemblée, élevait contre elle les reproches de faiblesse et de royalisme.

Prôné par les Jacobins, proposé avant le 10 août comme le dictateur nécessaire, il était proclamé aujourd'hui comme le défenseur le plus éloquent et le plus incorruptible des droits du peuple. Danton, ne songeant ni à se faire louer, ni à se faire écouter, et n'ayant jamais aspiré à la dictature, avait néanmoins décidé le 10 août par son audace. Maintenant encore, négligeant l'étalage, il ne songeait qu'à s'emparer du conseil exécutif, dont il était membre, en dominant ou entraînant ses collègues. Incapable de haine ou d'envie, il ne nourrissait aucun mauvais sentiment contre ces députés dont l'éclat offusquait Robespierre; mais il les négligeait comme inactifs, et leur préférait ces hommes énergiques des classes inférieures, sur lesquels il comptait davantage pour maintenir et achever la révolution.

Ces divisions n'étaient pas soupçonnées au dehors de Paris; tout ce que le public de la France avait pu voir, c'était la résistance de l'assemblée à des vœux trop ardens, et l'absolution de Lafayette prononcée malgré la commune et les Jacobins. Mais on imputait tout à la majorité royaliste et feuillantine, on admirait toujours les girondins, on estimait également Brissot et Robespierre, on adorait surtout Pétion comme le maire si maltraité par la cour; et on ne s'informait pas si Pétion paraissait si modéré à Chabot, s'il blessait l'orgueil de Robespierre, s'il était traité comme un honnête homme inutile par Danton, et comme un conspirateur sujet à l'épuration par Marat. Pétion était donc encore entouré des respects de la multitude; mais, comme Bailly après le 14 juillet, il allait bientôt devenir importun et odieux, en désapprouvant des débordemens qu'il ne pouvait plus empêcher.

La principale coalition des nouveaux révolutionnaires s'était formée aux Jacobins et à la commune. Tous les projets se proposaient, se discutaient aux Jacobins; et les mêmes hommes venaient ensuite exécuter à l'Hôtel-de-Ville, au moyen de leurs pouvoirs municipaux, ce qu'ils n'avaient pu que projeter dans leur club. Le conseil général de la commune composait à lui seul une espèce d'assemblée, aussi nombreuse que le corps législatif, ayant ses tribunes, son bureau, ses applaudissemens bien plus bruyans, et une force de fait bien plus considérable. Le maire en était le président, le procureur-syndic l'orateur officiel, chargé de faire toutes les réquisitions nécessaires. Pétion ne s'y présentait déjà plus, et se bornait au soin des subsistances. Le procureur Manuel, se laissant porter plus loin par le flot révolutionnaire, y faisait tous les jours entendre sa voix. Mais l'homme qui dominait le plus cette assemblée, c'était Robespierre. Resté à l'écart pendant les trois premiers jours qui suivirent le 10 août, il s'y était rendu après que l'insurrection eut été consommée, et se présentant au bureau pour y faire vérifier ses pouvoirs, il avait semblé en prendre possession plutôt que venir y soumettre ses titres. Son orgueil, loin de déplaire, n'avait fait qu'augmenter les respects dont on l'entourait. Sa réputation de talens, d'incorruptibilité et de constance, en faisait un personnage grave et respectable, que ces bourgeois rassemblés étaient fiers de posséder au milieu d'eux. En attendant la réunion de la Convention dont il ne doutait pas de faire partie, il venait exercer là un pouvoir plus réel que le pouvoir d'opinion dont il jouissait aux Jacobins.

Le premier soin de la commune fut de s'emparer de la police; car, en temps de guerre civile, arrêter, poursuivre ses ennemis, est le plus important et le plus envié des pouvoirs. Les juges de paix, chargés de l'exercer en partie, avaient indisposé l'opinion par leurs poursuites contre les agitateurs populaires, et se trouvaient ainsi, volontairement ou non, en hostilité avec les patriotes. On se souvenait surtout de celui qui, dans l'affaire de Bertrand de Molleville et du journaliste Carra, avait osé faire citer deux députés. Les juges de paix furent donc destitués, et on transporta aux autorités municipales toutes leurs attributions relatives à la police. D'accord ici avec la commune de Paris, l'assemblée décréta que la police, dite de *sûreté générale*, serait attribuée aux départemens, districts et municipalités. Elle consistait à rechercher tous les délits menaçant la *sûreté intérieure et extérieure de l'État*, à faire le recensement des citoyens suspects par leur opinion ou leur conduite, à les arrêter provisoirement, à les disperser même et à les désarmer, s'il était nécessaire. C'étaient les conseils des municipalités qui remplissaient eux-mêmes ce ministère, et la masse entière des citoyens se trouvait ainsi appelée à observer, à dénoncer et à poursuivre le parti ennemi. On conçoit combien devait être active, mais rigoureuse et arbitraire, cette police démocratiquement exercée. Le conseil entier recevait la dénonciation, et un comité de *surveillance* l'examinait, et faisait exécuter l'arrestation. Les gardes nationales étaient en réquisition permanente, et les municipalités de toutes les villes au-dessus de vingt mille ames pouvaient ajouter des réglemens particuliers à cette loi *de sûreté générale*. Certes, l'assemblée législative ne croyait pas préparer ainsi les sanglantes exécutions qui eurent lieu plus tard; mais, entourée d'ennemis au dedans et au dehors, elle appelait tous les citoyens à les surveiller, comme elle les avait tous appelés à administrer et à combattre.

La commune de Paris s'empressa d'user de ces

pouvoirs nouveaux, et fit de nombreuses arrestations. C'étaient les vainqueurs, irrités encore des dangers de la veille, et des dangers plus grands du lendemain, qui s'emparaient de leurs ennemis abattus maintenant, mais pouvant bientôt se relever avec le secours des étrangers. Le comité de surveillance de la commune de Paris fut composé des hommes les plus violens. Marat, qui, dans la révolution, s'était si audacieusement attaqué aux personnes, fut le chef de ce comité; et de tous les hommes, c'était le plus redoutable dans de pareilles fonctions.

Outre ce comité principal, la commune de Paris en institua un particulier dans chaque section. Elle décida que les passe-ports ne seraient délivrés que sur la délibération des assemblées des sections; que les voyageurs seraient accompagnés, soit à la municipalité, soit aux portes de Paris, par deux témoins qui attesteraient l'identité de la personne qui avait demandé le passe-port, avec celle qui s'en servait pour partir. Elle tâchait ainsi, par tous les moyens, d'empêcher l'évasion des suspects sous des noms supposés. Elle ordonna ensuite qu'il fût fait un tableau des ennemis de la révolution, et invita les citoyens, par une proclamation, à dénoncer les coupables du 10 août. Elle fit arrêter les écrivains qui avaient soutenu la cause royaliste, et donna leurs presses aux écrivains patriotes. Marat se fit restituer triomphalement quatre presses qui, disait-il, lui avaient été enlevées par les ordres du *traître Lafayette*. Des commissaires allèrent dans les prisons délivrer les détenus enfermés pour cris et propos contre la cour. Toujours prompte enfin à s'ingérer partout, la commune, à l'exemple de l'assemblée, envoya des députés pour éclairer et ramener l'armée de Lafayette, qui donnait des inquiétudes.

La commune fut chargée en outre d'une dernière mission non moins importante, celle de garder la famille royale. L'assemblée avait d'abord ordonné sa translation au Luxembourg, et sur l'observation que ce palais était difficile à garder, on se décida pour l'hôtel du ministère de la justice. Mais la commune, qui avait déjà la police de la capitale, et qui se croyait particulièrement chargée de la garde du roi, proposa le Temple, et déclara ne pouvoir répondre de ce dépôt que dans la tour de cette ancienne abbaye. L'assemblée y consentit, et confia les augustes prisonniers au maire et au commandant général Santerre, sous leur responsabilité personnelle [1]. Douze commissaires du conseil général devaient, sans interruption, veiller au Temple. Des travaux extérieurs en avaient fait une

---

[1]. Le roi et sa famille furent conduits au Temple dans la soirée du 10 août.

espèce de place d'armes. Des détachemens nombreux de la garde nationale en formaient tour à tour la garnison, et on ne pouvait y pénétrer que sur une permission de la municipalité. L'assemblée décréta aussi que cinq cent mille francs seraient pris au trésor pour fournir à l'entretien de la famille royale, jusqu'à la prochaine réunion de la Convention nationale.

Les fonctions de la commune étaient, comme on le voit, très étendues. Placée au centre de l'État, là où s'exercent les grands pouvoirs, et portée par son énergie à exécuter elle-même tout ce qui lui semblait fait trop mollement par les hautes autorités, elle était conduite à empiéter sans cesse. L'assemblée, reconnaissant la nécessité de la contenir dans certaines limites, décréta la réélection d'un nouveau conseil de département, pour remplacer celui qui fut dissous le jour de l'insurrection. La commune, se voyant menacée du joug d'une autorité supérieure, qui probablement gênerait son essor, comme avait fait l'ancien département, s'irrita de ce décret, et ordonna aux sections de surseoir à l'élection déjà commencée. Le procureur-syndic Manuel fut aussitôt dépêché de l'Hôtel-de-Ville aux Feuillans pour présenter les réclamations de la municipalité. « Les délégués « des citoyens de Paris, dit-il, ont besoin de pou- « voirs sans limites; une nouvelle autorité placée

« entre eux et vous ne fera que jeter des germes
« de divisions. Il faudra que le peuple, pour se
« délivrer de cette puissance destructive de sa
« souveraineté, s'arme encore une fois de sa ven-
« geance. »

Tel était le langage menaçant que déjà on osait faire entendre à l'assemblée. Celle-ci accorda ce qu'on lui demandait ; et, soit qu'elle crût impossible ou imprudent de résister, soit qu'elle regardât comme dangereux d'entraver dans le moment l'énergie de la commune, elle décida que le nouveau conseil n'aurait aucune autorité sur la municipalité, et ne serait qu'une simple commission de finances, chargée du soin des contributions publiques dans le département de la Seine. Une autre question plus grave préoccupait les esprits, et devait faire ressortir bien plus fortement la différence de sentiment qui existait entre la commune et l'assemblée. On réclamait à grands cris la punition de ceux qui avaient tiré sur le peuple, et qui étaient prêts à se montrer dès que l'ennemi approcherait. On les appelait alternativement *les conspirateurs du 10 août*, ou *les traîtres*. La commission martiale, instituée dès le 11 pour juger les Suisses, ne semblait pas suffisante, parce que ses pouvoirs étaient bornés à la poursuite de ces militaires. Le tribunal criminel de la Seine paraissait soumis à des formalités trop lentes, et d'ailleurs on suspectait toutes les autorités antérieures à la journée du 10. La commune demanda donc, le 13, l'érection d'un tribunal spécial pour juger *les crimes du 10 août*, et qui eût assez de latitude pour atteindre tout ce qu'on appelait les *traîtres*. L'assemblée renvoya la pétition à sa commission extraordinaire, chargée depuis le mois de juillet de proposer les moyens de salut.

Le 14, une nouvelle députation de la commune arrive au corps législatif, pour demander le décret relatif au tribunal extraordinaire, déclarant que, s'il n'est pas encore rendu, elle est chargée de l'attendre. Le député Gaston adresse à cette députation quelques observations sévères, et elle se retire. L'assemblée persiste à refuser la création d'un tribunal extraordinaire, et se borne à attribuer aux tribunaux établis *la connaissance des crimes du 10 août*.

A cette nouvelle, une rumeur violente se répand dans Paris. La section des Quinze-Vingts se présente au conseil général de la commune, et annonce que le tocsin sera sonné au faubourg Saint-Antoine, si le décret demandé n'est pas rendu sur-le-champ. Le conseil général envoie alors une nouvelle députation, à la tête de laquelle est Robespierre. Celui-ci prend la parole au nom de la municipalité, et fait aux députés les remontrances les plus insolentes. « La tranquillité du peuple,

« leur dit-il, tient à la punition des coupables ;
« et cependant vous n'avez rien fait pour les at-
« teindre. Votre décret est insuffisant. Il n'explique
« point la nature et l'étendue des crimes à punir,
« car il ne parle que des *crimes du* 10 *août*, et les
« crimes des ennemis de la révolution s'étendent
« bien au-delà du 10 août et de Paris. Avec une ex-
« pression pareille, le traître Lafayette échapperait
« aux coups de la loi ! Quant à la forme du tri-
« bunal, le peuple ne peut pas tolérer davantage
« celle que vous lui avez conservée. Le double
« degré de juridiction cause des délais intermina-
« bles ; et d'ailleurs toutes les anciennes autorités
« sont suspectes ; il en faut de nouvelles ; il faut
« que le tribunal demandé soit composé par des
« députés pris dans les sections, et qu'il ait la fa-
« culté de juger les coupables souverainement et
« en dernier ressort. »

Cette pétition impérieuse parut plus dure encore par le ton de Robespierre. L'assemblée répondit au peuple de Paris par une adresse dans
laquelle elle repoussa tout projet de commission
extraordinaire et de chambre ardente, comme indigne de la liberté, et comme propre seulement
au despotisme.

Ces raisonnables observations ne produisirent
aucun effet ; l'irritation n'en devint que plus grande.
On ne parla dans tout Paris que du tocsin, et des

le lendemain un représentant de la commune, se présentant à la barre, dit à l'assemblée : « Comme « citoyen, comme magistrat du peuple, je viens « vous annoncer que ce soir à minuit le tocsin « sonnera, et la générale battra. Le peuple est las « de n'être point vengé. Craignez qu'il ne se fasse « justice lui-même. Je demande, ajouta l'audacieux « pétitionnaire, que sans désemparer vous décré- « tiez qu'il sera nommé un citoyen par chaque « section pour former un tribunal criminel. »

Cette menaçante apostrophe souleva l'assemblée, et particulièrement les députés Choudieu et Thuriot, qui réprimandèrent vivement l'envoyé de la commune. Cependant la discussion s'engagea, et la proposition de la commune, fortement appuyée par les membres ardens de l'assemblée, fut enfin convertie en décret. Un corps électoral dut se réunir pour élire les membres d'un tribunal extraordinaire, destiné à juger les crimes commis dans la journée du 10 août, *et autres crimes y relatifs, circonstances et dépendances*. Ce tribunal, divisé en deux sections, devait juger en dernier ressort et sans appel. Tel fut le premier essai du tribunal révolutionnaire, et la première accélération donnée par la vengeance aux formes de la justice. Ce tribunal fut appelé tribunal du 17 août.

On ignorait encore l'effet produit aux armées par la dernière révolution, et la manière dont avaient été accueillis les décrets du 10. C'était là le point le plus important, et duquel dépendait le sort de la révolution nouvelle. La frontière était toujours partagée en trois corps d'armée, celui du nord, du centre et du midi. Luckner commandait au nord, Lafayette au centre, et Montesquiou au midi. Depuis les malheureuses affaires de Mons et de Tournay, Luckner, pressé par Dumouriez, avait encore essayé l'offensive sur les Pays-Bas; mais il s'était retiré, et, en évacuant Courtray, il avait brûlé les faubourgs, ce qui était devenu un grave motif d'accusation contre le ministère à la veille de la déchéance. Depuis, les armées étaient demeurées dans la plus complète inaction; vivant dans des camps retranchés, et se bornant à de légères escarmouches. Dumouriez, en quittant le ministère, s'était rendu comme lieutenant-général auprès de Luckner, et avait été mal accueilli à l'armée, où dominait l'esprit du parti Lafayette. Luckner, tout à fait soumis dans le moment à cette influence, relégua Dumouriez dans l'un de ces camps, celui de Maulde, et l'y laissa, avec un petit nombre de troupes, s'occuper à des retranchemens et à des escarmouches.

Lafayette, voulant, à cause des dangers du roi, se rapprocher de Paris, désirait prendre le commandement du nord. Cependant il ne voulait point quitter ses troupes, dont il était très aimé, et il convint avec Luckner de changer de position, chacun avec sa division, et de décamper tous les deux, l'un pour se porter au nord, l'autre au centre. Ce déplacement des armées, en présence de l'ennemi, aurait pu avoir des dangers, si très heureusement la guerre n'eût été complétement inactive. Luckner s'était donc rendu à Metz, et Lafayette à Sedan. Pendant ce mouvement croisé, Dumouriez, chargé de suivre avec son petit corps l'armée de Luckner, à laquelle il appartenait, s'arrêta tout à coup en présence de l'ennemi, qui avait fait menace de l'attaquer; et il fut obligé de demeurer dans son camp, sous peine d'ouvrir l'entrée de la Flandre au duc de Saxe-Teschen. Il réunit les autres généraux qui occupaient auprès de lui des camps séparés; il s'entendit avec Dillon, qui arrivait avec une portion de l'armée de Lafayette, et provoqua un conseil de guerre à Valenciennes, pour justifier, par la nécessité, sa désobéissance à Luckner. Pendant ce temps, Luckner était arrivé à Metz, Lafayette à Sedan; et sans les événemens du 10 août, Dumouriez allait peut-être subir une arrestation et un jugement militaire, pour son refus de marcher en avant.

Telle était la situation des armées, lorsque la nouvelle du renversement du trône y fut connue. Le premier soin de l'assemblée législative fut d'y envoyer, comme on l'a vu, trois commissaires, pour porter ses décrets et faire prêter le nouveau serment aux troupes. Les trois commissaires, arrivés à Sedan, furent reçus par la municipalité, qui tenait de Lafayette l'ordre de les faire arrêter. Le maire les interrogea sur la scène du 10 août, exigea le récit de tous les événemens, et déclara, d'après les secrètes instructions de Lafayette, qu'évidemment l'assemblée législative n'était plus libre lorsqu'elle avait prononcé la suspension du roi; que ses commissaires n'étaient que les envoyés d'une troupe factieuse, et qu'ils allaient être enfermés au nom de la constitution. Ils furent en effet emprisonnés; et Lafayette, pour mettre à couvert les exécuteurs de cet ordre, le prit sous sa propre responsabilité. Immédiatement après, il fit renouveler dans son armée le serment de fidélité à la loi et au roi, et ordonna qu'il fût répété dans tous les corps soumis à son commandement. Il comptait sur soixante-quinze départemens, qui avaient adhéré à sa lettre du 16 juin, et il se proposait de tenter un mouvement contraire à celui du 10 août. Dillon, qui était à Valenciennes sous les ordres de Lafayette, et qui avait un commandement supérieur à Dumouriez, obéit à son général en chef, fit prêter le serment de fidélité à la loi et au roi, et enjoignit à Dumouriez d'en faire de même dans son camp de Maulde. Dumouriez, jugeant mieux l'avenir, et d'ailleurs irrité contre les feuillans, sous l'empire desquels ils se trouvait, saisit cette occasion de leur résister et de gagner la faveur du gouvernement nouveau, en refusant le serment pour lui et pour ses troupes.

Le 17, le jour même où le nouveau tribunal criminel fut si tumultueusement établi, on apprit par une lettre que les commissaires envoyés à l'armée de Lafayette avaient été arrêtés par ses ordres, et que l'autorité législative était méconnue. Cette nouvelle répandit encore plus d'irritation que d'alarme; les cris contre Lafayette retentirent avec plus de force que jamais. On demanda son accusation, et on reprocha à l'assemblée de ne pas l'avoir prononcée plus tôt. Sur-le-champ un décret fut rendu contre le département des Ardennes; de nouveaux commissaires furent dépêchés avec les mêmes pouvoirs que les précédens, et avec la commission de faire élargir les trois prisonniers. On envoya aussi d'autres commissaires à l'armée de Dillon. Le 19 au matin, l'assemblée déclara Lafayette traître à la patrie, et lança contre lui un décret d'accusation.

La circonstance était grave, et si cette résistance n'était pas vaincue, la nouvelle révolution se trouvait avortée. La France, partagée entre les républicains de l'intérieur et les constitutionnels de l'armée, demeurait divisée en présence de l'ennemi, également exposée à l'invasion et à une réaction terrible. Lafayette devait détester, dans la révolution du 10 août, l'abolition de la constitution de 91, l'accomplissement de toutes les prophéties aristocratiques, et la justification de tous les reproches que la cour adressait à la liberté. Il ne devait voir, dans cette victoire de la démocratie, qu'une anarchie sanglante et une confusion interminable. Pour nous, cette confusion a eu un terme, et le sol au moins a été défendu contre l'étranger; pour Lafayette, l'avenir était effrayant et inconnu; la défense du sol était peu praticable au milieu des convulsions politiques, et il devait éprouver le désir de résister à ce chaos, en s'armant contre les deux ennemis extérieur et intérieur. Mais sa position était difficile, et il n'eût été donné à aucun homme de la surmonter. Son armée lui était dévouée, mais les armées n'ont point de volonté personnelle, et ne peuvent avoir que celle qui leur est communiquée par l'autorité supérieure. Quand une révolution éclate avec la violence de 89, alors, entraînées aveuglément, elles manquent à l'ancienne autorité, parce que la nouvelle impulsion est la plus forte; mais il n'en était pas de même ici. Proscrit, frappé d'un décret, Lafayette ne pouvait, avec sa seule popularité militaire, soulever ses troupes contre l'autorité de l'intérieur, ni, avec son impulsion personnelle, combattre l'impulsion révolutionnaire de Paris.

Placé entre deux ennemis, et incertain sur ses devoirs, il ne pouvait qu'hésiter. L'assemblée, au contraire, n'hésitant pas, envoya décrets sur décrets, et les appuyant par des commissaires énergiques, dut l'emporter sur l'hésitation du général et décider l'armée. En effet, les troupes de Lafayette s'ébranlèrent successivement, et parurent l'abandonner. Les autorités civiles, intimidées, cédèrent aux nouveaux commissaires. L'exemple de Dumouriez, qui se déclara pour la révolution du 10 août, acheva de tout entraîner, et le général opposant demeura seul avec son état-major, composé d'officiers feuillans ou constitutionnels.

Bouillé, dont l'énergie n'était pas douteuse, Dumouriez, dont les grands talens ne sauraient être contestés, ne purent pas non plus agir autrement à des époques différentes, et se virent obligés de prendre la fuite. Lafayette ne devait pas être plus heureux. Écrivant aux diverses autorités civiles qui l'avaient secondé dans sa résistance, il prit sur lui la responsabilité des ordres donnés contre les commissaires de l'assemblée, et quitta son camp le 20 août, avec quelques officiers, ses amis et ses compagnons d'armes et d'opinion. Bureau de Puzy, Latour-Maubourg, Lameth, l'accompagnaient. Ils abandonnèrent le camp, n'emportant avec eux qu'un mois de leur solde, et suivis de quelques domestiques. Lafayette laissa tout en ordre dans son armée, et eut soin de faire les dispositions nécessaires pour résister à l'ennemi, en cas d'attaque. Il renvoya quelques cavaliers qui l'escortaient, pour ne pas enlever à la France un seul de ses défenseurs, et le 21, il prit avec ses amis le chemin des Pays-Bas. Arrivés aux avant-postes autrichiens, après une route qui avait épuisé leurs chevaux, ces premiers émigrés de la liberté furent arrêtés, contre le droit des gens, et traités comme prisonniers de guerre. La joie fut grande quand le nom de Lafayette retentit dans le camp des coalisés, et qu'on le sut captif de la ligue aristocratique. Torturer l'un des premiers amis de la révolution, et pouvoir imputer à la révolution elle-même la persécution de ses premiers auteurs, voir se vérifier tous les excès qu'on avait prédits, c'était plus qu'il ne fallait pour répandre une satisfaction universelle dans l'aristocratie européenne.

Lafayette réclama, pour lui et pour ses amis, la liberté qui leur était due; mais ce fut en vain. On la lui offrit au prix d'une rétractation, non pas de toutes ses opinions, mais d'une seule, celle qui était relative à l'abolition de la noblesse. Il refusa, menaçant même, si on interprétait faussement ses paroles, de donner un démenti devant un officier public. Il accepta donc les fers pour prix de sa constance; et alors qu'il croyait la liberté perdue en Europe et en France, il n'éprouva aucun désordre d'esprit, et ne cessa pas de la regarder comme le plus précieux des biens. Il la professa encore, et devant les oppresseurs qui le tenaient dans les cachots, et devant ses anciens amis qui étaient demeurés en France. « Aimez, écrivait-il à ces derniers, aimez toujours la liberté, malgré ses orages, et servez votre pays. » Que l'on compare cette défection à celle de Bouillé, sortant de son pays pour y rentrer avec les souverains ennemis ; à celle de Dumouriez, se brouillant, non par conviction, mais par humeur, avec la Convention qu'il avait servie, et on rendra justice à l'homme qui n'abandonne la France que lorsque la vérité à laquelle il croit en est proscrite, et qui ne va point ni la maudire, ni la désavouer dans les armées ennemies, mais qui la professe et la soutient encore dans les cachots !

Cependant ne blâmons pas trop Dumouriez, dont on va bientôt apprécier les mémorables services. Cet homme flexible et habile avait parfaitement deviné la puissance naissante. Après s'être rendu presque indépendant par son refus d'obéir à Luckner et de quitter le camp de Maulde, après avoir refusé le serment ordonné par Dillon, il fut aussitôt récompensé de son dévouement par le commandement en chef des armées du nord et du centre. Dillon, brave, impétueux, mais aveugle, fut d'abord destitué pour avoir obéi à Lafayette ; mais il fut réintégré dans son commandement par le crédit de Dumouriez, qui, voulant arriver à son but, et blesser, en y marchant, le moins d'hommes possible, s'empressa de l'appuyer auprès des commissaires de l'assemblée. Dumouriez se trouvait donc général en chef de toute la frontière, depuis Metz jusqu'à Dunkerque. Luckner était à Metz avec son armée autrefois du nord. Inspiré d'abord par Lafayette, il avait paru résister au 10 août ; mais, cédant bientôt à son armée et aux commissaires de l'assemblée, il adhéra aux décrets, et, après avoir pleuré encore, obéit à la nouvelle impulsion qui lui était communiquée.

Le 10 août et l'avancement de la saison étaient des motifs pour décider la coalition à pousser enfin la guerre avec activité. Les dispositions des puissances n'étaient point changées à l'égard de la France. L'Angleterre, la Hollande, le Danemarck et la Suisse, promettaient toujours une stricte neutralité. La Suède, depuis la mort de Gustave, y revenait sincèrement ; les principautés italiennes étaient fort malveillantes pour nous, mais heureusement très-impuissantes. L'Espagne ne se prononçait pas encore, et demeurait livrée à des intrigues contraires. Restaient pour ennemis prononcés la Russie et les deux principales cours d'Allemagne. Mais la Russie s'en tenait encore à de mauvais procédés, et se bornait à renvoyer notre ambassadeur. La Prusse et l'Autriche portaient seules leurs armes sur nos frontières. Parmi les états allemands, il n'y avait que les trois électeurs ecclésiastiques, et les landgraves des deux Hesse, qui eussent pris une part active à la coalition : les autres attendaient d'y être contraints. Dans cet état de choses, cent trente-huit mille hommes parfaitement organisés et disciplinés menaçaient la France, qui ne pouvait en opposer tout au plus que cent vingt mille, disséminés sur une frontière immense, ne formant sur aucun point une masse suffisante, privés de leurs officiers, n'ayant aucune confiance en eux-mêmes ni dans leurs chefs, et jusque-là toujours battus dans la guerre de postes qu'ils avaient soutenue. Le projet de la coalition était d'envahir hardiment la France en pénétrant par les Ardennes, et en se portant par Châlons sur Paris. Les deux souverains de Prusse et d'Autriche s'étaient rendus en personne à Mayence. Soixante mille Prussiens, héritiers des traditions de la gloire de Frédéric, s'avançaient en une seule colonne sur notre centre; ils marchaient par Luxembourg sur Longwy. Vingt mille Autrichiens, commandés par le général Clerfayt, les soutenaient à droite en occupant Stenay. Seize mille Autrichiens, sous les ordres du prince de Hohenlohe-Kirchberg, et dix mille Hessois, flanquaient la gauche des Prussiens.

Le duc de Saxe-Teschen occupait les Pays-Bas, et en menaçait les places fortes. Le prince de Condé, avec six mille émigrés français, s'était porté vers Philipsbourg. Plusieurs autres corps d'émigrés étaient répandus dans les diverses armées prussiennes et autrichiennes. Les cours étrangères, qui ne voulaient pas en réunissant les émigrés leur laisser acquérir trop d'influence, avaient d'abord eu le projet de les fondre dans les régimens allemands, et consentirent ensuite à les laisser exister en corps distincts, mais répartis entre les armées coalisées. Ces corps étaient pleins d'officiers qui s'étaient résignés à devenir soldats; ils formaient une cavalerie brillante, mais plus propre à déployer une grande valeur en un jour périlleux, qu'à soutenir une longue campagne.

Les armées françaises étaient disposées de la manière la plus malheureuse pour résister à une telle masse de forces. Trois généraux, Beurnonville, Moreton et Duval, réunissaient trente mille hommes en trois camps séparés, à Maulde, Maubeuge et Lille. C'étaient là toutes les ressources françaises sur la frontière du nord et des Pays-Bas. L'armée de Lafayette, désorganisée par le départ de son général, et livrée à la plus grande incertitude de sentimens, campait à Sedan, forte de vingt-trois mille hommes. Dumouriez allait en prendre le commandement. L'armée de Luckner, composée de vingt mille soldats, occupait Metz, et venait, comme toutes les autres, de recevoir un nouveau général, c'était Kellermann. L'assemblée, mécontente de Luckner, n'avait cependant pas voulu le destituer; et, en donnant son commandement à Kellermann, elle lui avait, sous le titre de généralisisme, conservé le soin d'organiser la nouvelle armée de réserve, et la mission purement honorifique de conseiller les généraux. Restaient Custine, qui, avec quinze mille hommes occupait Landau; et enfin Biron, qui, placé dans l'Alsace avec trente mille hommes, était trop éloigné du principal théâtre de la guerre pour influer sur le sort de la campagne.

Les deux seuls rassemblemens placés sur la rencontre de la grande armée des coalisés, étaient les vingt-trois mille hommes délaissés par Lafayette, et les vingt mille de Kellermann, rangés autour de Metz. Si la grande armée d'invasion, mesurant ses mouvemens à son but, eût marché rapidement sur Sedan, tandis que les troupes de Lafayette, privées de général, livrées au désordre, et n'ayant pas encore été saisies par Dumouriez, étaient sans ensemble et sans direction, le principal corps défensif eût été enlevé, les Ardennes auraient été ouvertes, et les autres généraux se seraient vus obligés de se replier rapidement pour se réunir derrière la Marne. Peut-être n'auraient-ils pas eu le temps de venir de Lille et de Metz à Châlons et à Reims; alors, Paris se trouvant découvert, il ne serait resté au nouveau gouvernement que l'absurde projet d'un camp sous Paris, ou la fuite au-delà de la Loire.

Mais si la France se défendait avec tout le désordre d'une révolution, les puissances étrangères attaquaient avec toute l'incertitude et la divergence de vues d'une coalition. Le roi de Prusse, enivré de l'idée d'une conquête facile, flatté, trompé par les émigrés, qui lui présentaient l'invasion comme une simple *promenade militaire*, voulait l'expédition la plus hardie. Mais il y avait encore trop de prudence à ses côtés, dans le duc de Brunswick, pour que sa présomption eût au moins l'effet heureux de l'audace et de la promptitude. Le duc de Brunswick, qui voyait la saison très avancée, le pays tout autrement disposé que ne le disaient les émigrés, qui d'ailleurs jugeait de l'énergie révolutionnaire par l'insurrection du 10 août, pensait qu'il valait mieux s'assurer une solide base d'opérations sur la Moselle, en faisant les siéges de Metz et de Thionville, et remettre à la saison prochaine le renouvellement des hostilités, avec l'avantage des conquêtes précédentes. Cette lutte entre la précipitation du souverain et la prudence du général, la lenteur des Autrichiens, qui n'envoyaient sous les ordres du prince de Hohenlohe que dix-huit mille hommes au lieu de cinquante, empêchèrent tout mouvement décisif. Cependant l'armée prussienne continua de marcher vers le centre, et se trouva le 20 devant Longwy, l'une des places fortes les plus avancées de cette frontière.

Dumouriez, qui avait toujours cru qu'une invasion dans les Pays-Bas y ferait éclater une révolution, et que cette invasion sauverait la France des attaques de l'Allemagne, avait tout préparé pour se porter en avant, le jour même où il reçut sa commission de général en chef des deux armées. Déjà il allait prendre l'offensive contre le prince de Saxe-Teschen, lorsque Westermann, si actif au 10 août, et envoyé comme commissaire à l'armée de Lafayette, vint lui apprendre ce qui se passait sur le théâtre de la grande invasion. Le 22 Longwy avait ouvert ses portes aux Prussiens, après un bombardement de quelques heures. Le désordre de la garnison et la faiblesse du commandant en étaient la cause. Fiers de cette conquête et de la prise de Lafayette, les Prussiens penchaient plus que jamais pour le projet d'une prompte offensive. L'armée de Lafayette était perdue si le nouveau général ne venait la rassurer par sa présence, et en diriger les mouvemens d'une manière utile.

Dumouriez abandonna donc son projet favori,

et, le 25 ou le 26, se rendit à Sedan où sa présence n'inspira d'abord parmi les troupes que la haine et les reproches. Il était l'ennemi de Lafayette qu'on chérissait encore. On lui attribuait d'ailleurs cette guerre malheureuse, parce que c'est sous son ministère qu'elle avait été déclarée; enfin il était considéré comme un homme de plume, et point du tout comme un homme de guerre. Ces propos circulaient partout dans le camp, et arrivaient souvent jusqu'à l'oreille du général. Dumouriez ne se déconcerta pas. Il commença par rassurer les troupes, en affectant une contenance ferme et tranquille, et bientôt il leur fit sentir l'influence d'un commandement plus vigoureux. Cependant la situation de vingt-trois mille hommes désorganisés, en présence de quatre-vingt mille parfaitement disciplinés, était tout à fait désespérante. Les Prussiens, après avoir pris Longwy, avaient bloqué Thionville, et s'avançaient sur Verdun, qui était beaucoup moins capable de résister que la place de Longwy.

Les généraux, rassemblés par Dumouriez, pensaient tous qu'il ne fallait pas attendre les Prussiens à Sedan; mais se retirer rapidement derrière la Marne, s'y retrancher le mieux possible, pour y attendre la jonction des autres armées, et pour couvrir ainsi la capitale, qui n'était séparée de l'ennemi que par quarante lieues. Ils pensaient tous que, si on s'exposait à être battu en voulant résister à l'invasion, la déroute serait complète, que l'armée démoralisée ne s'arrêterait plus depuis Sedan jusqu'à Paris, et que les Prussiens y marcheraient directement et à pas de vainqueurs. Telle était notre situation militaire, et l'opinion qu'en avaient nos généraux.

L'opinion qu'on s'en formait à Paris n'était pas meilleure, et l'irritation croissait avec le danger. Cependant cette immense capitale, qui n'avait jamais vu l'ennemi dans son sein, et qui se faisait de sa propre puissance une idée proportionnée à son étendue et à sa population, se figurait difficilement qu'on pût pénétrer dans ses murs; elle redoutait beaucoup moins le péril militaire qu'elle n'apercevait pas, et qui était encore loin d'elle, que le péril d'une réaction de la part des royalistes momentanément abattus. Tandis qu'à la frontière les généraux ne voyaient que les Prussiens, à l'intérieur on ne voyait que les aristocrates, conspirant sourdement pour détruire la liberté.

On se disait que le roi était prisonnier, mais que son parti n'en existait pas moins, et qu'il conspirait, comme avant le 10 août, pour ouvrir Paris à l'étranger. On se figurait toutes les grandes maisons de la capitale remplies de rassemblemens armés, prêts à en sortir au premier signal, à délivrer Louis XVI, à s'emparer de l'autorité, et à livrer la France sans défense au fer des émigrés et des coalisés. Cette correspondance entre l'ennemi *intérieur* et l'ennemi *extérieur* occupait tous les esprits. *Il faut*, se disait-on, *se délivrer des traîtres*, et déjà se formait l'épouvantable idée d'immoler les vaincus, idée qui chez le grand nombre n'était qu'un mouvement d'imagination, et qui chez quelques hommes, ou plus sanguinaires, ou plus ardens, ou plus à portée d'agir, pouvait se changer en un projet réel et médité.

On a déjà vu qu'il avait été question de venger le peuple des coups reçus dans la journée du 10, et qu'il s'était élevé entre l'assemblée et la commune une violente querelle au sujet du tribunal extraordinaire. Ce tribunal, qui avait déjà fait tomber la tête de Dangremont et du malheureux Laporte, intendant de la liste civile, n'agissait point assez vite au gré d'un peuple furieux et exalté, qui voyait des ennemis partout. Il lui fallait des formes plus promptes pour punir les *traîtres*, et il demandait surtout le jugement des prévenus déférés à la haute cour d'Orléans. C'étaient, pour la plupart, des ministres et de hauts fonctionnaires, accusés, comme on sait, de prévarication. Delessart, le ministre des affaires étrangères, était du nombre. On se récriait de tous côtés contre la lenteur des procédures, on voulait la translation des prisonniers à Paris, et leur prompt jugement par le tribunal du 17 août. L'assemblée consultée à cet égard, ou plutôt sommée de céder au vœu général, et de rendre un décret de translation, avait fait une courageuse résistance. La haute cour nationale était, disait-elle, un établissement constitutionnel, qu'elle ne pouvait changer, parce qu'elle n'avait pas les pouvoirs constituans, et parce que le droit de tout accusé était de n'être jugé que d'après des lois antérieures. Cette question avait de nouveau soulevé des nuées de pétitionnaires, et l'assemblée eut à résister à la fois à une minorité ardente, à la commune, et aux sections déchaînées. Elle se contenta de rendre plus expéditives quelques formes de la procédure, mais elle décréta que les accusés auprès de la haute cour demeureraient à Orléans, et ne seraient pas distraits de la juridiction que la constitution leur avait assurée.

Il se formait ainsi deux opinions : l'une qui voulait qu'on respectât les vaincus, sans déployer pourtant moins d'énergie contre l'étranger ; et l'autre qui voulait qu'on immolât d'abord les ennemis cachés, avant de se porter contre les ennemis armés qui s'avançaient sur Paris. Cette dernière pensée était moins une opinion qu'un sentiment aveugle et féroce, composé de peur et de colère, et qui devait s'accroître avec le danger.

Les Parisiens étaient d'autant plus irrités que

le péril était plus grand pour leur ville, foyer de toutes les insurrections, et but principal de la marche des armées ennemies. Ils accusaient l'assemblée, composée des députés des départemens, de vouloir se retirer dans les provinces. Les girondins surtout, qui appartenaient pour la plupart aux provinces du midi, et qui formaient cette majorité modérée, odieuse à la commune, les girondins étaient accusés de vouloir sacrifier Paris, par haine pour la capitale. On leur supposait ainsi des sentimens assez naturels, et que les Parisiens pouvaient croire avoir provoqués; mais ces députés aimaient trop sincèrement leur patrie et leur cause pour songer à abandonner Paris. Il est vrai qu'ils avaient toujours pensé que, le Nord perdu, on pourrait se replier sur le Midi; il est vrai que, dans le moment même, quelques-uns d'entre eux regardaient comme prudent de transporter le siége du gouvernement au-delà de la Loire; mais le désir de sacrifier une cité odieuse, et de transporter le gouvernement dans des lieux où ils en seraient maîtres, n'était point dans leur cœur. Ils avaient trop d'élévation dans l'ame, ils étaient d'ailleurs encore trop puissans, et comptaient trop sur la réunion de la prochaine convention, pour songer déjà à se détacher de Paris.

On accusait donc à la fois leur indulgence pour les traîtres, et leur indifférence pour les intérêts de la capitale. Forcés de lutter contre les hommes les plus violens, il devaient, même en ayant le nombre et la raison pour eux, céder à l'activité et à l'énergie de leurs adversaires. Dans le conseil exécutif, ils étaient cinq contre un ; car, outre les trois ministres Servan, Clavière et Roland, pris dans leur sein, les deux autres, Monge et Lebrun, étaient aussi de leur choix. Mais le seul Danton, qui, sans être leur ennemi personnel, n'avait ni leur modération ni leurs opinions, le seul Danton dominait le conseil, et leur enlevait toute influence. Tandis que Clavière tâchait de réunir quelques ressources financières, que Servan se hâtait de procurer des renforts aux généraux, que Roland répandait les circulaires les plus sages pour éclairer les provinces, diriger les autorités locales, empêcher leurs empiètemens de pouvoir, et arrêter les violences de toute espèce, Danton s'occupait de placer dans l'administration toutes ses créatures. Il envoyait partout ses fidèles cordeliers, se procurait ainsi de nombreux appuis, et faisait partager à ses amis les profits de la révolution. Entraînant ou effrayant ses collègues, il ne trouvait d'obstacle que dans la ridigité inflexible de Roland, qui rejetait souvent ou les mesures ou les sujets qu'il proposait. Danton en était contrarié, sans rompre néanmoins avec Roland, et il tâchait d'emporter le plus de nominations ou de décisions possible.

Danton, dont la véritable domination était dans Paris, voulait la conserver, et il était bien décidé à empêcher toute translation au-delà de la Loire. Doué d'une audace extraordinaire, ayant proclamé l'insurrection la veille du 10 août, lorsque tout le monde hésitait encore, il n'était pas homme à reculer, et il pensait qu'il fallait s'ensevelir dans la capitale. Maître du conseil, lié avec Marat et le comité de surveillance de la commune, écouté dans tous les clubs, vivant enfin au milieu de la multitude, comme dans un élément qu'il soulevait à volonté, Danton était l'homme le plus puissant de Paris; et cette puissance, fondée sur un naturel violent, qui le mettait en rapport avec les passions du peuple, devait être redoutable aux vaincus. Dans son ardeur révolutionnaire, Danton penchait pour toutes les idées de vengeance que repoussaient les girondins. Il était le chef de ce parti parisien qui se disait: « Nous ne reculerons pas, « nous périrons dans la capitale et sous ses ruines; « mais nos ennemis périront avant nous. » Ainsi se préparaient dans les ames d'épouvantables sentimens, et des scènes horribles allaient en être l'affreuse conséquence.

Le 26, la nouvelle de la prise de Longwy se répandit avec rapidité, et causa dans Paris une agitation générale. On disputa pendant toute la journée sur sa vraisemblance; enfin elle ne put

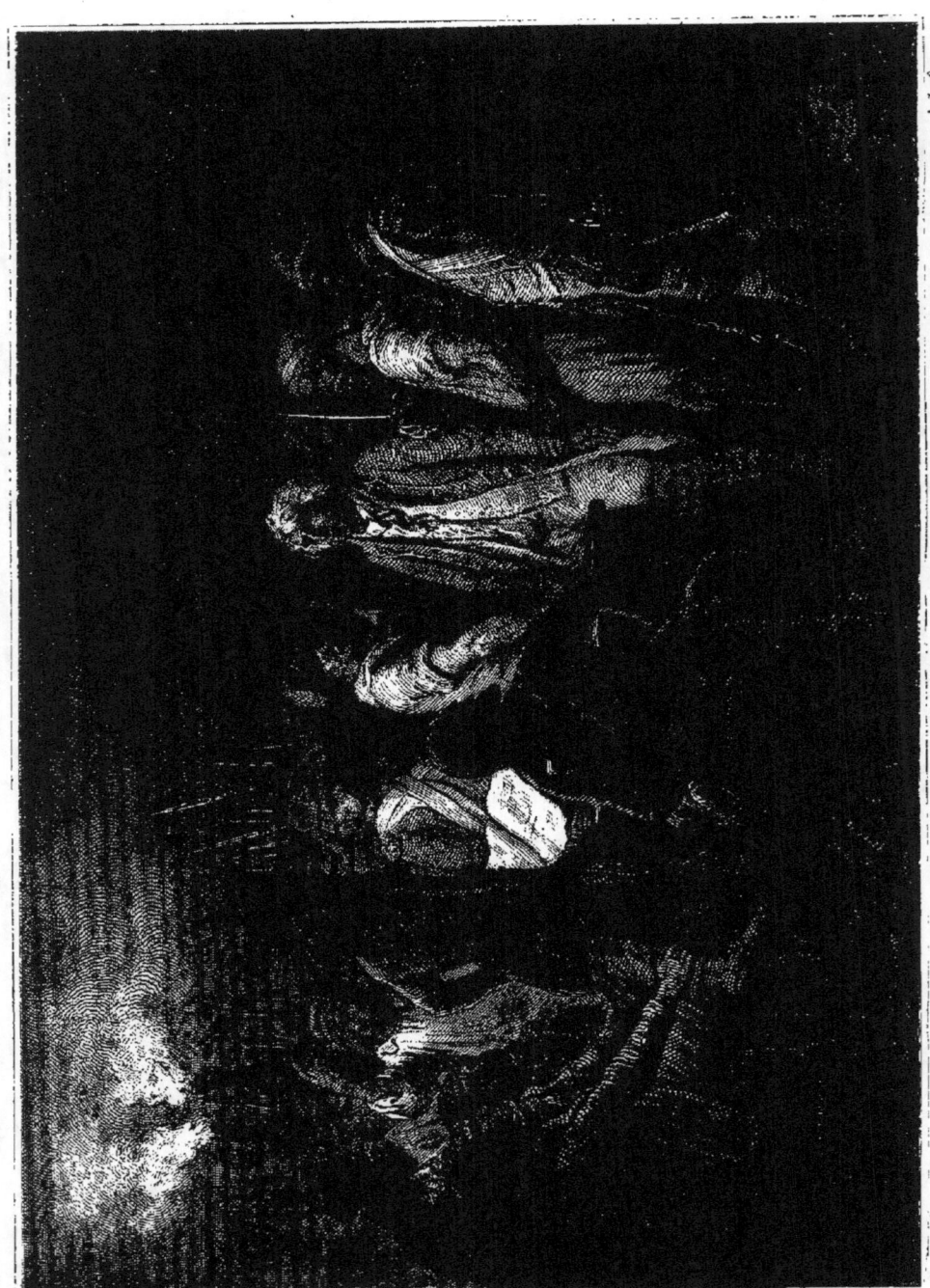

PRISON DE L'ABBAYE.

être contestée, et on sut que la place avait ouvert ses portes après un bombardement de quelques heures. La fermentation fut si grande, que l'assemblée décréta la peine de mort contre tout citoyen qui, dans une place assiégée, parlerait de se rendre. Sur la demande de la commune, on ordonna que Paris et les départemens voisins fourniraient, sous quelques jours, trente mille hommes armés et équipés. L'enthousiasme qui régnait rendait cet enrôlement facile, et le nombre rassurait sur le danger. On ne se figurait pas que cent mille Prussiens pussent l'emporter sur quelques millions d'hommes qui voulaient se défendre; on travailla avec une nouvelle activité au camp sous Paris, et toutes les femmes se réunirent dans les églises pour contribuer à préparer les effets de campement.

Danton se rendit à la commune, et, sur sa proposition, on eut recours aux moyens les plus extrêmes. On résolut de faire dans les sections le recensement de tous les indigens, de leur donner une paye et des armes; on ordonna en outre le désarmement et l'arrestation des suspects, et on réputa tels tous les signataires de la pétition contre le 20 juin et contre le décret du camp sous Paris. Pour opérer ce désarmement et cette arrestation, on imagina les visites domiciliaires, qu'on organisa de la manière la plus effrayante. Les barrières devaient être fermées pendant quarante-huit heures, à partir du 25 août au soir, et aucune permission de sortir ne pouvait être délivrée pour aucun motif. Des pataches étaient placées sur la rivière, pour empêcher toute évasion par cette issue. Les communes environnantes étaient chargées d'arrêter quiconque serait surpris dans la campagne ou sur les routes. Le tambour devait annoncer les visites, et à ce signal, chaque citoyen était tenu de se rendre chez lui, sous peine d'être traité comme suspect de rassemblement, si on le trouvait chez autrui. Pour cette raison, toutes les assemblées de section, et le grand tribunal lui-même, devaient vaquer pendant ces deux jours. Des commissaires de la commune, assistés de la force armée, avaient la mission de faire les visites, de s'emparer des armes, et d'arrêter les suspects, c'est-à-dire les signataires de toutes les pétitions déjà désignées, les prêtres non assermentés, les citoyens qui mentiraient dans leurs déclarations, ceux contre lesquels il existait des dénonciations, etc., etc... A dix heures du soir, les voitures devaient cesser de circuler, et la ville être illuminée pendant toute la nuit.

Telles furent les mesures prises pour arrêter, disait-on, *les mauvais citoyens qui se cachaient depuis le 10 août*. Dès le 27 au soir, on commença ces visites, et un parti, livré à la dénonciation d'un autre, fut exposé à être jeté tout entier dans les prisons. Tout ce qui avait appartenu à l'ancienne cour, ou par les emplois, ou par le rang, ou par les assiduités au château; tout ce qui s'était prononcé pour elle lors des divers mouvemens royalistes, tous ceux qui avaient de lâches ennemis, capables de se venger par une dénonciation, furent jetés dans les prisons au nombre de douze ou quinze mille individus. C'était le comité de surveillance de la commune qui présidait à ces arrestations, et les faisait exécuter sous ses yeux. Ceux qu'on arrêtait étaient conduits d'abord de leur demeure au comité de leur section, et de ce comité à celui de la commune. Là, ils étaient brièvement questionnés sur leurs sentimens et sur les actes qui en prouvaient le plus ou moins d'énergie. Souvent un seul membre du comité les interrogeait, tandis que les autres membres, accablés de plusieurs jours de veille, dormaient sur les chaises ou sur les tables. Les individus arrêtés étaient d'abord déposés à l'Hôtel-de-Ville, et ensuite distribués dans les prisons où il restait encore quelque place. Là, se trouvaient enfermées toutes les opinions qui s'étaient succédé jusqu'au 10 août, tous les rangs qui avaient été renversés, et de simples bourgeois déjà estimés aussi aristocrates que des ducs et des princes.

La terreur régnait dans Paris. Elle était chez les républicains menacés par les armées prussiennes, et chez les royaliste menacés par les républicains. Le comité *de défense générale*, établi dans l'assemblée pour aviser aux moyens de résister à l'ennemi, se réunit le 30, et appela dans son sein le conseil exécutif pour délibérer sur les moyens de salut public. La réunion était nombreuse, parce qu'aux membres du comité se joignirent une foule de députés qui voulaient assister à cette séance. Divers avis furent ouverts. Le ministre Servan n'avait aucune confiance dans les armées, et ne pensait pas que Dumouriez pût, avec les vingt-trois mille hommes que lui avait laissés Lafayette, arrêter les Prussiens. Il ne voyait entre eux et Paris aucune position assez forte pour leur tenir tête, et arrêter leur marche. Chacun pensait comme lui à cet égard, et après avoir proposé de porter toute la population en armes sous les murs de Paris, pour y combattre avec désespoir, on parla de se retirer au besoin à Saumur, pour mettre, entre l'ennemi et les autorités dépositaires de la souveraineté nationale, de nouveaux espaces et de nouveaux obstacles. Vergniaud, Guadet, combattirent l'idée de quitter Paris. Après eux, Danton prit la parole.

« On vous propose, dit-il, de quitter Paris.
« Vous n'ignorez pas que, dans l'opinion des en-
« nemis, Paris représente la France, et que leur
« céder ce point, c'est leur abandonner la révolu-

« tion. Reculer c'est nous perdre. Il faut donc nous
« maintenir ici par tous les moyens, et nous sauver
« par l'audace.

« Parmi les moyens proposés, aucun ne m'a
« semblé décisif. Il faut ne pas se dissimuler la si-
« tuation dans laquelle nous a placés le 10 août.
« Il nous a divisés en républicains et en royalistes,
« les premiers peu nombreux, et les seconds beau-
« coup. Dans cet état de faiblesse, nous, républi-
« cains, nous sommes exposés à deux feux, celui
« de l'ennemi, placé au dehors, et celui des roya-
« listes, placés au dedans. Il est un directoire royal
« qui siége secrètement, à Paris, et correspond avec
« l'armée prussienne. Vous dire où il se réunit,
« qui le compose, serait impossible aux ministres.
« Mais pour le déconcerter, et empêcher sa fu-
« neste correspondance avec l'étranger, *il faut...*
« *il faut faire peur aux royalistes.....* »

A ces mots, accompagnés d'un geste extermi-
nateur, l'effroi se peignit sur les visages. « Il faut,
« vous dis-je, reprit Danton, faire peur aux roya-
« listes!... C'est dans Paris surtout qu'il vous im-
« porte de vous maintenir, et ce n'est pas en vous
« épuisant dans des combats incertains que vous
« y réussirez..... » La stupeur se répandit aussitôt
dans le conseil. Aucun mot ne fut ajouté à ces paroles, et chacun se retira sans prévoir précisément,

sans oser même pénétrer ce que préparait le ministre.

Il se rendit immédiatement après au comité de surveillance de la commune, qui disposait souverainement de la personne de tous les citoyens, et où régnait Marat. Les collègues ignorans et aveugles de Marat étaient Panis et Sergent, déjà signalés au 20 juin et au 10 août, et les nommés Jourdeuil, Duplain, Lefort et Lenfant. Là, dans la nuit du jeudi 30 août au vendredi 31, furent médités d'horribles projets contre les malheureux détenus dans les prisons de Paris. Déplorable et terrible exemple des emportemens politiques! Danton, que toujours on trouva sans haine contre ses ennemis personnels, et souvent accessible à la pitié, prêta son audace aux horribles rêveries de Marat: ils formèrent tous deux un complot dont plusieurs siècles ont donné l'exemple, mais qui, à la fin du dix-huitième, ne peut pas s'expliquer par l'ignorance des temps et la férocité des mœurs. On a vu, trois années auparavant, le nommé Maillard figurer à la tête des femmes soulevées dans les fameuses journées du 5 et du 6 octobre. Ce Maillard, ancien huissier, homme intelligent et sanguinaire, s'était composé une bande d'hommes grossiers et propres à tout oser, tels enfin qu'on les trouve dans les classes où l'éducation n'a pas épuré les penchans en éclairant l'intelligence. Il était connu comme maître de cette bande, et, s'il faut en croire une révélation récente, on l'avertit de se tenir prêt à agir au premier signal, de se placer d'une manière utile et sûre, de préparer des assommoirs, de prendre des précautions pour empêcher les cris des victimes, de se procurer du vinaigre, des balais de houx, de la chaux vive, des voitures couvertes, etc.

Dès cet instant, le bruit d'une terrible exécution se répandit sourdement. Les parens des détenus étaient dans les angoisses, et le complot, comme celui du 10 août, du 20 juin, et tous les autres, éclatait d'avance par des signes sinistres. De toutes parts, on répétait qu'il fallait, par un exemple terrible, effrayer les conspirateurs qui du fond des prisons s'entendaient avec l'étranger. On se plaignait de la lenteur du tribunal chargé de punir les coupables du 10 août, et on demandait à grands cris une prompte justice. Le 31, l'ancien ministre Montmorin est acquitté par le tribunal du 17 août, et on répand que la trahison est partout, et que l'impunité des coupables est assurée. Dans la même journée, on assure qu'un condamné a fait des révélations. Ces révélations portent que dans la nuit les prisonniers doivent s'échapper des cachots, s'armer, se répandre dans la ville, y commettre d'horribles vengeances, enlever ensuite le roi, et ouvrir Paris aux Prussiens. Cependant les détenus qu'on accusait tremblaient pour leur vie; leurs parens étaient consternés, et la famille royale n'attendait que la mort au fond de la tour du Temple.

Aux Jacobins, dans les sections, au conseil de la commune, dans la minorité de l'assemblée, il était une foule d'hommes qui croyaient à ces complots supposés, et qui osaient déclarer légitime l'extermination des détenus. Certes la nature ne fait pas tant de monstres pour un seul jour, et l'esprit de parti seul peut égarer tant d'hommes à la fois! Triste leçon pour les peuples! on croit à des dangers, on se persuade qu'il faut les repousser; on le répète, on s'enivre, et tandis que certains hommes proclament avec légèreté qu'il faut frapper, d'autres frappent avec une audace sanguinaire.

Le samedi 1er septembre, les quarante-huit heures fixées pour la fermeture des barrières et l'exécution des visites domiciliaires étaient écoulées, et les communications furent rétablies. Mais tout à coup se répand, dans la journée, la nouvelle de la prise de Verdun. Verdun n'est qu'investi, mais on croit que la place est emportée, et qu'une trahison nouvelle l'a livrée comme celle de Longwy. Danton fait aussitôt décréter par la commune, que le lendemain, 2 septembre, on battra la générale, on sonnera le tocsin, on tirera le canon

d'alarme, et que tous les citoyens disponibles se rendront en armes au Champ-de-Mars, y camperont pendant le reste de la journée, et partiront le lendemain pour se rendre sous les murs de Verdun. A ces terribles apprêts, il devient évident qu'il s'agit d'autre chose que d'une levée en masse. Des parens accourent et font des efforts pour obtenir l'élargissement des détenus. Manuel, le procureur-syndic, supplié par une femme généreuse, élargit, dit-on, deux prisonniers de la famille La Trémouille. Une autre femme, madame Fausse-Lendry, s'obstine à vouloir suivre dans sa captivité son oncle l'abbé de Rastignac, et Sergent lui répond : «Vous faites une imprudence; *les pri-*
« *sons ne sont pas sûres.* »

Le lendemain, 2 septembre, était un dimanche, l'oisiveté augmentait le tumulte populaire. Des attroupemens nombreux se montraient partout, et on répandait que l'ennemi pouvait être à Paris sous trois jours. La commune informe l'assemblée des mesures qu'elle a prises pour la levée en masse des citoyens. Vergniaud, saisi d'un enthousiasme patriotique, prend aussitôt la parole, félicite les Parisiens de leur courage, les loue de ce qu'ils ont converti le zèle des motions en un zèle plus actif et plus utile, celui des combats. « Il paraît, ajoute-
« t-il, que le plan de l'ennemi est de marcher droit
« sur la capitale, en laissant les places fortes der-

« rière lui. Eh bien! ce projet fera notre salut et
« sa perte. Nos armées, trop faibles pour lui ré-
« sister, seront assez fortes pour le harceler sur
« ses derrières; et tandis qu'il arrivera, poursuivi
« par nos bataillons, il trouvera en sa présence
« l'armée parisienne, rangée en bataille sous les
« murs de la capitale; et, enveloppé là de toutes
« parts, il sera dévoré par cette terre qu'il avait
« profanée. Mais au milieu de ces espérances flat-
« teuses, il est un danger qu'il ne faut pas dissi-
« muler, c'est celui des terreurs paniques. Nos
« ennemis y comptent, et sèment l'or pour les
« produire; et, vous le savez, il est des hommes
« pétris d'un limon si fangeux, qu'ils se décom-
« posent à l'idée du moindre danger. Je voudrais
« qu'on pût signaler cette espèce sans ame et à
« figure humaine, en réunir tous les individus dans
« une même ville, à Longwy par exemple, qu'on
« appellerait la ville des lâches, et là, devenus
« l'objet de l'opprobre, ils ne sèmeraient plus
« l'épouvante chez leurs concitoyens, ils ne leur
« feraient plus prendre des nains pour des géans,
« et la poussière qui vole devant une compagnie
« de houlans pour des bataillons armés!

« Parisiens, c'est aujourd'hui qu'il faut dé-
« ployer une grande énergie! Pourquoi les retran-
« chemens du camp ne sont-ils pas plus avancés?
« Où sont les bêches, les pioches, qui ont élevé

« l'autel de la fédération et nivelé le Champ-de
« Mars? Vous avez manifesté une grande ardeur
« pour les fêtes; sans doute vous n'en montrerez
« pas moins pour les combats : vous avez chanté,
« célébré la liberté; il faut la défendre! Nous n'a-
« vons plus à renverser des rois de bronze, mais
« des rois vivans et armés de leur puissance. Je
« demande donc que l'assemblée nationale donne
« le premier exemple, et envoie douze commis-
« saires, non pour faire des exhortations, mais
« pour travailler eux-mêmes et piocher de leurs
« mains, à la face de tous les citoyens. »

Cette proposition est adoptée avec le plus grand enthousiasme. Danton succède à Vergniaud, il fait part des mesures prises, et en propose de nouvelles. « Une partie du peuple, dit-il, va se
« porter aux frontières, une autre va creuser des
« retranchemens, et la troisième avec des piques
« défendra l'intérieur de nos villes. Mais ce n'est
« pas assez : il faut envoyer partout des commis-
« saires et des courriers pour engager la France
« entière à imiter Paris; il faut rendre un décret
« par lequel tout citoyen soit obligé, sous peine
« de mort, de servir de sa personne, ou de re-
« mettre ses armes. » Danton ajoute : « Le canon
« que vous allez entendre n'est point le canon
« d'alarme, c'est le pas de charge sur les ennemis
« de la patrie. Pour les vaincre, pour les atterrer,

« que faut-il ? De l'audace, encore de l'audace, « et toujours de l'audace ! »

Les paroles et l'action du ministre agitent profondément les assistans. Sa motion est adoptée, il sort, et se rend au comité de surveillance. Toutes les autorités, tous les corps, l'assemblée, la commune, les sections, les jacobins, étaient en séance. Les ministres, réunis à l'hôtel de la marine, attendaient Danton pour tenir conseil. La ville entière était debout. Une terreur profonde régnait dans les prisons. Au Temple, la famille royale, que chaque mouvement devait menacer plus que tous les autres prisonniers, demandait avec anxiété la cause de tant d'agitations. Dans les diverses prisons, les geôliers semblaient consternés. Celui de l'Abbaye avait dès le matin fait sortir sa femme et ses enfans. Le dîner avait été servi aux prisonniers deux heures avant l'instant accoutumé; tous les couteaux avaient été retirés de leurs serviettes. Frappés de ces circonstances, ils interrogeaient avec instance leurs gardiens, qui ne voulaient pas répondre. A deux heures enfin la générale commence à battre, le tocsin sonne et le canon d'alarme retentit dans l'enceinte de la capitale. Des troupes de citoyens se rendent vers le Champ-de-Mars ; d'autres entourent la commune, l'assemblée, et remplissent les places publiques.

Il y avait à l'Hôtel-de-Ville vingt-quatre prêtres,

qui, arrêtés à cause de leur refus de prêter serment, devaient être transférés de la salle du dépôt aux prisons de l'Abbaye. Soit intention, soit effet du hasard, on choisit ce moment pour leur translation. Ils sont placés dans six fiacres, escortés par des fédérés bretons et marseillais, et sont conduits au petit pas vers le faubourg Saint-Germain, en suivant les quais, le Pont-Neuf et la rue Dauphine. On les entoure, et on les accable d'outrages. « Voilà, disent les fédérés, les conspirateurs qui devaient égorger nos femmes et nos enfans ; tandis que nous serions à la frontière. » Ces paroles augmentent encore le tumulte. Les portières des voitures étaient ouvertes ; les malheureux prêtres veulent les fermer pour se mettre à l'abri des mauvais traitemens, mais on les en empêche, et ils sont obligés de souffrir patiemment les coups et les injures. Enfin ils arrivent dans la cour de l'Abbaye, où se trouvait déjà réunie une foule immense. Cette cour conduisait aux prisons, et communiquait avec la salle où le comité de la section des Quatre-Nations tenait ses séances. Le premier fiacre arrive devant la porte du comité, et se trouve entouré d'une foule d'hommes furieux. Maillard était présent. La portière s'ouvre ; le premier des prisonniers s'avance pour descendre et entrer au comité, mais il est aussitôt percé de mille coups. Le second se rejette dans la voiture, mais il en est arraché de vive force, et immolé comme le précédent. Les deux autres le sont à leur tour, et les égorgeurs abandonnent la première voiture pour se porter sur les suivantes. Elles arrivent l'une après l'autre dans la cour fatale, et le dernier des vingt-quatre prêtres est égorgé, au milieu des hurlemens d'une population furieuse [1].

Dans ce moment accourt Billaud-Varennes, membre du conseil de la commune, et le seul, entre les organisateurs de ces massacres, qui les ait constamment approuvés, et qui ait osé en soutenir la vue avec une cruauté intrépide. Il arrive revêtu de son écharpe, marche dans le sang et sur les cadavres, parle à la foule des égorgeurs, et lui dit : *Peuple, tu immoles tes ennemis, tu fais ton devoir.* Une voix s'élève après celle de Billaud, c'est celle de Maillard : *Il n'y a plus rien à faire ici,* s'écrie-t-il; *allons aux Carmes!* Sa bande le suit alors, et ils se précipitent tous ensemble vers l'église des Carmes, où deux cents prêtres avaient été enfermés. Ils pénètrent dans l'église, et égorgent les malheureux prêtres qui priaient le ciel, et s'embrassaient les uns les autres à l'approche de la mort. Ils demandent à grands cris l'archevêque d'Arles, le cherchent, le reconnaissent, et le tuent d'un coup de sabre sur le crâne. Après

---

[1]. Excepté un seul, l'abbé Sicard, qui fut sauvé par miracle.

s'être servis de leurs sabres, ils emploient les armes à feu, et font des décharges générales dans le fond des salles, dans le jardin, sur les murs et sur les arbres, où quelques-unes des victimes cherchaient à se sauver.

Tandis que le massacre s'achève aux Carmes, Maillard revient à l'Abbaye avec une partie des siens. Il était couvert de sang et de sueur; il entre au comité de la section des Quatre-Nations, et demande *du vin pour les braves travailleurs qui délivrent la nation de ses ennemis.* Le comité tremblant leur en accorde vingt-quatre pintes.

Le vin est servi dans la cour, et sur des tables entourées de cadavres égorgés dans l'après-midi. On boit, et tout-à coup, montrant la prison, Maillard s'écrie : *A l'Abbaye!* A ces mots, on le suit, et on attaque la porte. Les prisonniers épouvantés entendent les hurlemens, signal de leur mort. Les portes sont ouvertes; les premiers détenus qui s'offrent sont saisis, traînés par les pieds et jetés tout sanglans dans la cour. Tandis qu'on immole sans distinction les premiers venus, Maillard et ses affidés demandent les écrous et les clés des diverses prisons. L'un d'eux, s'avançant vers la porte du guichet, monte sur un tabouret, et prend la parole. « Mes amis, dit-il, vous voulez détruire
« les aristocrates, qui sont les ennemis du peuple,
« et qui devaient égorger vos femmes et vos enfans

« tandis que vous seriez à la frontière. Vous avez
« raison, sans doute; mais vous êtes de bons
« citoyens, vous aimez la justice, et vous seriez
« désespérés de tremper vos mains dans le sang
« innocent. — Oui! oui! s'écrient les exécuteurs. —
« Eh bien! je vous le demande, quand vous voulez,
« sans rien entendre, vous jeter comme des tigres
« en fureur sur des hommes qui vous sont in-
« connus, ne vous exposez-vous pas à confondre
« les innocens avec les coupables? » Ces paroles
sont interrompues par un des assistans, qui, armé
d'un sabre, s'écrie à son tour : « Voulez-vous, vous
« aussi, nous endormir? Si les Prussiens et les
« Autrichiens étaient à Paris, chercheraient-ils à
« distinguer les coupables. J'ai une femme et des
« enfans que je ne veux pas laisser en danger. Si
« vous voulez, donnez des armes à ces *coquins*,
« nous les combattrons à nombre égal, et avant
« de partir, Paris en sera purgé. — Il a raison, il
« faut entrer, » se disent les autres; ils poussent
et s'avancent. Cependant on les arrête, et on les
oblige à consentir à une espèce de jugement. Il est
convenu qu'on prendra le registre des écrous, que
l'un d'eux fera les fonctions de président, lira les
noms, les motifs de la détention, et prononcera à
l'instant même sur le sort du prisonnier. « Maillard! Maillard président! « s'écrient plusieurs voix;
et il entre aussitôt en fonction. Ce terrible prési-

dent s'assied aussitôt devant une table, place sous ses yeux le registre des écrous, s'entoure de quelques hommes pris au hasard pour donner leur avis, en dispose quelques-uns dans la prison pour amener les prisonniers, et laisse les autres à la porte pour consommer le massacre. Afin de s'épargner des scènes de désespoir, il est convenu qu'il prononcera ces mots : *Monsieur à la Force*, et qu'alors jeté hors du guichet, le prisonnier sera livré, sans s'en douter, aux sabres qui l'attendent.

On amène d'abord les Suisses détenus à l'Abbaye, et dont les officiers avaient été conduits à la Conciergerie. « C'est vous, leur dit Maillard, qui avez assassiné le peuple au 10 août. — Nous étions attaqués, répondent ces malheureux, et nous obéissions à nos chefs. — Au reste, reprend froidement Maillard, il ne s'agit que de vous conduire à la Force. » Mais les malheureux, qui avaient entrevu les sabres menaçans de l'autre côté du guichet, ne peuvent s'abuser. Il faut sortir, ils reculent, se rejettent en arrière. L'un d'eux, d'une contenance plus ferme, demande où il faut passer. On lui ouvre la porte, et il se précipite tête baissée au milieu des sabres et des piques. Les autres s'élancent après lui, et subissent le même sort.

Les exécuteurs retournent à la prison, entassent les femmes dans une même salle, et amènent de nouveaux prisonniers. Quelques prisonniers accusés de fabrication de faux assignats, sont immolés les premiers. Vient après eux le célèbre Montmorin, dont l'acquittement avait causé tant de tumulte et ne lui avait pas valu la liberté. Amené devant le sanglant président, il déclare que, soumis à un tribunal régulier, il n'en peut reconnaître d'autre. « Soit, répond Maillard ; vous irez donc à la Force attendre un nouveau jugement. » L'ex-ministre trompé demande une voiture. On lui répond qu'il en trouvera une à la porte. Il demande encore quelques effets, s'avance vers la porte, et reçoit la mort.

On amène ensuite Thierry, valet-de-chambre du roi. *Tel maître tel valet*, dit Maillard, et le malheureux est assassiné. Viennent après les juges de paix Buob et Bocquillon, accusés d'avoir fait partie du comité secret des Tuileries. Ils sont égorgés pour cette cause. La nuit s'avance ainsi, et chaque prisonnier, entendant les hurlemens des assassins, croit toucher à sa dernière heure.

Que faisaient en ce moment les autorités constituées, tous les corps assemblés, tous les citoyens de Paris! Dans cette immense capitale, le calme, le tumulte, la sécurité, la terreur, peuvent régner ensemble, tant une partie est distante de l'autre. L'assemblée n'avait appris que très tard les malheurs des prisons, et, frappée de stupeur, elle avait envoyé des députés pour apaiser le peuple, et sauver les victimes. La commune avait délégué des commissaires pour délivrer les prisonniers pour dettes, et distinguer ce qu'elle appelait les *innocens* et les *coupables*. Enfin les jacobins, quoique en séance, et instruits de ce qui se passait, semblaient observer un silence convenu. Les ministres, réunis à l'hôtel de la marine pour former le conseil, n'étaient pas encore avertis, et attendaient Danton qui se trouvait au comité de surveillance. Le commandant-général Santerre avait, disait-il à la commune, donné des ordres, mais on ne lui obéissait pas, et presque tout son monde était occupé à la garde des barrières. Il est certain qu'il y avait des commandemens inconnus et contradictoires, et que tous les signes d'une autorité secrète et opposée à l'autorité publique s'étaient manifestés. A la cour de l'Abbaye, se trouvait un poste de garde nationale, qui avait la consigne de laisser entrer et de ne pas laisser sortir. Ailleurs, des postes attendaient des ordres et ne les recevaient pas. Santerre avait-il perdu la raison comme au 10 août, ou bien était-il dans le complot? Tandis que des commissaires, publiquement envoyés par la commune, venaient conseiller le calme et arrêter le peuple, d'autres membres de la même commune se présentaient au comité des Quatre-Nations, qui siégeait à côté des massacres, et disaient : *Tout va-t-il bien ici comme aux Carmes ? La commune nous envoie pour vous offrir des secours si vous en avez besoin.*

Les commissaires envoyés par l'assemblée et par la commune, pour arrêter les meurtres, furent impuissans. Ils avaient trouvé une foule immense qui assiégeait les environs de la prison et assistait à cet affreux spectacle aux cris de *vive la nation !* Le vieux Dusaulx, monté sur une chaise, essaya de prononcer les mots de clémence, sans pouvoir se faire entendre. Bazire, plus adroit, avait feint d'entrer dans le ressentiment de cette multitude, mais ne fut plus écouté dès qu'il voulut réveiller des sentimens de miséricorde. Manuel, le procureur de la commune, saisi de pitié, avait couru les plus grands dangers sans pouvoir sauver une seule victime. A ces nouvelles, la commune, un peu plus émue, dépêcha une seconde députation *pour calmer les esprits et éclairer le peuple sur ses véritables intérêts.* Cette députation, aussi impuissante que la première, ne put que délivrer quelques femmes et quelques débiteurs.

Le massacre continue pendant cette horrible nuit. Les égorgeurs se succèdent du tribunal dans les guichets, et sont tour à tour juges et bourreaux. En même temps ils boivent, et déposent sur une table leurs verres empreints de sang. Au milieu de ce carnage, ils épargnent cependant quelques victimes, et éprouvent en les rendant à la vie une joie inconcevable. Un jeune homme, réclamé par une section, et déclaré pur d'aristocratie, est acquitté aux cris de *vive la nation*, et porté en triomphe sur les bras sanglans des exécuteurs. Le vénérable Sombreuil, gouverneur des Invalides, est amené à son tour, et condamné à être transféré à la Force. Sa fille l'a aperçu du milieu de la prison ; elle s'élance au travers des piques et des sabres, serre son père dans ses bras, s'attache à lui avec tant de force, supplie les meurtriers avec tant de larmes et un accent si déchirant, que leur fureur étonnée est suspendue. Alors, comme pour mettre à une nouvelle épreuve cette sensibilité qui les touche : *Bois*, disent-ils à cette fille généreuse, *bois du sang des aristocrates*, et ils lui présentent un vase plein de sang : elle boit, et son père est sauvé. La fille de Cazotte est parvenue aussi à envelopper son père dans ses bras ; elle a prié comme la généreuse Sombreuil, a été irrésistible comme elle, et, plus heureuse, a obtenu le salut de son père, sans qu'un prix horrible ait été imposé à son amour. Des larmes coulent des yeux de ces hommes féroces ; et ils reviennent encore demander des victimes ! L'un d'entre eux retourne dans la prison pour conduire des prisonniers à la mort ; il apprend que les malheureux qu'il venait égorger ont manqué d'eau pendant vingt-deux heures, et il veut aller tuer le geôlier. Un autre s'intéresse à un prisonnier qu'il traduit au guichet, parce qu'il lui a entendu parler la langue de son pays. « Pourquoi es-tu ici? dit-il à M. Journiac de Saint-Méard. Si tu n'es pas un traître, le président, *qui n'est pas un sot*, saura te rendre justice. Ne tremble pas, et réponds bien. » M. Journiac est présenté à Maillard, qui regarde l'écrou. « Ah! dit Maillard, c'est vous, monsieur Journiac, qui écriviez dans le journal de la cour et de la ville? — Non, répond le prisonnier, c'est une calomnie; je n'y ai jamais écrit. — Prenez garde de nous tromper, reprend Maillard, car tout mensonge est ici puni de mort. Ne vous êtes-vous pas récemment absenté pour aller à l'armée des émigrés? — C'est encore une calomnie; j'ai un certificat attestant que, depuis vingt-trois mois, je n'ai pas quitté Paris. — De qui est le certificat? la signature en est-elle authentique? » Heureusement pour M. de Journiac, il y avait dans le sanguinaire auditoire un homme auquel le signataire du certificat était personnellement connu. La signature est en effet vérifiée et déclarée véritable. « Vous le voyez donc, reprend M. de Journiac, on m'a calomnié. — Si le calomniateur était ici, reprend Maillard, une justice terrible en serait faite. Mais répondez, n'avait-on aucun motif de vous enfermer? — Oui, reprend M. de Journiac, j'étais connu pour aristocrate. —

Aristocrate ! — Oui, aristocrate ; mais vous n'êtes pas ici pour juger les opinions ; vous ne devez juger que la conduite. La mienne est sans reproche ; je n'ai jamais conspiré ; mes soldats, dans le régiment que je commandais, m'adoraient, et ils me chargèrent à Nancy d'aller m'emparer de Malseigne. » Frappés de tant de fermeté, les juges se regardent, et Maillard donne le signal de grâce. Aussitôt des cris de *vive la nation !* retentissent de toutes parts. Le prisonnier est embrassé. Deux individus s'emparent de lui, et, le couvrant de leurs bras, le font passer sain et sauf à travers la haie menaçante des piques et des sabres. M. de Journiac veut leur donner de l'argent, mais ils refusent, et ne demandent qu'à l'embrasser. Un autre prisonnier, sauvé de même, est reconduit chez lui avec le même empressement. Les exécuteurs, tout sanglans, demandent à être témoins de la joie de sa famille, et immédiatement après ils retournent au carnage. Dans cet état convulsif, toutes les émotions se succèdent dans le cœur de l'homme. Tour à tour animal doux et féroce, il pleure ou égorge. Plongé dans le sang, il est tout à coup touché par un beau dévouement, par une noble fermeté, il est sensible à l'honneur de paraître juste, à la vanité de paraître probe ou désintéressé. Si dans ces déplorables journées de septembre, on vit quelques-uns de ces sauvages devenus meurtriers et voleurs à la fois, on en vit aussi qui venaient déposer sur le bureau du comité de l'Abbaye les bijoux sanglans trouvés sur les prisonniers.

Pendant cette affreuse nuit, la troupe s'était divisée, et avait porté le ravage dans les autres prisons de Paris. Au Châtelet, à la Force, à la Conciergerie, aux Bernardins, à Saint-Firmin, à la Salpétrière, à Bicêtre, les mêmes massacres avaient été commis, et des flots de sang avaient coulé comme à l'Abbaye. Le lendemain, lundi 3 septembre, le jour éclaira l'affreux carnage de la nuit, et la stupeur régna dans Paris. Billaud-Varennes reparut à l'Abbaye, où la veille il avait encouragé ce qu'on appelait *les travailleurs*. Il leur adressa de nouveau la parole : « Mes amis, leur « dit-il, en égorgeant des scélérats, vous avez « sauvé la patrie. La France vous doit une recon- « naissance éternelle, et la municipalité ne sait « comment s'acquitter envers vous. Elle vous offre « 24 livres à chacun, et vous allez être payés sur- « le-champ. » Ces paroles furent couvertes d'applau- dissemens, et ceux auxquels elles s'adressaient suivirent alors Billaud-Varennes dans le comité, pour se faire délivrer le paiement qui leur était promis. « Où voulez-vous, dit le président à Bil- laud, que nous trouvions des fonds pour payer? » Billaud, faisant alors un nouvel éloge des massacres répondit au président que le ministre de l'intérieur devait en avoir pour cet usage. On courut chez Roland, qui venait d'apprendre avec le jour les crimes de la nuit, et qui repoussa la demande avec indignation. Revenus au comité, les assassins demandèrent, sous peine de mort, le salaire de leurs affreux travaux, et chaque membre fut obligé de dépouiller ses poches pour les satisfaire. Enfin la commune acheva d'acquitter la dette, et on peut lire au registre de ses dépenses la mention de plusieurs sommes payées aux exécuteurs de septembre. On y verra en outre, à la date du 4 septembre, la somme de 1,463 livres affectée à cet emploi.

Le récit de tant d'horreurs s'était répandu dans Paris, et y avait produit la plus grande terreur. Les jacobins continuaient à se taire. A la commune on commençait à être touché; mais on ne manquait pas d'ajouter que le peuple avait été juste, qu'il n'avait frappé que des criminels, et que dans sa vengeance il n'avait eu que le tort de devancer le glaive des lois. Le conseil général avait envoyé de nouveaux commissaires *pour calmer l'effervescence, et ramener aux principes ceux qui étaient égarés.* Telles étaient les expressions des autorités publiques. Partout on rencontrait des gens qui, en s'apitoyant sur les souffrances des malheureux immolés, ajoutaient : Si on les eût laissés vivre, ils nous auraient égorgés dans quelques jours. » D'autres disaient : « Si nous sommes vaincus et massacrés par les Prussiens, ils auront du moins succombé avant nous. » Telles sont les épouvantables conséquences de la peur que les partis s'inspirent et de la haine engendrée par la peur.

L'assemblée, au milieu de ces affreux désordres, était douloureusement affectée. Elle rendait décrets sur décrets pour demander compte à la commune de l'état de Paris, et la commune répondait qu'elle faisait tous ses efforts pour rétablir l'ordre et les lois. Cependant l'assemblée, composée de ces girondins qui poursuivirent si courageusement les assassins de septembre, et moururent si noblement pour les avoir attaqués, l'assemblée n'eut pas l'idée de se transporter tout entière dans les prisons, et de se mettre entre les meurtriers et les victimes. Si cette idée généreuse ne vint pas l'arracher à ses bancs et la porter sur le théâtre du carnage, il faut l'attribuer à la surprise, au sentiment de son impuissance, peut-être aussi à ce dévouement insuffisant qu'inspire le danger d'un ennemi, enfin à cette désastreuse opinion, partagée par quelques députés, que les victimes étaient autant de conjurés, desquels on aurait reçu la mort, si on ne la leur avait donnée.

Un homme déploya en ce jour un généreux caractère, et s'éleva avec une noble énergie contre les assassins. Sous leur règne de trois jours, il réclama le second. Le lundi matin, à l'instant où il venait d'apprendre les crimes de la nuit, il écrivit au maire Pétion qui ne les connaissait point encore, il écrivit à Santerre qui n'agissait pas, et leur fit à tous deux les plus pressantes réquisitions. Il adressa dans le moment même à l'assemblée une lettre qui fut couverte d'applaudissemens. Cet homme de bien, si indignement calomnié par les partis, était Roland. Dans sa lettre il réclama contre tous les genres de désordres, contre les usurpations de la commune, contre les fureurs de la populace, et dit noblement qu'il saurait mourir au poste que la loi lui avait assigné. Cependant, si l'on veut se faire une idée de la disposition des esprits, de la fureur qui régnait contre ceux qu'on appelait les *traîtres*, et des ménagemens qu'il fallait employer en parlant aux passions délirantes, on peut en juger par le passage suivant. Certes on ne peut pas douter du courage de l'homme qui, seul et publiquement, rendait toutes les autorités responsables des massacres, et cependant voici la manière dont il était obligé de s'exprimer à cet égard.

« Hier fut un jour sur les événemens duquel il
« faut peut-être jeter un voile. Je sais que le
« peuple, terrible dans sa vengeance, y porte en-
« core une sorte de justice; il ne prend pas pour

« victime tout ce qui se présente à sa fureur ; il la
« dirige sur ceux qu'il croit avoir été trop long-
« temps épargnés par le glaive de la loi, et que le
« péril des circonstances lui persuade devoir être
« immolés sans délai. Mais je sais qu'il est facile à
« des scélérats, à des traîtres, d'abuser de cette
« effervescence, et qu'il faut l'arrêter ; je sais que
« nous devons à la France entière la déclaration,
« que le pouvoir exécutif n'a pu prévoir ni empê-
« cher ces excès ; je sais qu'il est du devoir des
« autorités constituées d'y mettre un terme, ou de
« se regarder comme anéanties. Je sais encore que
« cette déclaration m'expose à la rage de quelques
« agitateurs. Eh bien ! qu'ils prennent ma vie, je
« ne veux la conserver que pour la liberté, l'égalité.
« Si elles étaient violées, détruites, soit par le
« règne des despotes étrangers, ou l'égarement
« d'un peuple abusé, j'aurais assez vécu ; mais
« jusqu'à mon dernier soupir j'aurai fait mon de-
« voir. C'est le seul bien que j'ambitionne, et que
« nulle puissance sur la terre ne saurait m'en-
« lever. »

L'assemblée couvrit cette lettre d'applaudissemens, et, sur la motion de Lamourette, ordonna
que la commune rendrait compte de l'état de
Paris. La commune répondit encore que le calme
était rétabli. En voyant le courage du ministre de
l'intérieur, Marat et son comité s'irritèrent, et

osèrent lancer contre lui un mandat d'arrêt. Telle était leur fureur aveugle, qu'ils osaient attaquer un ministre, et un homme qui dans le moment jouissait encore de toute sa popularité. Danton, à cette nouvelle, se récria fortement contre ces membres du comité, qu'il appela des *enragés*. Quoique contrarié tous les jours par l'inflexibilité de Roland, il était loin de le haïr; d'ailleurs il redoutait, dans sa terrible politique, tout ce qu'il croyait inutile, et il regardait comme une extravagance de saisir au milieu de ses fonctions le premier ministre de l'État. Il se rend à la mairie, court au comité, et s'emporte vivement contre Marat. Cependant on l'apaise, on le réconcilie avec Marat, et on lui remet le mandat d'arrêt, qu'il vient aussitôt montrer à Pétion, en lui racontant ce qu'il avait fait. « Voyez, dit-il au maire, de quoi sont capables ces *enragés*; mais je saurai les mettre à la raison. — Vous avez eu tort, réplique froidement Pétion; cet acte n'aurait perdu que ses auteurs. »

De son côté, Pétion, quoique plus froid que Roland, n'avait pas montré moins de courage. Il avait écrit à Santerre, qui, soit impuissance ou complicité, répondait qu'il avait le cœur déchiré, mais qu'il ne pouvait faire exécuter ses ordres. Il s'était ensuite rendu de sa personne sur les divers théâtres du carnage. A la Force, il avait arraché de leur siége sanglant deux officiers municipaux qui remplissaient, en écharpe, les fonctions que Maillard exerçait à l'Abbaye. Mais à peine était-il sorti pour se rendre en d'autres lieux, que ces officiers municipaux étaient rentrés, et avaient continué leurs exécutions. Pétion, partout impuissant, était retourné auprès de Roland, que la douleur avait rendu malade. On n'était parvenu à garantir que le Temple, dont le dépôt excitait la fureur populaire. Cependant la force armée avait été ici plus heureuse, et un ruban tricolore, tendu entre les murs et la populace, avait suffi pour l'écarter, et pour sauver la famille royale.

Les êtres monstrueux qui versaient le sang depuis le dimanche, s'étaient acharnés à cette horrible tâche, et en avaient contracté une habitude qu'ils ne pouvaient plus interrompre. Ils avaient même établi une espèce de régularité dans leurs exécutions; ils les suspendaient pour transporter les cadavres, et pour faire leurs repas. Des femmes même, portant des alimens, se rendaient aux prisons, pour donner le dîner à leurs maris, *qui*, disaient-elles, *étaient occupés à l'Abbaye.*

A la Force, à Bicêtre, à l'Abbaye, les massacres se prolongèrent plus qu'ailleurs. C'était à la Force que se trouvait l'infortunée princesse Lamballe, qui avait été célèbre à la cour par sa beauté et par ses liaisons avec la reine. On la conduit mou-

MORT DE MADAME DE LAMBALLE.

rante au terrible guichet. « Qui êtes-vous ? lui demandent les bourreaux en écharpe. — Louise de Savoie, princesse de Lamballe. — Quel était votre rôle à la cour ? Connaissez-vous les complots du château ? — Je n'ai connu aucun complot. — Faites serment d'aimer la liberté et l'égalité : faites serment de haïr le roi, la reine et la royauté. — Je ferai le premier serment ; je ne puis faire le second, il n'est pas dans mon cœur. »

« Jurez donc, lui dit un des assistans qui voulait la sauver. » Mais l'infortunée ne voyait et n'entendait plus rien. « Qu'on *élargisse* madame, dit le chef du guichet. » Ici, comme à l'Abbaye, on avait imaginé un mot pour servir de signal de mort. On emmène cette femme infortunée, qu'on n'avait pas, disent quelques narrateurs, l'intention de livrer à la mort, et qu'on voulait en effet élargir. Cependant elle est reçue à la porte par des furieux avides de carnage. Un premier coup de sabre porté sur le derrière de sa tête fait jaillir son sang. Elle s'avance encore soutenue par deux hommes, qui peut-être voulaient la sauver ; mais elle tombe à quelques pas plus loin sous un dernier coup. Son beau corps est déchiré. Les assassins l'outragent, le mutilent, et s'en partagent les lambeaux. Sa tête, son cœur, d'autres parties du cadavre, portées au bout d'une pique, sont promenées dans Paris. Il faut, disent ces hommes dans leur langage atroce, *les porter au pied du trône*. On court au Temple, et on éveille avec des cris affreux les infortunés prisonniers, qui demandent avec effroi ce que c'est. Les officiers municipaux s'opposent à ce qu'ils voient l'horrible cortége passer sous leur fenêtre, et la tête sanglante qu'on y élevait au bout d'une pique. Un garde national dit enfin à la reine : « *C'est la tête Lamballe qu'on veut « vous empêcher de voir.* » A ces mots, la reine s'évanouit. Madame Élisabeth, le roi, le valet-de-chambre Cléry, emportent cette princesse infortunée, et les cris de la troupe féroce retentissent long-temps encore autour des murs du Temple.

La journée du 3 et la nuit du 3 au 4 continuèrent d'être souillées par ces massacres. A Bicêtre surtout le carnage fut plus long et plus terrible qu'ailleurs. Il y avait là quelques mille prisonniers, enfermés, comme on sait, pour toute espèce de vices. Ils furent attaqués, voulurent se défendre, et on employa le canon pour les réduire. Un membre du conseil général de la commune osa même venir demander des forces pour réduire les prisonniers qui se défendaient. Il ne fut pas écouté. Pétion se rendit encore à Bicêtre, mais il n'obtint rien. Le besoin du sang animait cette multitude ; la fureur de combattre et de massacrer avait succédé chez elle au fanatisme

Mme DE LAMBALLE.

politique, et elle tuait pour tuer. Le massacre dura là jusqu'au mercredi 5 septembre.

Enfin presque toutes les victimes désignées avaient péri; les prisons étaient vides; les furieux demandaient encore du sang, mais les sombres ordonnateurs de tant de meurtres semblaient se montrer accessibles à quelque pitié. Les expressions de la commune commençaient à s'adoucir. Profondément touchée, disait-elle, des rigueurs exercées contre les prisonniers, elle donnait de nouveaux ordres pour les arrêter; et cette fois elle était mieux obéie. Cependant à peine restait-il quelques malheureux auxquels sa pitié pût être utile. L'évaluation du nombre des victimes diffère dans tous les rapports du temps; cette évaluation varie de six à douze mille dans les prisons de Paris[1].

Mais si les exécutions répandirent la stupeur, l'audace qu'on mit à les avouer et à en recommander l'imitation ne surprit pas moins que les exécutions mêmes. Le comité de surveillance osa répandre une circulaire à toutes les communes de France, que l'histoire doit conserver avec les sept signatures qui y furent apposées. Voici cette pièce monumentale.

« Paris, 2 septembre 1792.

« Frères et amis, un affreux complot tramé par

[1]. Voyez la note 23 à la fin du volume.

« la cour pour égorger tous les patriotes de l'em-
« pire français, complot dans lequel un grand
« nombre de membres de l'assemblée nationale
« sont compromis, ayant réduit, le 9 du mois
« dernier, la commune de Paris à la plus cruelle
« nécessité d'user de la puissance du peuple pour
« sauver la nation, elle n'a rien négligé pour bien
« mériter de la patrie. Après les témoignages que
« l'assemblée nationale venait de lui donner elle-
« même, eût-on pensé que dès lors de nouveaux
« complots se tramaient dans le silence, et qu'ils
« éclataient dans le moment même où l'assem-
« blée nationale, oubliant qu'elle venait de dé-
« clarer que la commune de Paris avait sauvé la
« patrie, s'empressait de la destituer pour prix de
« son brûlant civisme? A cette nouvelle, les cla-
« meurs publiques élevées de toutes parts ont fait
« sentir à l'assemblée nationale la nécessité ur-
« gente de s'unir au peuple, et de rendre à la com-
« mune, par le rapport du décret de destitution,
« le pouvoir dont elle l'avait investie.

« Fière de jouir de toute la plénitude de la con-
« fiance nationale, qu'elle s'efforcera de mériter
« de plus en plus, placée au foyer de toutes les
« conspirations, et déterminée à périr pour le
« salut public, elle ne se glorifiera d'avoir fait son
« devoir que lorsqu'elle aura obtenu votre appro-
« bation, qui est l'objet de tous ses vœux, et dont

« elle ne sera certaine qu'après que tous les dépar-
« temens auront sanctionné ses mesures pour le
« salut public. Professant les principes de la plus
« parfaite égalité, n'ambitionnant d'autre privilége
« que celui de se présenter la première à la brèche,
« elle s'empressera de se soumettre au niveau de
« la commune la moins nombreuse de l'empire,
« dès qu'il n'y aura plus rien à redouter.

« Prévenue que des hordes barbares s'avançaient
« contre elle, la commune de Paris se hâte d'in-
« former ses frères de tous les départemens qu'une
« partie des conspirateurs féroces détenus dans
« les prisons a été mise à mort par le peuple, actes
« de justice qui lui ont paru indispensables pour
« retenir par la terreur les légions de traîtres ren-
« fermés dans ses murs, au moment où il allait
« marcher à l'ennemi; et sans doute la nation,
« après la longue suite de trahisons qui l'a conduite
« sur les bords de l'abîme, s'empressera d'adopter
« ce moyen si utile et si nécessaire; et tous les
« Français se diront comme les Parisiens : Nous
« marchons à l'ennemi, et nous ne laissons pas
« derrière nous des brigands pour égorger nos
« femmes et nos enfans.

« *Signé* DUPLAIN, PANIS, SERGENT, LENFANT,
« MARAT, LEFORT, JOURDEUIL, *administrateurs du*
« *comité de surveillance constitué à la mairie.* »

La lecture de ce document peut faire juger à quel degré de fanatisme l'approche du danger avait poussé les esprits. Mais il est temps de reporter nos regards sur le théâtre de la guerre, où nous ne trouvons que de glorieux souvenirs.

CHAPITRE VII.

CAMPAGNE DE L'ARGONNE. — PLANS MILITAIRES DE DUMOURIEZ. — PRISE DU CAMP DE GRAND-PRÉ PAR LES PRUSSIENS. — VICTOIRE DE VALMY. — RETRAITE DES COALISÉS; BRUITS SUR LES CAUSES DE CETTE RETRAITE.

Déja, comme on l'a vu, Dumouriez avait tenu un conseil de guerre à Sedan, Dillon y avait émis l'opinion de se retirer à Châlons pour mettre la Marne devant nous, et en défendre le passage. Le désordre des vingt-trois mille hommes laissés à Dumouriez, l'impuissance où ils étaient de résister à quatre-vingt mille Prussiens parfaitement aguerris et organisés, le projet attribué à l'ennemi de faire une invasion rapide sans s'arrêter aux places fortes, tels étaient les motifs qui portaient Dillon à croire qu'on ne pourrait pas arrêter les Prussiens, et qu'il fallait se hâter de se retirer devant eux, pour chercher des positions plus fortes, et suppléer ainsi à la faiblesse et au mauvais état de notre armée. Le conseil fut tellement frappé de ces raisons, qu'il adhéra unanimement à l'avis de Dillon, et Dumouriez, à qui appartenait la décision, comme général en chef, répondit qu'il y réfléchirait.

C'était le 28 août au soir. Ici fut prise une résolution qui sauva la France. Plusieurs s'en disputent l'honneur : tout prouve qu'elle appartient à Dumouriez. L'exécution au reste la lui rend tout à fait propre, et doit lui en mériter toute la gloire. La France, comme on sait, est défendue à l'est par le Rhin et les Vosges, au nord par une suite de places fortes dues au génie de Vauban, et par la Meuse, la Moselle et divers cours d'eau qui, combinés avec les places fortes, composent un ensemble d'obstacles suffisans pour protéger cette frontière. L'ennemi avait pénétré en France par le nord, et il avait tracé sa marche entre Sedan et Metz, laissant l'attaque des places fortes des Pays-Bas au duc de Saxe-Teschen, et masquant par un corps de troupes Metz et la Lorraine. D'après ce projet, il eût fallu marcher rapidement, profiter de la désorganisation des Français, les frapper de terreur par des coups décisifs, enlever même les vingt-trois mille hommes de Lafayette, avant qu'un nouveau général leur eût rendu l'ensemble et la confiance. Mais le combat entre la présomption du roi de Prusse et la prudence de Brunswick arrêtait toute résolution, et empêchait les coalisés d'être sérieusement ou audacieux ou prudens. La prise de Verdun excita davantage la vanité de Frédéric-Guillaume et l'ardeur des émigrés, mais ne donna pas plus d'activité à Brunswick, qui n'approuvait nullement l'invasion, avec les moyens qu'il avait et avec les dispositions du pays envahi. Après la prise de Verdun, le 2 septembre, l'armée coalisée s'étendit pendant plusieurs jours dans les plaines qui bordent la Meuse, se borna à occuper Stenay, et ne fit pas un seul pas en avant. Dumouriez était à Sedan, et son armée campait dans les environs.

De Sedan à Passavant s'étend une forêt dont le nom doit être à jamais fameux dans nos annales; c'est celle de l'Argonne, qui couvre un espace de treize à quinze lieues, et qui, par les inégalités du terrain, le mélange des bois et des eaux, est tout à fait impénétrable à une armée, excepté dans quelques passages principaux. C'est par cette forêt que l'ennemi devait pénétrer pour se rendre à Châlons, et prendre ensuite la route de Paris. Avec un projet pareil, il est étonnant qu'il n'eût pas songé encore à en occuper les principaux passages, et à y devancer Dumouriez, qui, à sa position de Sedan, en était éloigné de toute la longueur de la forêt. Le soir, après la séance du conseil de guerre, le général français considérait la carte avec un officier dans les talens duquel il avait la plus grande confiance; c'était Thouvenot. Lui montrant alors du doigt l'Argonne et les clairières dont elle est traversée : « Ce sont là, lui dit-il, les Thermopyles de la France : si je puis y être avant les Prussiens, tout est sauvé. »

Ce mot enflamma le génie de Thouvenot, et tous deux se mirent à détailler ce beau plan. Les avantages en étaient immenses : outre qu'on ne reculait pas, et qu'on ne se réduisait pas à la Marne pour dernière ligne de défense, on faisait perdre à l'ennemi un temps précieux; on l'obligeait à rester dans la Champagne pouilleuse, dont le sol désolé, fangeux, stérile, ne pouvait suffire à l'entretien d'une armée; on ne lui cédait pas, comme en se retirant à Châlons, les Trois-Évêchés, pays riche et fertile, où il aurait pu hiverner très heureusement, dans le cas même où il n'aurait pas forcé la Marne. Si l'ennemi, après avoir perdu quelque temps devant la forêt, voulait la tourner, et se portait vers Sedan, il trouvait devant lui les places fortes des Pays-Bas, et il n'était pas supposable qu'il pût les faire tomber. S'il remontait vers l'autre extrémité de la forêt, il rencontrait Metz et l'armée du centre; on se mettait alors à sa poursuite, et en se réunissant à l'armée de Kellermann, on pouvait former une masse de cinquante mille hommes, appuyée sur Metz et diverses places fortes. Dans tous les cas, on lui avait fait manquer sa marche et perdre cette campagne; car on était déjà en septembre, et à cette époque on faisait encore hiverner les armées. Ce projet était excellent ; mais il fallait l'exécuter, et les Prussiens, rangés le long de l'Argonne, tandis que Dumouriez était à l'une de ses extrémités, pouvaient en avoir occupé les passages. Ainsi donc le sort de ce grand projet et de la France dépendait d'un hasard et d'une faute de l'ennemi.

Cinq défilés dits du Chêne-Populeux, de la Croix-aux-Bois, de Grand-Pré, de la Chalade, et des Islettes, traversent l'Argonne. Les plus importans étaient ceux de Grand-Pré et des Islettes, et malheureusement c'étaient les plus éloignés de Sedan et les plus rapprochés de l'ennemi. Dumouriez résolut de s'y porter lui-même avec tout son monde. En même temps il ordonna au général Dubouquet de quitter le département du Nord pour venir occuper le passage du Chêne-Populeux, qui était fort important, mais très rapproché de Sedan, et dont l'occupation était moins urgente. Deux routes s'offraient à Dumouriez pour se rendre à Grand-Pré et aux Islettes : l'une derrière la forêt, et l'autre devant, en face de l'ennemi. La première, passant derrière la forêt, était plus sûre, mais plus longue; elle révélait à l'ennemi nos projets, et lui donnait le temps de les prévenir. La seconde était plus courte, mais elle trahissait aussi notre but, et exposait notre marche aux coups d'une armée formidable. Il fallait en effet s'avancer le long des bois, et passer devant Stenay, où se trouvait Clerfayt avec ses Autrichiens. Dumouriez préféra cependant celle-ci, et conçut le plan le plus hardi. Il pensait qu'avec la prudence autrichienne, le général ne manquerait pas, à la vue des Français, de se retrancher dans l'excellent camp de Brouenne, et que pendant ce temps on lui échapperait pour se porter à Grand-Pré et aux Islettes.

Le 30, en effet, Dillon est mis en mouvement, et part avec huit mille hommes pour Stenay, marchant entre la Meuse et l'Argonne. Il trouve Clerfayt, qui occupait les deux bords de la rivière avec vingt-cinq mille Autrichiens. Le général Miaczinski attaque avec quinze cents hommes les avant-postes de Clerfayt, tandis que Dillon, placé en arrière, marche à l'appui avec toute sa division. Le feu s'engage avec vivacité, et Clerfayt repassant aussitôt la Meuse, va se placer à Brouenne, comme l'avait très heureusement prévu Dumouriez. Pendant ce temps, Dillon poursuit hardiment sa route entre la Meuse et l'Argonne. Dumouriez le suit immédiatement avec les quinze mille hommes qui composaient son corps de bataille, et ils s'avancent tous deux vers les postes qui leur étaient assignés. Le 2 septembre, Dumouriez était à Beffu, et n'avait plus qu'une marche à faire pour arriver à Grand-Pré. Dillon était le même jour à Pierremont, et s'approchait toujours des Islettes avec une extrême hardiesse. Heureusement pour celui-ci, le général Galbaud, envoyé pour renforcer la garnison de Verdun, était arrivé trop tard, et s'était replié sur les Islettes, qu'il tenait ainsi d'avance. Dillon y arrive le 4 avec ses huit mille hommes, s'y établit, et fait garder de plus la Chalade, autre passage secondaire qui lui était confié. En même temps Dumouriez parvient à Grand-Pré, trouve le poste vacant, et s'en empare le 3. Ainsi, le 3 et le 4, les passages étaient occupés par nos soldats, et le salut de la France était fort avancé.

Ce fut par cette marche audacieuse, et au moins aussi méritoire que l'idée d'occuper l'Argonne, que Dumouriez se mit en état de résister à l'invasion. Mais ce n'était pas tout : il fallait rendre ces passages inexpugnables, et pour cela faire encore une foule de dispositions dont le succès dépendait de beaucoup de hasards.

Dillon se retrancha aux Islettes, il fit des abatis, éleva d'excellens retranchemens, et, disposant habilement de l'artillerie française, qui était nombreuse et excellente, plaça des batteries de manière à rendre le passage inabordable. Il occupa en même temps la Chalade, et se rendit ainsi maître des deux routes qui conduisent à Sainte-Menehould, et de Sainte-Menehould à Châlons. Dumouriez s'établit à Grand-Pré, dans un camp que la nature et l'art avaient rendu formidable. Des hauteurs, rangées en amphithéâtre, formaient le terrain sur lequel se trouvait l'armée. Au pied de ces hauteurs s'étendaient de vastes prairies, devant lesquelles l'Aire coulait en formant la tête du camp. Deux ponts étaient jetés sur l'Aire; deux avant-gardes très fortes y étaient placées, et devaient en cas d'attaque, se retirer en les brûlant. L'ennemi, après avoir déposté ces troupes avancées, avait à effectuer le passage de l'Aire, sans le secours des ponts, et sous le feu de toute notre artillerie. Après avoir franchi la rivière, il lui fallait traverser un bassin de prairies où se croisaient mille feux, et enlever enfin des retranchemens escarpés et presque inaccessibles. Dans le cas où tant d'obstacles eussent été vaincus, Dumouriez, se retirant par les hauteurs qu'il occupait, descendait sur leur revers, trouvait à leur pied l'Aisne, autre cours d'eau qui les longeait par derrière, passait deux autres ponts qu'il détruisait, et pouvait mettre encore une rivière entre lui et les Prussiens. Ce camp pouvait être regardé comme inexpugnable, et là le général français était assez en sûreté pour s'occuper tranquillement de tout le théâtre de la guerre.

Le 7, le général Dubouquet occupa avec six mille hommes le passage du Chêne-Populeux. Il ne restait plus de libre que le passage beaucoup moins important de la Croix-aux-Bois, situé entre le Chêne-Populeux et Grand-Pré. Dumouriez, après avoir fait rompre la route et abattre les arbres, y posta un colonel avec deux bataillons et deux escadrons. Placé ainsi au centre de la forêt et dans un camp inexpugnable, il en défendait le principal passage au moyen de quinze mille hommes; il avait à sa droite, et à quatre lieues de distance, Dillon, qui gardait les Islettes et la Chalade avec huit mille; à sa gauche Dubouquet, défendant le Chêne-Populeux avec six mille, et, dans l'intervalle du Chêne-Populeux à Grand-Pré, un colonel qui surveillait avec quelques compagnies la route de la Croix-aux-Bois, qu'on avait jugée d'une importance très secondaire.

Toute sa défense se trouvant ainsi établie, il avait le temps d'attendre les renforts, et il se hâta de donner des ordres en conséquence. Il enjoignit à Beurnonville de quitter la frontière des Pays-Bas, où le duc de Saxe-Teschen ne tentait rien d'important, et d'être à Rethel le 13 septembre, avec dix mille hommes. Il fixa Châlons pour le dépôt des vivres et des munitions, pour le rendez-vous des recrues et des renforts qu'on lui envoyait. Il réunissait ainsi derrière lui tous les moyens de composer une résistance suffisante. En même temps il manda au pouvoir exécutif qu'il avait occupé l'Argonne. « Grand-Pré et les Islettes, écrivait-il,

« sont nos Thermopyles ; mais je serai plus heureux
« que Léonidas. » Il demandait qu'on détachât quelques régimens de l'armée du Rhin, qui n'était pas menacée, et qu'on les joignît à l'armée du centre, confiée désormais à Kellermann. Le projet des Prussiens étant évidemment de marcher sur Paris, puisqu'ils masquaient Montmédy et Thionville sans s'y arrêter, il voulait qu'on ordonnât à Kellermann de cotoyer leur gauche par Ligny et Bar-le-Duc, et de les prendre ainsi en flanc et en queue pendant leur marche offensive. D'après toutes ces dispositions, si les Prussiens, renonçant à forcer l'Argonne, remontaient plus haut, Dumouriez les précédait à Revigny, et là trouvait Kellermann arrivant de Metz avec l'armée du centre. S'ils descendaient vers Sedan, Dumouriez les suivait encore, rencontrait là les dix mille hommes de Beurnonville, et attendait Kellermann sur les bords de l'Aisne ; et dans les deux cas, la jonction produisait une masse de soixante mille hommes, capable de se montrer en rase campagne.

Le pouvoir exécutif n'oublia rien pour seconder Dumouriez dans ses excellentes dispositions. Servan, le ministre de la guerre, quoique maladif, veillait sans relâche à l'approvisionnement des armées, au transport des effets et munitions, et à la réunion des nouvelles levées. Il partait tous les jours de Paris de quinze cents à deux mille volontaires. L'entraînement vers l'armée était général, et on y courait en foule. Les sociétés patriotiques, les conseils des communes, l'assemblée, étaient continuellement traversés par des compagnies levées spontanément, et marchant vers Châlons, rendez-vous général des volontaires. Il ne manquait à ces jeunes soldats que la discipline et l'habitude du champ de bataille, qu'ils n'avaient point encore, mais qu'ils pouvaient bientôt acquérir sous un général habile.

Les girondins étaient ennemis personnels de Dumouriez, et lui accordaient peu de confiance, depuis qu'il les avait chassés du ministère; ils avaient même voulu lui substituer dans le commandement général un officier nommé Grimoard. Mais ils s'étaient réunis à lui depuis qu'il semblait chargé des destinées de la patrie. Roland, le meilleur, le plus désintéressé d'entre eux, lui écrivit une lettre touchante pour l'assurer que tout était oublié, et que ses amis ne demandaient tous que d'avoir à célébrer ses victoires.

Dumouriez s'était donc vigoureusement emparé de cette frontière, et s'était fait le centre de vastes mouvemens, jusque-là trop lents et trop désunis. Il avait heureusement occupé les défilés de l'Argonne, pris une position qui donnait aux armées le temps de se grouper et de s'organiser derrière lui; il faisait arriver successivement tous les corps pour composer une masse imposante; il mettait Kellermann dans la nécessité de venir recevoir ses ordres; il commandait avec vigueur, agissait avec célérité, et soutenait les soldats en se montrant au milieu d'eux, en leur témoignant beaucoup de confiance, et en s'efforçant de leur faire désirer une prochaine rencontre avec l'ennemi.

On était ainsi arrivé au 10 septembre. Les Prussiens parcoururent tous nos postes, escarmouchèrent sur le front de tous nos retranchemens, et furent partout repoussés. Dumouriez avait pratiqué de secrètes communications dans l'intérieur de la forêt, et portait sur les points menacés des forces inattendues, qui, dans l'opinion de l'ennemi, doublaient les forces réelles de notre armée. Le 11, il y eut une tentative générale contre Grand-Pré; mais le général Miranda, placé à Mortaume, et le général Stengel à Saint-Jouvin, repoussèrent toutes les attaques avec un plein succès. Sur plusieurs points, les soldats, rassurés par leur position et par l'attitude de leurs chefs, sautèrent au-dessus de leurs retranchemens, et devancèrent à la baïonnette l'approche des assaillans. Ces combats occupaient l'armée, qui quelquefois manquait de vivres, à cause du désordre inévitable d'un service improvisé. Mais la gaieté du général, qui ne se soignait pas mieux que ses soldats, engageait tout le monde à se résigner; et, malgré un commencement de dyssenterie, on se trouvait assez bien dans le camp de Grand-Pré. Les officiers supérieurs seulement, qui doutaient de la possibilité d'une longue résistance, le ministère qui n'y croyait pas davantage, parlaient d'une retraite derrière la Marne, et assiégeaient Dumouriez de leurs conseils; et lui, écrivait des lettres énergiques aux ministres, et imposait silence à ses officiers, en leur disant que, lorsqu'il voudrait des avis, il convoquerait un conseil de guerre.

Il faut toujours qu'un homme ait les inconvéniens de ses qualités. L'extrême promptitude du génie de Dumouriez devait souvent l'emporter jusqu'à l'irréflexion. Dans son ardeur à concevoir, il lui était déjà arrivé de ne pas bien calculer les obstacles matériels de ses projets, notamment lorsqu'il ordonna à Lafayette de se porter de Metz à Givet. Il commit encore ici une faute capitale, qui, s'il avait eu moins de force d'esprit et de sang-froid, eût entraîné la perte de la campagne. Entre le Chêne-Populeux et Grand-Pré se trouvait, avons-nous dit, un passage secondaire, dont l'importance avait été jugée très médiocre, et qui n'était défendu que par deux bataillons et deux escadrons. Accablé de soins immenses, Dumouriez n'était pas allé juger par ses propres yeux de ce passage. N'ayant d'ailleurs que peu de monde à y placer, il avait cru trop facilement que quelques cents hommes suffiraient à sa garde. Pour comble de malheur, le colonel qui y commandait lui persuada qu'on pouvait même retirer une partie des troupes qui s'y trouvaient, et qu'en brisant les routes, quelques volontaires suffiraient à y maintenir la défensive. Dumouriez se laissa tromper par ce colonel, vieux militaire et jugé digne de confiance.

Pendant ce temps, Brunswick avait fait examiner nos divers postes, et il avait eu un moment le projet de longer la forêt jusqu'à Sedan pour la tourner vers cette extrémité. Il paraît que, pendant ce mouvement, des espions révélèrent la négligence du général français. La Croix-aux-Bois fut attaquée par des Autrichiens et des émigrés commandés par le prince de Ligne. Les abatis avaient à peine été commencés, les routes n'étaient point brisées, et le passage fut occupé sans résistance dès le 13 au matin. A peine Dumouriez eut-il appris cette funeste nouvelle, qu'il envoya le général Chasot, homme d'une grande bravoure, avec deux brigades, six escadrons et quatre pièces de 8 pour occuper de nouveau le passage, et en chasser les Autrichiens. Il ordonna de les attaquer à la baïonnette avec la plus grande vivacité, et avant qu'ils eussent trouvé le temps de se retrancher. La journée du 13 s'écoula, et celle du 14 se passa encore sans que le général Chasot pût exécuter cet ordre. Le 15 enfin, il attaqua avec vigueur, repoussa l'ennemi, et lui fit perdre le poste et son chef, le prince de Ligne. Mais, deux heures après, attaqué lui-même par des forces très supérieures, et avant d'avoir pu se retrancher, il fut repoussé de nouveau, et entièrement dépossédé de la Croix-aux-Bois. Chasot était en outre coupé de Grand-Pré, et ne pouvait se retirer vers l'armée principale, qui se trouvait ainsi affaiblie. Il se replia aussitôt sur Vouziers. Le général Dubouquet, commandant au Chêne-Populeux, et heureux jusque-là dans sa résistance, se voyant séparé de Grand-Pré, pensa qu'il ne fallait pas s'exposer à être enveloppé par l'ennemi, qui, ayant coupé la ligne à la Croix-aux-Bois, allait déboucher en masse. Il résolut de décamper, et de se retirer par Attigny et Somme-Puis, sur Châlons. Ainsi, le fruit de tant de combinaisons hardies et de hasards heureux était perdu ; le seul obstacle qu'on pût opposer à l'invasion, l'Argonne, était franchi, et la route de Paris était ouverte.

Dumouriez, séparé de Chasot et de Dubouquet, n'avait plus que quinze mille hommes ; et si l'ennemi, débouchant rapidement par la Croix-aux-Bois, tournait la position de Grand-Pré, et venait occuper les passages de l'Aisne, qui, avons-nous dit, servaient d'issue aux derrières du camp, le général français était perdu. Ayant quarante mille Prussiens en tête, vingt-cinq mille Autrichiens sur ses derrières, enfermé ainsi avec quinze mille hommes par soixante-cinq mille, par deux cours d'eau et la forêt, il n'avait plus qu'à mettre bas les armes, ou à faire tuer inutilement jusqu'au dernier de ses soldats. La seule armée sur laquelle comptait la France était alors anéantie, et les coalisés pouvaient prendre la route de la capitale.

Dans cette situation désespérée, le général ne perdit pas courage, et conserva un sang-froid admirable. Son premier soin fut de songer le jour même à la retraite, car le plus pressant était de se soustraire aux fourches Caudines. Il considéra que par sa droite il touchait à Dillon, maître encore des Islettes et de la route de Sainte-Menehould; qu'en se repliant sur les derrières de celui-ci, et appuyant son dos contre le sien, ils feraient tous deux face à l'ennemi, l'un aux Islettes, l'autre à Sainte-Menehould, et présenteraient ainsi un double front retranché. Là ils pourraient attendre la jonction des deux généraux Chasot et Dubouquet, détachés du corps de bataille, celle de Beurnonville, mandé de Flandre pour être le 13 à Rethel, celle enfin de Kellermann, qui, étant depuis plus de dix jours en marche, ne pouvait tarder d'arriver. Ce plan était le meilleur et le plus conséquent au système de Dumouriez, qui consistait à ne pas reculer à l'intérieur, vers un pays ouvert, mais à

Scheffer inv.   Leroux sc.

LA MARSEILLAISE.

se tenir dans un pays difficile, à y temporiser, et à se mettre en position de faire sa jonction avec l'armée du centre. Si, au contraire, il s'était replié sur Châlons, il était poursuivi comme fugitif; il exécutait avec désavantage une retraite qu'il aurait pu faire plus utilement dès l'origine, et surtout il se mettait dans l'impossibilité d'être rejoint par Kellermann. C'était une grande hardiesse, après un accident tel que celui de la Croix-aux-Bois, de persister dans son système, et il fallait, dans le moment, autant de génie que de vigueur pour ne pas s'abandonner au conseil, si répété, de se retirer derrière la Marne. Mais que de hasards heureux ne fallait-il pas encore pour réussir dans une retraite si difficile, si surveillée, et faite avec si peu de monde, en présence d'un ennemi si puissant.

Aussitôt il ordonna à Beurnonville, déjà dirigé sur Rethel, à Chasot, dont il venait de recevoir des nouvelles rassurantes, à Dubouquet, retiré sur Attigny, de se rendre tous à Sainte-Menehould. En même temps il manda de nouveau à Kellermann de continuer sa marche; car il pouvait craindre que Kellermann, apprenant la perte des défilés, ne voulût revenir sur Metz. Après avoir fait toutes ces dispositions, après avoir reçu un officier prussien qui demandait à parlementer, et lui avoir montré le camp dans le plus grand ordre, il fit détendre à minuit, et marcher en silence vers les deux ponts qui servaient d'issue au camp de Grand-Pré. Par bonheur pour lui, l'ennemi n'avait pas encore songé à pénétrer par la Croix-aux-Bois, et à déborder les positions françaises. Le ciel était orageux, et couvrait de ses ombres la retraite des Français. On marcha toute la nuit par les chemins les plus mauvais, et l'armée, qui heureusement n'avait pas eu le temps de s'alarmer, se retira sans connaître le motif de ce changement de position. Le lendemain 16, à huit heures du matin, toutes les troupes avaient traversé l'Aisne; Dumouriez s'était échappé, et il s'arrêtait en bataille sur les hauteurs d'Autry, à quatre lieues de Grand-Pré. Il n'était pas suivi, se croyait sauvé, et s'avançait à Dammartin-sur-Hans, afin d'y choisir un campement pour la journée, lorsque tout à coup il entend les fuyards accourir et crier que tout est perdu, que l'ennemi, se jetant sur nos derrières, a mis l'armée en déroute. Dumouriez accourt, retourne à son arrière-garde, et trouve le Péruvien Miranda et le vieux général Duval, arrêtant les fuyards, rétablissant avec beaucoup de fermeté les rangs de l'armée, que les hussards prussiens avaient un instant surprise et troublée. L'inexpérience de ces jeunes troupes, et la crainte de la trahison, qui alors remplissait tous les esprits, rendaient les terreurs paniques très faciles et très fréquentes. Cependant tout fut réparé, grâce aux trois généraux

Miranda, Duval et Stengel, placés à l'arrière-garde. On bivouaqua à Dammartin avec l'espérance de s'adosser bientôt aux Islettes, et de terminer heureusement cette périlleuse retraite.

Dumouriez était depuis vingt heures à cheval. Il mettait pied à terre à six heures du soir, lorsque tout à coup il entend encore des cris de *sauve qui peut*, des imprécations contre les généraux qui trahissaient, et surtout contre le général en chef, qui venait, dit-on, de passer à l'ennemi. L'artillerie avait attelé et voulait se réfugier sur une hauteur; toutes les troupes étaient confondues. Il fit allumer de grands feux, et ordonna qu'on restât sur la place toute la nuit. On passa ainsi dix heures dans les boues et l'obscurité. Plus de quinze cents fuyards, s'échappant à travers les campagnes, allèrent répandre à Paris et dans toute la France, que l'armée du Nord, le dernier espoir de la patrie, était perdue, et livrée à l'ennemi.

Dès le lendemain tout était réparé. Dumouriez écrivait à l'assemblée nationale avec son assurance ordinaire : « J'ai été obligé d'abandonner le camp « de Grand-Pré. La retraite était faite, lorsqu'une « terreur panique s'est mise dans l'armée; dix « mille hommes ont fui devant quinze cents hus- « sards prussiens. La perte ne monte pas à plus de « cinquante hommes et quelques bagages. TOUT « EST RÉPARÉ, ET JE RÉPONDS DE TOUT. » Il ne fallait pas moins que de telles assurances pour calmer les terreurs de Paris et du conseil exécutif, qui allait de nouveau presser le général de passer la Marne.

Sainte-Menehould, où marchait Dumouriez, est placé sur l'Aisne, l'une des deux rivières qui entouraient le camp de Grand-Pré. Dumouriez devait donc en remonter le cours, et, avant d'y parvenir, il avait à franchir trois ruisseaux assez profonds qui viennent s'y confondre, la Tourbe, la Bionne et l'Auve. Au-delà de ces trois ruisseaux se trouvait le camp qu'il allait occuper. Au-devant de Sainte-Menehould s'élèvent circulairement des hauteurs de trois quarts de lieue. A leur pied s'étend un fond dans lequel l'Auve forme des marécages avant de se jeter dans l'Aisne. Ce fond est bordé à droite par les hauteurs de l'Hyron, en face par celles de la Lune, et à gauche par celles de Gisaucourt. Au centre du bassin se trouvent différentes élévations, inférieures cependant à celles de Sainte-Menehould. Le moulin de Valmy en est une, et il fait immédiatement face aux coteaux de la Lune. La grande route de Châlons à Sainte-Menehould passe à travers ce bassin, presque parallèlement au cours de l'Auve. C'est à Sainte-Menehould et au-dessus de ce bassin que se plaça Dumouriez. Il fit occuper autour de lui les positions les plus importantes, et appuya le dos contre Dillon, en lui recommandant de tenir ferme contre l'ennemi. Il occupait ainsi la grande route de Paris sur trois points : les Islettes, Sainte-Menehould et Châlons.

Cependant les Prussiens pouvaient, en pénétrant par Grand-Pré, le laisser à Sainte-Menehould, et courir à Châlons. Dumouriez ordonna donc à Dubouquet, dont il avait appris l'heureuse arrivée à Châlons, de se placer, avec sa division, au camp de l'Épine, d'y réunir tous les volontaires nouvellement arrivés, afin de couvrir Châlons contre un coup de main. Il fut rejoint ensuite par Chasot, et enfin par Beurnonville. Celui-ci s'était porté le 15 à la vue de Sainte-Menehould. Voyant une armée en bon ordre, il avait supposé que c'était l'ennemi, car il ne pouvait croire que Dumouriez, qu'on disait battu, se fût si tôt et si bien tiré d'embarras. Dans cette idée, il s'était replié sur Châlons, et là, informé de la vérité, il était revenu, et avait pris position le 19 à Maffrecourt, sur la droite du camp. Il amenait ces dix mille braves, que Dumouriez avait pendant un mois exercés, dans le camp de Maulde, à une continuelle guerre de postes. Renforcé de Beurnonville et de Chasot, Dumouriez pouvait compter trente-cinq mille hommes. Ainsi, grâce à sa fermeté et à sa présence d'esprit, il se retrouvait placé dans une position très forte, et en état de temporiser encore assez long-temps. Mais si l'ennemi plus prompt le laissait en arrière, et courait en avant sur Châlons, que devenait son camp de Sainte-Menehould? C'était toujours la même crainte; et ses précautions, au camp de l'Épine, étaient loin de pouvoir prévenir un danger pareil.

Deux mouvemens s'opéraient très lentement autour de lui : celui de Brunswick, qui hésitait dans sa marche, et celui de Kellermann, qui, parti le 4 de Metz, n'était pas encore arrivé au point convenu, après quinze jours de route. Mais si la lenteur de Brunswick servait Dumouriez, celle de Kellermann le compromettait singulièrement. Kellermann, prudent et irrésolu, quoique très brave, avait tour à tour avancé ou reculé, suivant les marches de l'armée prussienne; et le 17 encore, en apprenant la perte des défilés, il avait fait un mouvement en arrière. Cependant, le 19 au soir, il fit avertir Dumouriez qu'il n'était plus qu'à deux lieues de Sainte-Menehould. Dumouriez lui avait réservé les hauteurs de Gisaucourt, placées à sa gauche, et dominant la route de Châlons et le ruisseau de l'Auve. Il lui avait mandé que, dans le cas d'une bataille, il pourrait se déployer sur les hauteurs secondaires, et se porter sur Valmy, au-delà de l'Auve. Dumouriez n'eut pas le temps d'aller placer lui-même son collègue. Kellermann, passant l'Auve le 19 dans la nuit, se porta à Valmy au centre du bassin, et négligea les hauteurs de Gisaucourt, qui formaient la gauche du camp de Sainte-Menehould, et dominaient celles de la Lune, sur lesquelles arrivaient les Prussiens.

Dans ce moment, en effet, les Prussiens, débouchant par Grand-Pré, étaient arrivés en vue de l'armée française, et, gravissant les hauteurs de la Lune, découvraient déjà le terrain dont Dumouriez occupait le sommet. Renonçant à une course rapide sur Châlons, ils étaient joyeux, dit-on, de trouver réunis les deux généraux français, afin de pouvoir les enlever d'un seul coup. Leur but était de se rendre maîtres de la route de Châlons, de se porter à Vitry, de forcer Dillon aux Islettes, d'entourer ainsi Sainte-Menehould de toutes parts, et d'obliger les deux armées à mettre bas les armes.

Le 20 au matin, Kellermann, qui, au lieu d'occuper les hauteurs de Gisaucourt, s'était porté au centre du bassin, sur le moulin de Valmy, se vit dominé en face par les hauteurs de la Lune, occupées par l'ennemi. D'un côté, il avait l'Hyron, que les Français tenaient en leur pouvoir, mais pouvaient perdre; de l'autre Gisaucourt, qu'il n'avait pas occupé, et où les Prussiens allaient s'établir. Dans le cas d'une défaite, il était rejeté dans les marécages de l'Auve, placés derrière le moulin de Valmy, et il pouvait être écrasé avant d'avoir rejoint Dumouriez, dans le fond de cet amphithéâtre. Aussitôt il appela son collègue auprès de lui. Mais le roi de Prusse, voyant un grand mouvement dans l'armée française, et croyant que le projet des généraux était de se porter sur Châlons, voulut aussitôt en fermer le chemin, et ordonna l'attaque. L'avant-garde prussienne rencontra sur la route de Châlons l'avant-garde de Kellermann, qui se trouvait avec son corps de bataille sur la hauteur de Valmy. On aborda vivement, et les Français, repoussés d'abord, furent ramenés et soutenus ensuite par les carabiniers du général Valence. Des hauteurs de la Lune, la canonnade s'engagea avec le moulin de Valmy, et notre artillerie riposta vivement à celle des Prussiens.

Cependant la position de Kellermann était très-hasardée ; ses troupes étaient toutes entassées confusément sur la hauteur de Valmy, et trop mal à l'aise pour y combattre. Des hauteurs de la Lune, on le canonnait ; de celles de Gisaucourt, un feu établi par les Prussiens maltraitait sa gauche ; l'Hyron, qui flanquait sa droite, était, à la vérité, occupé par les Français ; mais Clerfayt, attaquant ce poste avec vingt-cinq mille Autrichiens, pouvait s'en emparer : alors, foudroyé de toutes parts, Kellermann pouvait être rejeté de Valmy dans l'Auve, sans que Dumouriez pût le secourir. Celui-ci envoya aussitôt le général Stengel avec une forte division pour maintenir les Français sur l'Hyron, et y garantir la droite de

Valmy; il enjoignit à Beurnonville d'appuyer Stengel avec seize bataillons; il dépêcha Chasot avec neuf bataillons et huit escadrons sur la route de Châlons, pour occuper Gisaucourt et flanquer la gauche de Kellermann. Mais Chasot, arrivé près de Valmy, demanda les ordres de Kellermann au lieu de se porter sur Gisaucourt, et laissa aux Prussiens le temps de l'occuper, et d'y établir un feu meurtrier pour nous. Cependant, appuyé de droite et de gauche, Kellermann, pouvait se soutenir sur le moulin de Valmy. Malheureusement un obus tombé sur un caisson le fit sauter, et mit le désordre dans l'infanterie; le canon de la Lune l'augmenta encore, et déjà la première ligne commençait à plier. Kellermann, apercevant ce mouvement, accourut dans les rangs, les rallia, et rétablit l'ordre. Dans cet instant, Brunswick pensa qu'il fallait gravir la hauteur, et culbuter avec la baïonnette les troupes françaises.

Il était midi. Un brouillard épais, qui, jusqu'à ce moment, avait enveloppé les deux armées, était dissipé; elles s'apercevaient distinctement, et nos jeunes soldats voyaient les Prussiens s'avancer sur trois colonnes, avec l'assurance de troupes vieilles et aguerries. C'était pour la première fois qu'ils se trouvaient au nombre de cent mille hommes, sur le champ de bataille, et qu'ils allaient croiser la baïonnette. Ils ne connaissaient encore ni eux ni l'ennemi, et ils se regardaient avec inquiétude. Kellermann entre dans les retranchemens, dispose ses troupes par colonnes d'un bataillon de front, et leur ordonne, lorsque les Prussiens seront à une certaine distance, de ne pas les attendre, et de courir au-devant d'eux à la baïonnette. Puis il élève la voix et crie : *Vive la nation!* — On pouvait dans cet instant être brave ou lâche. Le cri de *vive la nation* ne fait que des braves, et nos jeunes soldats, entraînés, marchent en répétant le cri de *vive la nation!* A cette vue, Brunswick, qui ne tentait l'attaque qu'avec répugnance, et avec une grande crainte du résultat, hésite, arrête ses colonnes, et finit par ordonner la rentrée au camp.

Cette épreuve fut décisive. Dès ce moment, on crut à la valeur de ces *savetiers*, de ces *tailleurs*, qui composaient l'armée française, d'après les émigrés. On avait vu des hommes équipés, vêtus et braves; on avait vu des officiers décorés et pleins d'expérience, un général Duval, dont la belle taille, les cheveux blanchis inspiraient le respect; Kellermann, Dumouriez enfin, opposant tant de constance et d'habileté en présence d'un ennemi si supérieur. Dans ce moment, la révolution française fut jugée, et ce chaos, jusque-là ridicule, n'apparut plus que comme un terrible élan d'énergie.

A quatre heures, Brunswick essaya une nouvelle attaque. L'assurance de nos troupes le déconcerta encore, et il replia une seconde fois ses colonnes. Marchant de surprise en surprise, trouvant faux tout ce qu'on lui avait annoncé, le général prussien n'avançait qu'avec la plus grande circonspection, et, quoiqu'on lui ait reproché de n'avoir pas poussé plus vivement l'attaque et culbuté Kellermann, les bons juges pensent qu'il a eu raison. Kellermann, soutenu de droite et de gauche par toute l'armée française, pouvait résister; et si Brunswick, enfoncé dans une gorge et dans un pays détestable, eût été battu une fois, il risquait d'être entièrement détruit. D'ailleurs il avait, par le résultat de la journée, occupé la route de Châlons : les Français se trouvaient coupés de leur dépôt, et il espérait les obliger à quitter leur position dans quelques jours. Il ne considérait pas que, maîtres de Vitry, ils en étaient quittes pour un détour plus long, et pour quelques délais dans l'arrivée de leurs convois.

Telle fut la célèbre journée du 20 septembre 1792, où furent tirés plus de vingt mille coups de canons, et appelée depuis CANONNADE DE VALMY. La perte fut égale des deux côtés, et s'éleva pour chaque armée à huit ou neuf cents hommes. Mais la gaieté et l'assurance régnaient dans le camp français, et les reproches, le regret, dans celui des Prussiens.

On assure que dans la soirée même les émigrés reçurent les plus vives remontrances du roi de Prusse, et qu'on vit diminuer l'influence de Calonne, le plus présomptueux des ministres émigrés, et le plus fécond en promesses exagérées et en renseignemens démentis.

Dans la nuit même, Kellermann repassa l'Auve à petit bruit, et vint camper sur les hauteurs de Gisaucourt, qu'il aurait dû occuper dès l'origine, et dont les Prussiens avaient profité dans la journée. Les Prussiens demeurèrent sur les hauteurs de la Lune. Dans le fond opposé se trouvait Dumouriez, et à la gauche de celui-ci Kellermann, sur les hauteurs qu'il venait de reprendre. Dans cette position singulière, les Français, faisant face à la France, semblaient l'envahir, et les Prussiens, qui étaient appuyés contre elle, semblaient la défendre. C'est ici que commença, de la part de Dumouriez, une nouvelle suite d'actes pleins d'énergie et de fermeté, soit contre l'ennemi, soit contre ses propres officiers et contre l'autorité française. Avec près de soixante-dix mille hommes de troupes, dans un bon camp, ne manquant pas de vivres, ou du moins rarement, il pouvait attendre. Les Prussiens, au contraire, manquaient de subsistances; les maladies commençaient à ravager leur armée, et dans cette situation ils perdaient beaucoup à temporiser. Une saison affreuse, au milieu d'un terrain argileux et humide, ne leur permettait pas de séjourner long-temps. Si, reprenant trop tard l'énergie et la célérité de l'invasion, ils voulaient marcher sur Paris, Dumouriez était en force pour les suivre, et les envelopper lorsqu'ils seraient engagés plus avant.

Ces vues étaient pleines de justesse et de prudence. Mais dans le camp, où les officiers s'ennuyaient de privations, et où Kellermann était peu satisfait de trouver une autorité supérieure; à Paris, où l'on se sentait séparé de la principale armée, et où l'on n'apercevait rien entre soi et les Prussiens, où l'on voyait même les hulans arriver à quinze lieues, depuis que la forêt de l'Argonne était ouverte, on ne pouvait approuver le plan de Dumouriez. L'assemblée, le conseil, se plaignaient de son entêtement, lui écrivaient les lettres les plus impératives pour lui faire abandonner sa position, et repasser la Marne. Le camp à Montmartre, et une armée entre Châlons et Paris, étaient le double rempart qu'il fallait aux imaginations épouvantées. *Les hulans vous harcèlent*, écrivait Dumouriez, *eh bien! tuez-les; cela ne me regarde pas. Je ne changerai pas mon plan pour des housardailles.* Cependant les instances et les ordres n'en continuaient pas moins. Dans le camp, les officiers ne cessaient pas de faire des observations. Les soldats seuls, soutenus par la gaieté du général, qui avait soin de parcourir leurs rangs, de les encourager, et de leur expliquer la position critique des Prussiens, les soldats supportaient patiemment les pluies et les privations. Une fois Kellermann voulut partir, et il fallut que Dumouriez, comme Colomb demandant encore quelques jours à son équipage, promît de décamper si, dans un nombre de jours donnés, les Prussiens ne battaient pas en retraite.

La belle armée des coalisés se trouvait en effet dans un état déplorable; elle périssait par la disette, et surtout par le cruel effet de la dyssenterie. Les dispositions de Dumouriez y avaient contribué puissamment. Les tirailleries sur le front du camp étant jugées inutiles, parce qu'elles n'aboutissaient à aucun résultat, il fut convenu entre les deux armées de les suspendre; mais Dumouriez stipula que ce serait sur le front seulement. Aussitôt il détacha toute sa cavalerie, surtout celle de nouvelle levée, dans les pays environnans, afin d'intercepter les convois de l'ennemi, qui, étant arrivé par la trouée de Grand-Pré, et ayant remonté l'Aisne pour suivre notre retraite, était obligé de faire suivre les mêmes détours à ses approvisionnemens. Nos cavaliers avaient pris goût à cette guerre lucrative, et la poursuivaient avec un grand succès. On était arrivé aux derniers jours de septembre; le mal devenait intolérable dans l'armée prussienne, et des officiers avaient été envoyés au camp français pour parlementer. D'abord il ne fut question que d'échanger des prisonniers; les Prussiens demandèrent aussi le bénéfice de l'échange pour les émigrés, mais on le leur refusa. Une grande politesse avait régné de part et d'autre. De l'échange des prisonniers, la conversation s'était reportée sur les motifs de la guerre, et, du côté des Prussiens, on avait presque avoué que la guerre était impolitique. Le caractère de Dumouriez reparut ici tout entier. N'ayant plus à combattre, il faisait des mémoires pour le roi de Prusse, et lui démontrait combien il lui était peu avantageux de s'unir à la maison d'Autriche contre la France. En même temps, il lui envoyait douze livres de café, les seules qui restassent dans les deux camps. Ses mémoires, qui ne pouvaient manquer d'être appréciés, furent néanmoins très mal accueillis, et devaient l'être. Brunswick répondit au nom du roi de Prusse par une déclaration aussi arrogante que le premier manifeste, et toute négociation fut rompue. L'assemblée, consultée par Dumouriez, répondit, comme le sénat romain, qu'on ne traiterait avec l'ennemi que lorsqu'il serait sorti de France.

Ces négociations n'eurent d'autre effet que de faire calomnier le général, qu'on soupçonna dèslors d'avoir des relations secrètes avec l'étranger, et de lui attirer quelques dédains affectés de la part d'un monarque orgueilleux et humilié du résultat de la guerre. Mais tel était Dumouriez : avec tous les genres de courage, avec tous les genres d'esprit, il manquait de cette retenue, de cette dignité qui impose aux hommes, tandis que le génie ne fait que les saisir. Cependant, ainsi que l'avait prévu le général français, dès le 1er octobre les Prussiens, ne pouvant plus résister à la disette et aux maladies, commencèrent à décamper. Ce fut en Europe un grand sujet d'étonnement, de conjectures, de fables, que de voir une armée si puissante, si vantée, se retirer humblement devant ces ouvriers et ces bourgeois soulevés, qui devaient être ramenés tambour battant dans leurs villes, et châtiés pour en être sortis. La faiblesse avec laquelle furent poursuivis les Prussiens, l'espèce d'impunité dont ils jouirent en repassant les défilés de l'Argonne, firent supposer des stipulations secrètes, et même un marché avec le roi de Prusse. Les faits militaires vont expliquer, mieux que toutes ces suppositions, la retraite des coalisés.

Rester dans une position aussi malheureuse n'était plus possible. Envahir était devenu intempestif, par une saison aussi avancée et aussi mauvaise. La seule ressource était donc de se retirer vers le Luxembourg et la Lorraine, et de s'y faire une forte base d'opérations, pour recommencer la campagne l'année suivante. D'ailleurs on a lieu de croire qu'en ce moment Frédéric-Guillaume songeait à prendre sa part de la Pologne ; car c'est alors que ce prince, après avoir excité les Polonais contre la Russie et l'Autriche, s'apprêtait à partager leurs dépouilles. Ainsi l'état de la saison et des lieux, le dégoût d'une entreprise manquée, le regret de s'être allié contre la France avec la maison d'Autriche, et enfin de nouveaux intérêts dans le Nord, étaient chez le roi de Prusse des motifs suffisans pour déterminer sa retraite. Elle se fit avec le plus grand ordre, car cet ennemi, qui consentait à partir, n'en était pas moins très-puissant. Vouloir lui fermer tout à fait la retraite, et l'obliger à s'ouvrir un passage par une victoire, eût été une imprudence que Dumouriez n'aurait pas commise. Il fallait se contenter de la harceler, et c'est ce qu'il fit avec trop peu d'activité, par sa faute et celle de Kellermann.

Le danger était passé, la campagne finie, et chacun était rendu à soi et à ses projets. Dumouriez songeait à son entreprise des Pays-Bas, Kellermann à son commandement de Metz, et la poursuite des Prussiens n'obtint plus des deux généraux l'attention qu'elle méritait. Dumouriez envoya le général d'Harville au Chêne-Populeux pour châtier les émigrés ; ordonna au général Miaczinski de les attendre à Stenay, au sortir du passage, pour achever de les détruire ; dépêcha Chasot du même côté pour occuper la route de Longwy ; plaça les généraux Beurnonville, Stengel et Valence avec plus de vingt-cinq mille hommes sur les derrières de la grande armée, pour la poursuivre avec vigueur, et en même temps enjoignit à Dillon, qui s'était toujours maintenu aux Islettes avec le plus grand bonheur, de s'avancer par Clermont et Varennes, afin de couper la route de Verdun. Ces dispositions étaient bonnes sans doute, mais elles auraient dû être exécutées par le général lui-même ; il aurait dû, suivant le jugement très-juste et très-élevé de M. Jomini, fondre directement sur le Rhin, et le descendre ensuite avec toute son armée. Dans ce moment de succès, renversant tout devant lui, il aurait conquis la Belgique en une marche. Mais il songeait à venir à Paris pour préparer une invasion par Lille. De leur côté, les trois généraux Stengel, Beurnonville et Valence ne s'entendirent pas assez bien, et ne poursuivirent que faiblement les Prussiens. Valence, qui dépendait de Kellermann, reçut tout à coup l'ordre de revenir joindre son général à Châlons, afin de reprendre la route de Metz. Il faut convenir que ce mouvement était singulièrement imaginé, puisqu'il ramenait Kellermann dans l'intérieur, pour reprendre ensuite la route de la frontière lorraine. La route naturelle était en avant par Vitry ou Clermont, et elle se conciliait avec la poursuite des Prussiens, telle que l'avait ordonnée Dumouriez. A peine celui-ci connut-il l'ordre donné à Valence, qu'il lui enjoignit de poursuivre sa marche, disant que, tant que durerait la jonction des armées du nord et du centre, le commandement supérieur lui appartiendrait à lui seul. Il s'en expliqua très-vivement avec Kellermann, qui revint sur sa première détermination, et consentit à prendre sa route par Sainte-Menehould et Clermont. Cependant la poursuite ne s'en fit pas moins avec beaucoup de mollesse. Dillon seul harcela les Prussiens avec une bouillante ardeur, et faillit même se faire battre en s'élançant trop vivement sur leurs traces.

Le désaccord des généraux, et leurs distractions personnelles après le danger, furent évidemment la seule cause qui procura une retraite si facile aux Prussiens. On a prétendu que leur départ avait été acheté, qu'il avait été payé par le produit d'un grand vol dont nous allons parler, qu'il était convenu avec Dumouriez, et que l'une des stipulations du marché était la libre sortie des Prussiens; enfin que Louis XVI l'avait demandé du fond de sa prison. On vient de voir que cette retraite peut être suffisamment expliquée par des motifs naturels; mais bien d'autres raisons encore démontrent l'absurdité de ces suppositions. Ainsi il n'est pas croyable qu'un monarque, dont les vices n'étaient pas ceux d'une vile cupidité, se soit laissé acheter : on ne voit pas pourquoi, dans le cas d'une convention, Dumouriez ne se serait pas justifié, aux yeux des militaires, de n'avoir pas poursuivi l'ennemi, en avouant un traité qui n'avait rien de honteux pour lui : enfin le valet de chambre du roi, Cléry, assure que rien de semblable à la prétendue lettre adressée par Louis XVI à Frédéric-Guillaume, et transmise par le procureur de la commune Manuel, n'a été écrit et donné à ce dernier. Tout cela n'est donc que mensonge, et la retraite des coalisés ne fut que l'effet naturel de la guerre. Dumouriez, malgré ses fautes, malgré ses distractions à Grand-Pré, malgré sa négligence au moment de la retraite, n'en fut pas moins le sauveur de la France, et d'une révolution qui a peut-être avancé l'Europe de plusieurs siècles. C'est lui qui, s'emparant d'une armée désorganisée, défiante, irritée, lui rendant l'ensemble et la confiance, établissant sur toute cette frontière l'unité et la vigueur, ne désespérant jamais au milieu des circonstances les plus désastreuses, donnant après la perte des défilés un exemple de sang-froid inouï, persistant dans ses premières idées de temporisation malgré le péril, malgré son armée et son gouvernement, d'une manière qui prouve la vigueur de son jugement et de son caractère ; c'est lui, disons-nous, qui sauva notre patrie de l'étranger et du courroux contre-révolutionnaire, et donna l'exemple si imposant d'un homme sauvant ses concitoyens malgré eux-mêmes. La conquête, si vaste qu'elle soit, n'est ni plus belle ni plus morale.

FIN DU TOME DEUXIÈME.

NOTES
ET
PIÈCES JUSTIFICATIVES
DU TOME DEUXIÈME.

NOTE 1, PAGE 9.

Le ministre Bertrand de Molleville a fait connaître les dispositions du roi et de la reine, au commencement de la première législature, d'une manière qui laisse peu de doutes sur leur sincérité. Voici comment il raconte sa première entrevue avec ces augustes personnages :

« Après avoir répondu à quelques observations générales que j'avais faites sur la difficulté des circonstances, et sur les fautes sans nombre que je pourrais commettre dans un département que je ne connaissais point, le roi me dit : « Eh bien ! vous reste-t-il encore quelque objec-
« tion ? — Non, sire ; le désir d'obéir et de plaire à votre
« majesté est le seul sentiment que j'éprouve; mais pour
« savoir si je peux me flatter de la servir utilement, il
« serait nécessaire qu'elle eût la bonté de me faire con-
« naître quel est son plan relativement à la constitution,
« quelle est la conduite qu'elle désire que tiennent ses
« ministres. — C'est juste, répondit le roi : je ne re-
« garde pas cette constitution comme un chef-d'œuvre,
« à beaucoup près ; je crois qu'il y a de très grands dé-

« fauts, et que si j'avais eu la liberté d'adresser des ob-
« servations à l'assemblée, il en serait résulté des réformes
« très avantageuses; mais aujourd'hui il n'est plus temps;
« et je l'ai acceptée telle qu'elle est ; j'ai juré de la faire
« exécuter; je dois être strictement fidèle à mon serment,
« d'autant plus que je crois que l'exécution la plus exacte
« de la constitution est le moyen le plus sûr de la faire
« connaître à la nation, et de lui faire apercevoir les
« changemens qu'il convient d'y faire. Je n'ai ni ne puis
« avoir d'autre plan que celui-là : je ne m'en écarterai
« certainement pas, et je désire que les ministres s'y con-
« forment. — Ce plan me paraît infiniment sage, sire ;
« je me sens en état de le suivre, et j'en prends l'enga-
« gement. Je n'ai pas assez étudié la nouvelle constitution
« dans son ensemble, ni dans ses détails, pour en avoir
« une opinion arrêtée, et je m'abstiendrai d'en adopter
« une, quelle qu'elle soit, avant que son exécution ait
« mis la nation à portée de l'apprécier par ses effets.
« Mais me serait-il permis de demander à votre majesté
« si l'opinion de la reine, sur ce point, est conforme à
« celle du roi? — Oui, absolument, elle vous le dira
« elle-même. »

« Je descendis chez la reine, qui, après m'avoir témoigné avec une extrême bonté combien elle partageait l'obligation que le roi m'avait d'accepter le ministère dans des circonstances aussi critiques, ajouta ces
mots : « Le roi vous a fait connaître ses intentions relative-
« ment à la constitution; ne pensez-vous pas que le seul
« plan qu'il y ait à suivre est d'être fidèle à son serment?
« — Oui, certainement, madame. — Eh bien ! soyez
« sûr qu'on ne nous fera pas changer. Allons, M. Ber-
« trand, du courage ; j'espère qu'avec de la patience, de
« la fermeté et de la suite, tout n'est pas encore perdu. »
(*Bertrand de Molleville*, tome VI, page 22.)

Au témoignage de Bertrand de Molleville se joint celui de madame Campan, qui, quoique suspect quelquefois, a dans cette occasion un grand air de vérité.

« La constitution avait été, comme j'ai dit, présentée au roi le 3 septembre ; je reviens sur cette présentation, parce qu'elle offrait un sujet de délibération bien important. Tous les ministres, excepté M. de Montmorin, insistèrent sur la nécessité d'accepter l'acte constitutionnel dans son entier, Ce fut aussi l'avis du prince de Kaunitz. Malouet désirait que le roi s'expliquât avec sincérité sur les vices et les dangers qu'il remarquait dans la constitution. Mais Duport et Barnave, alarmés de l'esprit qui régnait dans la société des Jacobins, et même dans l'assemblée où Robespierre les avait déjà dénoncés comme traîtres à la patrie, et craignant de grands malheurs, unirent leurs avis à ceux de la majorité des ministres et de M. de Kaunitz. Ceux qui voulaient franchement maintenir la constitution, conseillaient de ne point l'accepter purement et simplement; de ce nombre étaient, comme je l'ai dit, MM. Montmorin et Malouet. Le roi paraissait goûter leurs avis; et c'est une des plus grandes preuves de la sincérité de l'infortuné monarque. »

(*Mémoires de madame Campan*, tome II, page 164.)

NOTE 2, PAGE 20.

C'est madame Campan qui s'est chargée de nous apprendre que le roi avait une correspondance secrète avec Coblentz.

« Pendant que des courriers portaient les lettres confidentielles du roi aux princes ses frères et aux princes étrangers, l'assemblée fit inviter le roi à écrire aux princes, pour les engager à rentrer en France. Le roi chargea l'abbé de Montesquiou de lui faire la lettre qu'il voulait envoyer. Cette lettre, parfaitement écrite, d'un style touchant et simple, analogue au caractère de Louis XVI, et remplie d'argumens très forts sur l'avantage de se rallier aux principes de la constitution, me fut confiée par le roi, qui me chargea de lui en faire une copie.

« A cette époque, M. Mor...., un des intendans de la maison de Monsieur, obtint de l'assemblée un passe-port pour se rendre près du prince, à raison d'un travail indispensable sur sa maison. La reine le choisit pour porter cette lettre, elle voulut la lui remettre elle-même, et lui en fit connaître le motif. Le choix de ce courrier m'étonnait : la reine m'assura qu'il était parfait ; qu'elle comptait même sur son indiscrétion, et qu'il était seulement essentiel que l'on eût connaissance de la lettre du roi à ses frères. *Les princes étaient sans doute prévenus par la correspondance particulière*. **Monsieur montra cependant quelque surprise ; et le messager revint plus affligé que satisfait d'une semblable marque de confiance qui pensa lui coûter la vie pendant les années de terreur.** »

(*Mémoires de madame Campan,* tome II, page 172.)

NOTE 3, PAGE 26.

Lettre du roi à Louis-Stanislas-Xavier, prince français, frère du roi.

Paris, le 11 novembre 1791.

« Je vous ai écrit, mon frère, le 16 octobre dernier, et vous avez dû ne pas douter de mes véritables sentimens. Je suis étonné que ma lettre n'ait pas produit l'effet que je devais en attendre. Pour vous rappeler à vos devoirs, j'ai employé tous les motifs qui doivent le plus vous toucher. Votre absence est un prétexte pour tous les malveillans, une sorte d'excuse pour tous les Français trompés, qui croient me servir en tenant la France entière dans une inquiétude et une agitation qui font le tourment de ma vie. La révolution est finie, la constitution est achevée. La France la veut, je la maintiendrai; c'est de son affermissement que dépend aujourd'hui le salut de la monarchie. La constitution vous a donné des droits, elle y a mis une condition que vous devez vous hâter de remplir. Croyez-moi, mon frère, repoussez les doutes qu'on voudrait vous donner sur ma liberté. Je vais prouver, par un acte bien solennel, et dans une circonstance qui vous intéresse, que je puis agir librement. Prouvez-moi que vous êtes mon frère et Français, en cédant à mes instances. Votre véritable place est auprès de moi; votre intérêt, vos sentimens vous conseillent également de venir la reprendre; je vous y invite, et s'il le faut, je vous l'ordonne.

« *Signé* LOUIS. »

Réponse de Monsieur au roi.

Coblentz, le 3 décembre 1791.

« Sire, mon frère et seigneur,

« Le comte de Vergennes m'a remis de la part de votre majesté une lettre dont l'adresse, malgré mes noms de baptême qui s'y trouvent, est si peu la mienne, que j'ai pensé la lui rendre sans l'ouvrir. Cependant, sur son assertion positive qu'elle était pour moi, je l'ai ouverte, et le nom de frère que j'y ai trouvé ne m'ayant plus laissé de doute, je l'ai lue avec le respect que je dois à l'écriture et au seing de votre majesté. L'ordre qu'elle contient de me rendre auprès de la personne de votre majesté n'est pas l'expression libre de sa volonté ; et mon honneur, mon devoir, ma tendresse même, me défendent également d'y obéir. Si votre majesté veut connaître tous ces motifs plus en détail, je la supplie de se rappeler ma lettre du 10 septembre dernier. Je la supplie aussi de recevoir avec bonté l'hommage des sentimens, aussi tendres que respectueux, avec lesquels je suis, sire, etc., etc., etc. »

Lettre du roi à Charles-Philippe, prince français, frère du roi.

Paris, le 11 novembre 1791.

« Vous avez sûrement connaissance du décret que l'assemblée nationale a rendu relativement aux Français éloignés de leur patrie ; je ne crois pas devoir y donner mon consentement, aimant à me persuader que les moyens de douceur rempliront plus efficacement le but qu'on se propose, et que réclame l'intérêt de l'état. Les diverses démarches que j'ai faites auprès de vous ne peuvent vous laisser aucun doute sur mes intentions ni sur mes vœux. La tranquillité publique et mon repos personnel sont intéressés à votre retour. Vous ne pourriez prolonger une conduite qui inquiète la France et qui m'afflige, sans manquer à vos devoirs les plus essentiels. Epargnez-moi le regret de recourir à des mesures sévères contre vous; consultez votre véritable intérêt; laissez-vous guider par l'attachement que vous devez à votre pays, et cédez enfin au vœu des Français et à celui de votre roi. Cette démarche, de votre part, sera une preuve de vos sentimens pour moi, et vous assurera la continuation de ceux que j'ai toujours eus pour vous.

« *Signé* LOUIS. »

Réponse de M. le comte d'Artois au roi.

Coblentz, 3 décembre 1791.

« Sire, mon frère et seigneur,

« Le comte de Vergennes m'a remis hier une lettre qu'il m'a assuré m'avoir été adressée par votre majesté. La suscription, qui me donne un titre que je ne puis admettre, m'a fait croire que cette lettre ne m'était pas destinée; cependant ayant reconnu le cachet de votre majesté, je l'ai ouverte, j'ai respecté l'écriture et la signature de mon roi; mais l'omission totale du nom de frère, et, plus que tout, les décisions rappelées dans cette lettre, m'ont donné une nouvelle preuve de la captivité morale et physique où nos ennemis osent retenir votre majesté. D'après cet exposé, votre majesté trouvera simple que, fidèle à mon devoir et aux lois de l'honneur, je n'obéisse pas à des ordres évidemment arrachés par la violence.

« Au surplus, la lettre que j'ai eu l'honneur d'écrire à votre majesté, conjointement avec Monsieur, le 10 septembre dernier, contient les sentimens, les principes et les résolutions dont je ne m'écarterai jamais ; je m'y réfère donc absolument : elle sera la base de ma conduite, et j'en renouvelle ici le serment. Je supplie votre majesté de recevoir l'hommage des sentimens aussi tendres que respectueux, avec lesquels je suis, sire, etc., etc., etc. »

NOTE 4, PAGE 27.

Le rapport de MM. Gallois et Gensonné est sans contredit le meilleur historique du commencement des troubles dans la Vendée. L'origine de ces troubles en est la partie la plus intéressante, parce qu'elle en fait connaître les causes. J'ai donc cru nécessaire de citer ce rapport. Il me semble qu'il éclaircit l'une des parties les plus curieuses de cette funeste histoire.

Rapport de MM. Gallois et Gensonné, commissaires civils envoyés dans les départemens de la Vendée et des Deux-Sèvres, en vertu des décrets de l'assemblée constituante, fait à l'assemblée législative le 6 *octobre* 1791.

« Messieurs, l'assemblée nationale a décrété le 16 juillet dernier, sur le rapport de son comité des recherches, que des commissaires civils seraient envoyés dans le département de la Vendée pour y prendre tous les éclaircissemens qu'ils pourraient se procurer sur les causes des derniers troubles de ce pays, et concourir avec les corps administratifs au rétablissement de la tranquillité publique.

« Le 28 juillet nous avons été chargés de cette mission, et nous sommes partis deux jours après pour nous rendre à Fontenay-le-Comte, chef-lieu de ce département.

« Après avoir conféré pendant quelques jours avec les administrateurs du directoire sur la situation des choses et la disposition des esprits; après avoir arrêté avec les trois corps administratifs quelques mesures préliminaires pour le maintien de l'ordre public, nous nous sommes déterminés à nous transporter dans les différens districts qui composent ce département, afin d'examiner ce qu'il y avait de vrai ou de faux, de réel ou d'exagéré dans les plaintes qui nous étaient déjà parvenues, afin de constater en un mot avec le plus d'exactitude possible la situation de ce département.

« Nous l'avons parcouru presque dans toute son étendue, tantôt pour y prendre des renseignemens qui nous étaient nécessaires, tantôt pour y maintenir la paix, prévenir les troubles publics, ou pour empêcher les violences dont quelques citoyens se croyaient menacés.

« Nous avons entendu dans plusieurs directoires de districts toutes les municipalités dont chacun d'eux est composé; nous avons écouté avec la plus grande attention tous les citoyens qui avaient soit des faits à nous communiquer, soit des vues à nous proposer; nous avons recueilli avec soin, en les comparant, tous les détails qui sont parvenus à notre connaissance; mais comme nos informations ont été plus nombreuses que variées, comme partout les faits, les plaintes, les observations ont été semblables, nous allons vous présenter sous un point de vue général et d'une manière abrégée mais exacte, le résultat de cette foule de faits particuliers.

« Nous croyons inutile de mettre sous vos yeux les détails que nous nous étions procurés concernant les troubles antérieurs : ils ne nous ont pas paru avoir une influence bien directe sur la situation actuelle de ce département; d'ailleurs la loi de l'amnistie ayant arrêté les progrès de différentes procédures auxquelles ces troubles avaient donné lieu, nous ne pourrions vous présenter sur ces objets que des conjectures vagues et des résultats incertains.

« L'époque de la prestation du serment ecclésiastique a été pour le département de la Vendée la première époque de ses troubles : jusqu'alors le peuple y avait joui de la plus grande tranquillité. Éloigné du centre commun de toutes les actions et de toutes les résistances, disposé par son caractère naturel à l'amour de la paix, au sentiment de l'ordre, au respect de la loi, il recueillait les bienfaits de la révolution sans en éprouver les orages.

« Dans les campagnes, la difficulté des communications, la simplicité d'une vie purement agricole, les leçons de l'enfance et des emblèmes religieux destinés à fixer sans cesse nos regards, ont ouvert son ame à une foule d'impressions superstitieuses que dans l'état actuel des choses nulle espèce de lumière ne peut ni détruire ni modérer.

« Sa religion, c'est-à-dire la religion telle qu'il la conçoit, est devenue pour lui la plus forte et pour ainsi dire l'unique habitude morale de sa vie ; l'objet le plus essentiel qu'elle lui présente est le culte des images; et le ministre de ce culte, celui que les habitans des campagnes regardent comme le dispensateur des graces célestes, qui peut, par la ferveur de ses prières, adoucir l'intempérie des saisons, et qui dispose du bonheur d'une vie future, a bientôt réuni en sa faveur les plus douces comme les plus vives affections de leurs ames.

« La constance du peuple de ce département dans l'exercice de ses actions religieuses, et la confiance illimitée dont y jouissent les prêtres auxquels il est habitué, sont un des principaux élémens des troubles qui l'ont agité et qui peuvent l'agiter encore.

« Il est aisé de concevoir avec quelle activité des prêtres ou égarés ou factieux ont pu mettre à profit ces dispositions du peuple à leur égard : on n'a rien négligé pour échauffer le zèle, alarmer les consciences, fortifier les caractères faibles, soutenir les caractères décidés ; on a donné aux uns des inquiétudes et des remords ; on a donné aux autres des espérances de bonheur et de salut ; on a essayé sur presque tous, avec succès, l'influence de la séduction et de la crainte.

« Plusieurs d'entre ces ecclésiastiques sont de bonne foi : ils paraissent fortement pénétrés et des idées qu'ils répandent et des sentimens qu'ils inspirent ; d'autres sont accusés de couvrir du zèle de la religion des intérêts plus chers à leurs cœurs : ceux-ci ont une activité politique qui s'accroît ou se modère selon les circonstances.

« Une coalition puissante s'est formée entre l'ancien évêque de Luçon et une partie de l'ancien clergé de son diocèse : on a arrêté un plan d'opposition à l'exécution des décrets qui devaient se réaliser dans toutes les paroisses. Des mandemens, des écrits incendiaires envoyés de Paris ont été adressés à tous les curés pour les fortifier dans leur résolution ou les engager dans une confédération qu'on supposait générale. Une lettre circulaire de M. Beauregard, grand-vicaire de M. de Merci, ci-devant évêque de Luçon, déposée au greffe du tribunal de Fontenay, et que cet ecclésiastique a reconnue lors de son interrogatoire, fixera votre opinion, Messieurs, d'une manière exacte, et sur le secret de cette coalition, et sur la marche très habilement combinée de ceux qui l'ont formée. La voici :

Lettre datée de Luçon, du 31 mai 1791, sous enveloppe, à l'adresse du curé de la Réorthe.

« Un décret de l'assemblée nationale, Monsieur, en date du 7 mai, accorde aux ecclésiastiques qu'elle a prétendu destituer pour refus du serment, l'usage des églises paroissiales pour y dire la messe seulement; le même décret autorise les catholiques romains, ainsi que tous les non-conformistes, à s'assembler pour l'exercice de leur culte religieux dans le lieu qu'ils auront choisi à cet effet, à la charge que dans les instructions publiques il ne sera rien dit contre la constitution civile du clergé.

« La liberté accordée aux pasteurs légitimes par le premier article de ce décret doit être regardée comme un piége d'autant plus dangereux que les fidèles ne trouveraient dans les églises dont les intrus se sont emparés, d'autres instructions que celles de leurs faux pasteurs; qu'ils ne pourraient y recevoir des sacremens que de leurs mains, et qu'ainsi ils auraient avec ces pasteurs schismatiques une communication que les lois de l'Église interdisent. Pour éviter un aussi grand mal, messieurs les curés sentiront la nécessité de s'assurer au plus tôt d'un lieu où ils puissent, en vertu du second article de ce décret, exercer leurs fonctions et réunir leurs fidèles paroissiens, dès que leur prétendu successeur se sera emparé de leur église; sans cette précaution, les catholiques, dans la crainte d'être privés de la messe et des offices divins, appelés par la voix des faux pasteurs, seraient bientôt engagés à communiquer avec eux, et exposés aux risques d'une séduction presque inévitable.

« Dans les paroisses où il y a peu de propriétaires aisés, il sera sans doute difficile de trouver un local convenable, de se procurer des vases sacrés et des ornemens; alors une simple grange, un autel portatif, une chasuble d'indienne ou de quelque autre étoffe commune, des vases d'étain, suffiront, dans ce cas de nécessité, pour célébrer les saints mystères et l'office divin.

« Cette simplicité, cette pauvreté, en nous rappelant les premiers siècles de l'Église et le berceau de notre sainte religion, peut être un puissant moyen pour exciter le zèle des ministres et la ferveur des fidèles. Les premiers chrétiens n'avaient d'autres temples que leurs maisons; c'est là que se réunissaient les pasteurs et le troupeau pour y célébrer les saints mystères, entendre la parole de Dieu et chanter les louanges du Seigneur. Dans les persécutions dont l'Église fut affligée, forcés d'abandonner leurs basiliques, on en vit se retirer dans les cavernes et jusque dans les tombeaux; et ces temps d'épreuves furent pour les vrais fidèles l'époque de la plus grande ferveur. Il est bien peu de paroisses où messieurs les curés ne puissent se procurer un local et des ornemens tels que je viens de les dépeindre; et, en attendant qu'ils se soient pourvus des choses nécessaires, ceux de leurs voisins qui ne seront pas déplacés pourront les aider de ce qui sera dans leur église à leur disposition. Nous pourrons incessamment fournir des pierres sacrées à ceux qui en auront besoin, et dès à présent nous pouvons faire consacrer les calices ou les vases qui en tiendront lieu.

« M. l'évêque de Luçon, dans des avis particuliers qu'il nous a transmis pour servir de supplément à l'instruction de M. l'évêque de Langres, et qui seront également communiqués dans les différens diocèses, propose à messieurs les curés :

« 1º De tenir un double registre où seront inscrits les actes de baptême, mariage et sépulture des catholiques de la paroisse : un de ces registres restera entre leurs mains; l'autre sera par eux déposé tous les ans entre les mains d'une personne de confiance.

« 2º Indépendamment de ce registre, messieurs les curés en tiendront un autre, double aussi, où seront inscrits les actes de dispenses, concernant les mariages, qu'ils auront accordées en vertu des pouvoirs qui leur seront donnés par l'article 18 de l'instruction : ces actes seront signés de deux témoins sûrs et fidèles, et, pour leur donner plus d'authenticité, les registres destinés à les inscrire seront approuvés, cotés et paraphés par M. l'évêque, ou, en son absence, par un de ses vicaires généraux ; un double de ce registre sera remis, comme il est dit ci-dessus, à une personne de confiance.

« 3º Messieurs les curés attendront, s'il est possible, pour se retirer de leur église et de leur presbytère, que leur prétendu successeur leur ait notifié l'acte de sa nomination et institution, et ils protesteront contre tout ce qui serait fait en conséquence.

« 4º Ils dresseront en secret un procès-verbal de l'installation du prétendu curé, et de l'invasion par lui faite de l'église paroissiale et du presbytère : dans ce procès-verbal, dont je joins ici le modèle, ils protesteront formellement contre tous les actes de juridiction qu'il voudrait exercer comme curé de la paroisse ; et pour donner à cet acte toute l'authenticité possible, il sera signé par le curé, son vicaire, s'il y en a un, et un prêtre voisin, et même par deux ou trois laïcs pieux et discrets, en prenant néanmoins toutes les précautions pour ne pas compromettre le secret.

« 5º Ceux de messieurs les curés dont les paroisses seraient déclarées supprimées sans l'intervention de l'évêque légitime, useront des mêmes moyens ; ils se regarderont toujours comme seuls légitimes pasteurs de leurs paroisses ; et s'il leur était absolument impossible d'y demeurer, ils tâcheront de se procurer un logement dans le voisinage et à la portée de pourvoir aux besoins spirituels de leurs paroissiens, et ils auront grand soin de les prévenir et de les instruire de leurs devoirs à cet égard.

« 6º Si la puissance civile s'oppose à ce que les fidèles

catholiques aient un cimetière commun, ou si les parens des défunts montrent une trop grande répugnance à ce qu'ils soient enterrés dans un lieu particulier, quoique béni spécialement, comme il est dit article 19 de l'instruction, après que le pasteur légitime ou l'un de ses représentans aura fait à la maison les prières prescrites par le rituel et aura dressé l'acte mortuaire, qui sera signé par les parens, on pourra porter le corps du défunt à la porte de l'église, et les parens pourront l'accompagner ; mais ils seront avertis de se retirer au moment où le curé et les vicaires intrus viendraient faire la levée du corps, pour ne pas participer aux cérémonies et aux prières de ces prêtres schismatiques.

« 7º Dans les actes, lorsque l'on contestera aux curés remplacés leur titre de curé, il signeront ces actes de leur nom de baptême et de famille, sans prendre aucune qualité.

« Je vous prie, Monsieur, et ceux de messieurs vos confrères à qui vous croirez devoir communiquer ma lettre, de vouloir bien nous informer du moment de votre remplacement, s'il y a lieu, de l'installation de votre prétendu successeur et de ses circonstances les plus remarquables, des dispositions de vos paroissiens à cet égard, des moyens que vous croirez devoir prendre pour le service de votre paroisse et de votre demeure, si vous êtes absolument forcé d'en sortir. Vous ne doutez sûrement pas que tous ces détails ne nous intéressent bien vivement; vos peines sont les nôtres, et notre vœu le plus ardent serait de pouvoir, en les partageant, en adoucir l'amertume.

« J'ai l'honneur d'être, avec un respectueux et inviolable attachement, votre très humble et très obéissant serviteur. »

« Ces manœuvres ont été puissamment secondées par

des missionnaires établis dans le bourg de Saint-Laurent, district de Montaigu ; c'est même à l'activité de leur zèle, à leurs sourdes menées, à leurs infatigables et secrètes prédications, que nous croyons devoir principalement attribuer la disposition d'une très grande partie du peuple dans la presque totalité du département de la Vendée et dans le district de Châtillon, département des Deux-Sèvres : il importe essentiellement de fixer l'attention de l'assemblée nationale sur la conduite de ces missionnaires et l'esprit de leur institution.

« Cet établissement fut fondé, il y a environ soixante ans, pour une société de prêtres séculiers vivant d'aumônes, et destinés, en qualité de missionnaires, à la prédication. Ces missionnaires, qui ont acquis la confiance du peuple en distribuant avec art des chapelets, des médailles et des indulgences, et en plaçant sur les chemins de toute cette partie de la France des calvaires de toutes les formes ; ces missionnaires sont devenus depuis assez nombreux pour former de nouveaux établissemens dans d'autres parties du royaume. On les trouve dans les ci-devant provinces de Poitou, d'Anjou, de Bretagne et d'Aunis, voués avec la même activité au succès, et en quelque sorte à l'éternelle durée de cette espèce de pratiques religieuses, devenues, par leurs soins assidus, l'unique religion du peuple. Le bourg de Saint-Laurent est leur chef-lieu ; ils y ont bâti récemment une vaste et belle maison conventuelle, et y ont acquis, dit-on, d'autres propriétés territoriales.

« Cette congrégation est liée par la nature et l'esprit de son institution, à un établissement de sœurs grises, fondé dans le même lieu, et connu sous le nom de *filles de la sagesse*. Consacrées dans ce département et dans plusieurs autres au service des pauvres, et particulièrement des hôpitaux, elles sont pour ces missionnaires un moyen très actif de correspondance générale dans le royaume : la maison de Saint-Laurent est devenue le lieu de leur retraite, lorsque la ferveur intolérante de leur zèle ou d'autres circonstances ont forcé les administrateurs des hôpitaux qu'elles desservaient à se passer de leurs secours.

« Pour déterminer votre opinion sur la conduite de ces ardens missionnaires et sur la morale religieuse qu'ils professent, il suffira, Messieurs, de vous présenter un abrégé sommaire des maximes contenues dans différens manuscrits saisis chez eux par les gardes nationales d'Angers et de Cholet.

« Ces manuscrits, rédigés en forme d'instruction pour le peuple des campagnes, établissent en thèse qu'on ne peut s'adresser aux prêtres constitutionnels, qualifiés d'intrus, pour l'administration des sacremens; que tous ceux qui y participent, même par leur seule présence, sont coupables de péché mortel, et qu'il n'y a que l'ignorance ou le défaut d'esprit qui puisse les excuser; que ceux qui auront l'audace de se faire marier par les intrus ne seront pas mariés, et qu'ils attireront la malédiction divine sur eux et sur leurs enfans; que les choses s'arrangeront de manière que la validité des mariages faits par les anciens curés ne sera pas contestée, mais qu'en attendant il faut se résoudre à tout; que si les enfans ne passent point pour légitimes, ils le seront néanmoins; qu'au contraire les enfans de ceux qui auront été mariés devant les intrus seront vraiment *bâtards*, parce que Dieu n'aura point ratifié leur union, et qu'il vaut mieux qu'un mariage soit nul devant les hommes que s'il l'était devant Dieu; qu'il ne faut point s'adresser aux nouveaux curés pour les enterremens, et que si l'ancien curé ne peut pas les faire sans exposer sa vie et sa liberté, il faut que les parens ou amis du défunt les fassent eux-mêmes secrètement.

« On y observe que l'ancien curé aura soin de tenir un registre exact pour y enregistrer ces différens actes; qu'à la vérité il est possible que les tribunaux civils n'y aient aucun égard, mais que c'est un malheur auquel il faut se résoudre; que l'enregistrement civil est un avantage précieux dont il faudra cependant se passer, parce qu'il vaut mieux en être privé que d'apostasier en s'adressant à un intrus.

« Enfin on y exhorte tous les fidèles à n'avoir aucune communication avec l'intrus, aucune part à son intrusion; on y déclare que les officiers municipaux qui l'installeront seront apostats comme lui, et qu'à l'instant même les sacristains, chantres et sonneurs de cloches doivent abdiquer leurs emplois.

« Telle est, Messieurs, la doctrine absurde et séditieuse que renferment ces manuscrits, et dont la voix publique accuse les missionnaires de Saint-Laurent de s'être rendus les plus ardens propagateurs.

« Ils furent dénoncés dans le temps au comité des recherches de l'assemblée nationale, et le silence qu'on a gardé à leur égard n'a fait qu'ajouter à l'activité de leurs efforts et augmenter leur funeste influence.

« Nous avons cru indispensable de mettre sous vos yeux l'analyse abrégée des principes contenus dans ces écrits, telle qu'elle est exposée dans un arrêté du département de Maine-et-Loire, du 5 juin 1791, parce qu'il suffit de les comparer avec la lettre circulaire du grand-vicaire du ci-devant évêque de Luçon, pour se convaincre qu'ils tiennent à un système d'opposition général contre les décrets sur l'organisation civile du clergé; et l'état actuel de la majorité des paroisses de ce département ne présente que le développement de ce système et les principes de cette doctrine mis presque partout en action.

« Le remplacement trop tardif des curés a beaucoup contribué au succès de cette coalition : ce retard a été nécessité d'abord par le refus de M. Servant, qui, après avoir été nommé à l'évêché du département et avoir accepté cette place, a déclaré, le 10 avril, qu'il retirait son acceptation. M. Rodrigue, évêque actuel du département, que sa modération et sa fermeté soutiennent presque seules sur un siége environné d'orages et d'inquiétudes, M. Rodrigue n'a pu être nommé que dans les premiers jours du mois de mai. A cette époque, les actes de résistance avaient été calculés et déterminés sur un plan uniforme ; l'opposition était ouverte et en pleine activité ; les grands-vicaires et les curés s'étaient rapprochés et se tenaient fortement unis par le même lien ; les jalousies, les rivalités, les querelles de l'ancienne hiérarchie ecclésiastique avaient eu le temps de disparaître, et tous les intérêts étaient venus se réunir dans un intérêt commun.

« Le remplacement n'a pu s'effectuer qu'en partie ; la très grande majorité des anciens fonctionnaires publics ecclésiastiques existe encore dans les paroisses, revêtue de ses anciennes fonctions ; les dernières nominations n'ont eu presque aucun succès ; et les sujets nouvellement élus, effrayés par la perspective des contradictions et des désagrémens sans nombre que leur nomination leur prépare, n'y répondent que par des refus.

« Cette division des prêtres assermentés et non assermentés a établi une véritable scission dans le peuple de leurs paroisses ; les familles y sont divisées ; on a vu et l'on voit chaque jour des femmes se séparer de leurs maris, des enfans abandonner leurs pères ; l'état des citoyens n'est le plus souvent constaté que sur des feuilles volantes, et le particulier qui les reçoit, n'étant revêtu d'aucun caractère public, ne peut donner à ce genre de preuve une authenticité légale.

« Les municipalités se sont désorganisées, et le plus grand nombre d'entre elles pour ne pas concourir au déplacement des curés non assermentés.

« Une grande partie des citoyens a renoncé au service de la garde nationale, et celle qui reste ne pourrait être employée sans dangers dans tous les mouvemens qui auraient pour principe ou pour objet des actes concernant la religion, parce que le peuple verrait alors dans les gardes nationales non les instrumens impassibles de la loi, mais les agens d'un parti contraire au sien.

« Dans plusieurs parties du département, un administrateur, un juge, un membre du corps électoral, sont vus avec aversion par le peuple, parce qu'ils concourent à l'exécution de la loi relative aux fonctionnaires ecclésiastiques.

« Cette disposition des esprits est d'autant plus déplorable, que les moyens d'instruction deviennent chaque jour plus ou moins difficiles. Le peuple, qui confond les lois générales de l'état et les règlemens particuliers pour l'organisation civile du clergé, en fait la lecture et en rend la publication inutile.

« Les mécontens, les hommes qui n'aiment pas le nouveau régime, et ceux qui dans le nouveau régime n'aiment pas les lois relatives au clergé, entretiennent avec soin cette aversion du peuple, fortifient par tous les moyens qui sont en leur pouvoir le crédit des prêtres non assermentés, et affaiblissent le crédit des autres; l'indigent n'obtient de secours, l'artisan ne peut espérer l'emploi de ses talens et de son industrie, qu'autant qu'il s'engage à ne pas aller à la messe du prêtre assermenté; et c'est par ce concours de confiance dans les anciens prêtres d'une part, et de menaces et de séduction de l'autre, qu'en ce moment les églises desservies par les prêtres assermentés sont désertes, et que l'on court en foule dans celles où, par défaut de sujets, les remplacemens n'ont pu s'effectuer encore.

« Rien n'est plus commun que de voir dans les paroisses de cinq à six cents personnes, dix ou douze seulement aller à la messe du prêtre assermenté; la proportion est la même dans tous les lieux du département; les jours de dimanche et de fête, on voit des villages et des bourgs entiers dont les habitans désertent leurs foyers pour aller, à une et quelquefois deux lieues, entendre la messe d'un prêtre non assermenté. Ces déplacemens habituels nous ont paru la cause la plus puissante de la fermentation, tantôt sourde, tantôt ouverte, qui existe dans la presque totalité des paroisses desservies par les prêtres assermentés : on conçoit aisément qu'une multitude d'individus qui se croient obligés par leur conscience d'aller au loin chercher les secours spirituels qui leur conviennent, doivent voir avec aversion, lorsqu'ils rentrent chez eux excédés de fatigue, les cinq ou six personnes qui trouvent à leur portée le prêtre de leur choix : ils considèrent avec envie et traitent avec dureté, souvent même avec violence, des hommes qui leur paraissent avoir un privilége exclusif en matière de religion. La comparaison qu'ils font entre la facilité qu'ils avaient autrefois de trouver à côté d'eux des prêtres qui avaient leur confiance, et l'embarras, la fatigue et la perte de temps qu'occasionnent ces courses répétées, diminue beaucoup leur attachement pour la constitution, à qui ils attribuent tous ces désagrémens de leur situation nouvelle.

« C'est à cette cause générale, plus active peut-être en ce moment que la provocation secrète des prêtres non assermentés, que nous croyons devoir attribuer surtout l'état de discorde intérieure où nous avons trouvé la plus grande partie des paroisses de département desservies par les prêtres assermentés.

« Plusieurs d'entre elles nous ont présenté, ainsi qu'aux corps administratifs, des pétitions tendant à être autorisées à louer des édifices particuliers pour l'usage de leur culte religieux, mais comme ces pétitions, que nous savions être provoquées avec le plus d'activité par des personnes qui ne les signaient pas, nous paraissaient tenir à un système plus général et plus secret, nous n'avons pas cru devoir statuer sur une séparation religieuse que nous croyions à cette époque, et vu la situation de ce département, renfermer tous les caractères d'une scission civile entre les citoyens. Nous avons pensé et dit publiquement que c'était à vous, messieurs, à déterminer d'une manière précise comment et par quel concours d'influences morales, de lois et de moyens d'exécution, l'exercice de la liberté d'opinions religieuses doit, sur cet objet, dans les circonstances actuelles, s'allier au maintien de la tranquillité publique.

« On sera surpris sans doute que les prêtres non assermentés qui demeurent dans les anciennes paroisses, ne profitent pas de la liberté que leur donne la loi d'aller dire la messe dans l'église desservie par le nouveau curé, et ne s'empressent pas, en usant de cette faculté, d'épargner à leurs anciens paroissiens, à des hommes qui leur sont restés attachés, la perte de temps et les embarras de ces courses nombreuses et forcées. Pour expliquer cette conduite en apparence si extraordinaire, il importe de se rappeler qu'une des choses qui ont été le plus fortement recommandées aux prêtres non assermentés par les hommes habiles qui ont dirigé cette grande entreprise de religion, est de s'abstenir de toute communication avec les prêtres qu'ils appellent intrus et usurpateurs, de peur que le peuple, qui n'est frappé que des signes sensibles, ne s'habituât enfin à ne voir aucune différence entre des prêtres qui feraient dans la même église l'exercice du même culte.

« Malheureusement cette division religieuse a produit une séparation politique entre les citoyens, et cette séparation se fortifie encore par la dénomination attribuée à chacun des deux partis ; le très petit nombre de personnes qui vont dans l'église des prêtres assermentés, s'appellent et sont appelées *patriotes*; ceux qui vont dans l'église des prêtres non assermentés sont appelés et s'appellent *aristocrates*. Ainsi, pour ces pauvres habitans des campagnes, l'amour ou la haine de leur patrie consiste aujourd'hui, non point à obéir aux lois, à respecter les autorités légitimes, mais à aller à la messe du prêtre assermenté ; la séduction, l'ignorance et le préjugé ont jeté à cet égard de si profondes racines, que nous avons eu beaucoup de peine à leur faire entendre que la constitution de l'état n'était point la constitution civile du clergé ; que la loi ne tyrannisait point les consciences ; que chacun était le maître d'aller à la messe qui lui convenait davantage, et vers le prêtre qui avait le plus sa confiance ; qu'ils étaient tous égaux aux yeux de la loi, et qu'elle ne leur imposait à cet égard d'autre obligation que de vivre en paix et de supporter mutuellement la différence de leurs opinions religieuses. Nous n'avons rien négligé pour effacer de leur esprit et faire disparaître des discours du peuple des campagnes cette absurde dénomination, et nous nous en sommes occupés avec d'autant plus d'activité, qu'il nous était aisé de calculer à cette époque toutes les conséquences d'une telle démarcation, dans un département où ces prétendus *aristocrates* forment plus des deux tiers de la population.

« Tel est, messieurs, le résultat des faits qui sont parvenus à notre connaissance dans le département de la Vendée, et des réflexions auxquelles ces faits ont donné lieu.

« Nous avons pris sur cet objet toutes les mesures qui étaient en notre pouvoir, soit pour maintenir la tranquillité générale, soit pour prévenir ou pour réprimer les attentats contre l'ordre public; organes de la loi, nous avons fait partout entendre son langage. En même temps que nous établissions des moyens d'ordre et de sûreté, nous nous occupions à expliquer ou éclaircir devant les corps administratifs, les tribunaux ou les particuliers, les difficultés qui naissent soit dans l'intelligence des décrets, soit dans leur mode d'exécution ; nous avons invité les corps administratifs et les tribunaux à redoubler de vigilance et de zèle dans l'exécution des lois qui protègent la sûreté des personnes et la propriété des biens, à user en un mot, avec la fermeté qui est un de leurs premiers devoirs, de l'autorité que la loi leur a conférée ; nous avons distribué une partie de la force publique qui était à notre réquisition dans les lieux où l'on nous annonçait des périls plus graves ou plus imminens; nous nous sommes transportés dans tous les lieux aux premières annonces de trouble; nous avons constaté l'état des choses avec plus de calme et de réflexion, et après avoir, soit par des paroles de paix et de consolation soit par la ferme et juste expression de la loi, calmé ce désordre momentané des volontés particulières, nous avons cru que la seule présence de la force publique suffirait. C'est à vous, messieurs, et à vous seulement, qu'il appartient de prendre des mesures véritablement efficaces sur un objet qui, par les rapports où on l'a mis avec la constitution de l'état, exerce en ce moment sur cette constitution une influence beaucoup plus grande que ne pourraient le faire croire les premières et plus simples notions de la raison, séparée de l'expérience des faits.

« Dans toutes nos opérations relatives à la distribution de la force publique, nous avons été secondés de la manière la plus active par un officier-général bien connu par son patriotisme et ses lumières. A peine instruit de notre arrivée dans le département, M. Dumouriez est venu s'associer à nos travaux et concourir avec nous au maintien de la paix publique ; nous allions être totalement dépourvus de troupes de ligne dans un moment où nous avions lieu de croire qu'elles nous étaient plus que jamais nécessaires ; c'est au zèle, c'est à l'activité de M. Dumouriez que nous avons dû sur-le-champ un secours qui, vu le retard de l'organisation de la gendarmerie nationale, était en quelque sorte l'unique garant de la tranquillité du pays.

« Nous venions, Messieurs, de terminer notre mission dans ce département de la Vendée, lorsque le décret de l'assemblée nationale du 8 août, qui, sur la demande des administrateurs du département des Deux-Sèvres, nous autorisait à nous transporter dans le district de Châtillon, nous est parvenu, ainsi qu'au directoire de ce département.

« On nous avait annoncé, à notre arrivée à Fontenay-le-Comte, que ce district était dans le même état de trouble religieux que le département de la Vendée. Quelques jours avant la réception de notre décret de commission, plusieurs citoyens, électeurs et fonctionnaires publics de ce district, vinrent faire au directoire du département des Deux-Sèvres une dénonciation par écrit sur les troubles qu'ils disaient exister en différentes paroisses ; ils annoncèrent qu'une insurrection était près d'éclater : le moyen qui leur paraissait le plus sûr et le plus prompt, et qu'ils proposèrent avec beaucoup de force, était de faire sortir du district, dans trois jours, tous les curés non assermentés et remplacés, et tous les vicaires non assermentés. Le directoire, après avoir long-temps répugné à adopter une mesure qui lui paraissait contraire aux principes de l'exacte justice, crut enfin que le caractère public des dénonciateurs suffisait pour constater et la réalité du mal et la pressante nécessité du remède. Un arrêté fut pris en conséquence le 5 septembre; et le directoire, en ordonnant à tous les ecclésiastiques de sortir du district dans trois jours, les invita à se rendre dans le même délai à Niort, chef-lieu du département, leur *assurant qu'ils y trouveraient toute protection et sûreté pour leurs personnes.*

« L'arrêté était déjà imprimé et allait être mis à exécution, lorsque le directoire reçut une expédition du décret de commission qu'il avait sollicité; à l'instant il prit un nouvel arrêté par lequel il suspendait l'exécution du premier, et abandonnait à notre prudence le soin de le confirmer, modifier ou supprimer.

« Deux administrateurs du directoire furent, par le même arrêté, nommés commissaires pour nous faire part de tout ce qui s'était passé, se transporter à Châtillon, et y prendre, de concert avec nous, toutes les mesures que nous croirions nécessaires.

« Arrivés à Châtillon, nous fîmes rassembler les cinquante-six municipalités dont ce district est composé; elles furent successivement appelées dans la salle du directoire. Nous consultâmes chacune d'elles sur l'état de sa paroisse : toutes les municipalités énonçaient le même vœu; celles dont les curés avaient été remplacés nous demandaient le retour de ces prêtres; celles dont les curés non assermentés étaient encore en fonctions, nous demandaient de les conserver. Il est encore un autre point sur lequel tous ces habitans des campagnes se réunissaient : c'est la liberté des opinions religieuses,

qu'on leur avait, disaient-ils, accordée, et dont ils désiraient jouir. Le même jour et le jour suivant, les campagnes voisines nous envoyèrent de nombreuses députations de leurs habitans pour réitérer la même prière.
« Nous ne sollicitons d'autre grâce, nous disaient-ils
« unanimement, que d'avoir des prêtres en qui nous
« ayons confiance. » Plusieurs d'entre eux attachaient même un si grand prix à cette faveur, qu'ils nous assuraient qu'ils paieraient volontiers, pour l'obtenir, le double de leur imposition.

« La très grande majorité des fonctionnaires publics ecclésiastiques de ce district n'a pas prêté serment; et tandis que leurs églises suffisent à peine à l'affluence des citoyens, les églises des prêtres assermentés sont presque désertes. A cet égard, l'état de ce district nous a paru le même que celui du département de la Vendée : là, comme ailleurs, nous avons trouvé la dénomination de *patriotes* et d'*aristocrates* complètement établie parmi le peuple, dans le même sens, et peut-être d'une manière plus générale. La disposition des esprits en faveur des prêtres non assermentés nous a paru encore plus prononcée que dans le département de la Vendée; l'attachement qu'on a pour eux, la confiance qu'on leur a vouée, ont tous les caractères du sentiment le plus vif et le plus profond; dans quelques-unes de ces paroisses, des prêtres assermentés ou des citoyens attachés à ces prêtres avaient été exposés à des menaces et à des insultes, et quoique là comme ailleurs ces violences nous aient paru quelquefois exagérées, nous nous sommes assurés (et le simple exposé de la disposition des esprits suffit pour en convaincre) que la plupart des plaintes étaient fondées sur des droits bien constans.

« En même temps que nous recommandions aux juges et aux administrateurs la plus grande vigilance sur cet objet, nous ne négligions rien de ce qui pouvait inspirer au peuple des idées et des sentimens plus conformes au respect de la loi et au droit de la liberté individuelle.

Nous devons vous dire, messieurs, que ces mêmes hommes, qu'on nous avait peints comme des furieux, sourds à toute espèce de raison, nous ont quittés l'ame remplie de paix et de bonheur, lorsque nous leur avons fait entendre qu'il était dans les principes de la constitution nouvelle de respecter la liberté des consciences; ils étaient pénétrés de repentir et d'affliction pour les fautes que quelques-uns d'entre eux avaient pu commettre; ils nous ont promis, avec attendrissement, de suivre les conseils que nous leurs donnions, de vivre en paix, malgré la différence de leurs opinions religieuses, et de respecter le fonctionnaire public établi par la loi. On les entendait, en s'en allant, se féliciter de nous avoir vus, se répéter les uns aux autres tout ce que nous leur avions dit, et se fortifier mutuellement dans leurs résolutions de paix et de bonne intelligence.

« Le même jour on vint nous annoncer que plusieurs de ces habitans de campagne, de retour chez eux, avaient affiché des placards, par lesquels ils déclaraient que chacun d'eux s'engageait à dénoncer et à faire arrêter la première personne qui nuirait à une autre, et surtout aux prêtres assermentés.

« Nous devons vous faire remarquer que dans ce même district, troublé depuis long-temps par la différence des opinions religieuses, les impositions arriérées de 1789 et de 1790, montant à 700,000 livres, ont été presque entièrement payées : nous en avons acquis la preuve au directoire du dictrict.

« Après avoir observé avec soin l'état des esprits et la situation des choses, nous pensâmes que l'arrêté du directoire ne devait pas être mis à exécution, et les commissaires du département, ainsi que les administrateurs du directoire de Châtillon, furent du même avis.

« Mettant à l'écart tous les motifs de détermination que nous pouvions tirer et des choses et des personnes, nous avions examiné si la mesure adoptée par le directoire était d'abord juste dans sa nature, ensuite si elle serait efficace dans l'exécution.

« Nous crûmes que des prêtres qui ont été remplacés ne peuvent pas être considérés comme en état de révolte contre la loi, parce qu'ils continuent à demeurer dans un lieu de leurs anciennes fonctions, surtout lorsque parmi ces prêtres il en est qui, de notoriété publique, se bornent à vivre en hommes charitables et paisibles, loin de toute discussion publique et privée ; nous crûmes qu'aux yeux de la loi on ne peut être en état de révolte qu'en s'y mettant soi-même par des faits précis, certains et constatés ; nous crûmes enfin que les actes de provocation contre les lois relatives au clergé et contre toutes les lois du royaume, doivent, ainsi que tous les autres délits, être punis par les formes légales.

« Examinant ensuite l'efficacité de cette mesure, nous vîmes que si les fidèles n'ont pas de confiance dans les prêtres assermentés, ce n'est pas un moyen de leur en inspirer davantage que d'éloigner de cette manière les prêtres de leur choix ; nous vîmes que dans les districts où la très grande majorité des prêtres non assermentés continuent l'exercice de leurs fonctions, d'après la permission de la loi, jusqu'à l'époque du remplacement, ce ne serait pas certainement, dans un tel système de répression, diminuer le mal que d'éloigner un si petit nombre d'individus, lorsqu'on est obligé d'en laisser dans les mêmes lieux un très grand nombre dont les opinions sont les mêmes.

« Voilà, messieurs, quelques-unes des idées qui ont

dirigé notre conduite dans cette circonstance, indépendamment de toutes les raisons de localité qui seules auraient pu nous obliger à suivre cette marche : telle était en effet la disposition des esprits, que l'exécution de cet arrêté fût infailliblement devenue dans ces lieux le signal d'une guerre civile.

« Le directoire du département des Deux-Sèvres, instruit d'abord par ses commissaires, ensuite par nous, de tout ce que nous avions fait à cet égard, a bien voulu nous offrir l'expression de sa reconnaissance, par un arrêté du 19 du mois dernier.

« Nous ajouterons, quant à cette mesure d'éloignement des prêtres non assermentés qui ont été remplacés, qu'elle nous a été constamment proposée par la presque unanimité des citoyens du département de la Vendée, qui sont attachés aux prêtres assermentés, citoyens qui forment eux-mêmes, comme vous l'avez déjà vu, la plus petite portion des habitans : en vous transmettant ce vœu, nous ne faisons que nous acquitter d'un dépôt qui nous a été confié.

« Nous ne vous laisserons pas ignorer non plus que quelques-uns des prêtres assermentés que nous avons vus, ont été d'un avis contraire ; l'un d'eux, dans une lettre qu'il nous a adressée le 12 septembre, en nous indiquant les mêmes causes des troubles, en nous parlant des désagrémens auxquels il est chaque jour exposé, nous fait observer que le seul moyen de remédier à tous ces maux est (ce sont ses expressions) « de ménager l'opi-
« nion du peuple, dont il faut guérir les préjugés avec
« le remède de la lenteur et de la prudence ; car, ajoute-
« t-il, il faut prévenir toute guerre à l'occasion de la re-
« ligion, dont les plaies saignent encore..... Il est à
« craindre que les mesures rigoureuses, nécessaires dans
« les circonstances contre les perturbateurs du repos pu-

« blic, ne paraissent plutôt une persécution qu'un châ-
« timent infligé par la loi... Quelle prudence ne faut-il
« pas employer! La douceur, l'instruction, sont les
« armes de la vérité! »

« Tel est, messieurs, le résultat général des détails
que nous avons recueillis, et des observations que nous
avons faites dans le cours de la mission qui nous a été
confiée. La plus douce récompense de nos travaux serait
de vous avoir facilité les moyens d'établir sur des bases
solides la tranquillité de ces départemens, et d'avoir répondu par l'activité de notre zèle à la confiance dont
nous avons été honorés. »

NOTE 40, PAGE 5.

J'ai déjà eu l'occasion de revenir plusieurs fois sur les dispositions de Léopold, de Louis XVI et des émigrés ; je vais citer plusieurs extraits qui les feront connaître de la manière la plus certaine. Bouillé, qui était à l'étranger, et que sa réputation et ses talens avaient fait rechercher par les souverains, a pu mieux que personne connaître les sentimens des diverses cours ; et il ne peut être suspect dans son témoignage. Voici la manière dont il s'exprime en divers endroits de ses Mémoires :

« On pourra juger, par cette lettre, que le roi de Suède était très-incertain sur les véritables projets de l'empereur et de ses co-alliés, qui devaient être alors de ne plus se mêler des affaires de France. Sans doute, l'impératrice en était instruite, mais elle ne les lui avait pas communiqués. Je savais que dans ce moment elle employait toute son influence sur l'empereur et le roi de Prusse, pour les engager à déclarer la guerre à la France. Elle avait même écrit une lettre très-forte au premier de ces souverains, où elle lui représentait que le roi de Prusse, pour une simple impolitesse qu'on avait faite à sa sœur, avait fait entrer une armée en Hollande, tandis que lui-même souffrait les insultes et les affronts qu'on prodiguait à la reine de France, la dégradation de son rang et de sa dignité, et l'anéantissement du trône d'un roi son beau-frère et son allié. L'impératrice agissait avec la même force vis-à-vis de l'Espagne, qui avait adopté des principes pacifiques. Cependant l'empereur, après l'acceptation de la constitution par le roi, avait reçu de nouveau l'ambassadeur de France, auquel il avait défendu précédemment de paraître à sa cour. Il fut même le premier à admettre dans ses ports le pavillon national. Les cours de Madrid, de Pétersbourg et de Stockholm, furent les seules, à cette époque, qui retirèrent leurs ambassadeurs de Paris. Toutes ces circonstances servent donc à prouver que les vues de Léopold étaient dirigées vers la paix, et qu'elles étaient le fruit de l'influence de Louis XVI et de la reine. »

(*Mémoires de Bouillé*, page 314.)

Ailleurs Bouillé dit encore :

« Cependant il s'écoula plusieurs mois sans que j'aperçusse aucune suite aux projets que l'empereur avait eus d'assembler des armées sur la frontière, de former un congrès, et d'entamer une négociation avec le gouvernement français. Je présumai que le roi avait espéré que son acceptation de la nouvelle constitution lui rendrait sa liberté personnelle, et rétablirait le calme dans la nation, qu'une négociation armée aurait pu troubler, et qu'il avait conséquemment engagé l'empereur et les autres souverains ses alliés à ne faire aucune démarche qui pût produire des hostilités qu'il avait constamment cherché à éviter. Je fus confirmé dans cette opinion par la réticence de la cour d'Espagne, sur la proposition de fournir au roi de Suède les quinze millions de livres tournois qu'elle s'était engagée à lui donner pour aider aux frais de son expédition. Ce prince m'avait engagé à en écrire de sa part au ministre espagnol, dont je ne reçus que des réponses vagues. Je conseillai alors au roi de Suède d'ouvrir un emprunt en Hollande, ou dans les villes libres maritimes du Nord, sous la garantie de l'Espagne, dont cependant les dispositions me parurent changées à l'égard de la France.

« J'appris que l'anarchie augmentait chaque jour en France, ce qui n'était que trop prouvé par la foule d'émigrans de tous les états qui se réfugiaient sur les frontières étrangères. On les armait, on les enrégimentait sur les bords du Rhin, et l'on en formait une petite armée qui menaçait les provinces d'Alsace et de Lorraine. Ces mesures réveillaient la fureur du peuple, et servaient les projets destructeurs des jacobins et des anarchistes. Les émigrés avaient même voulu faire une tentative sur Strasbourg, où ils croyaient avoir des intelligences assurées et des partisans qui leur en auraient livré les portes. Le roi, qui en fut instruit, employa les ordres et même les prières pour les arrêter et pour les empêcher d'exercer aucun acte d'hostilité. Il envoya, à cet effet, aux princes ses frères, M. le baron de Vioménil et le chevalier de Cogny, qui leur témoignèrent, de sa part, la désapprobation sur l'armement de la noblesse française, auquel l'empereur mit tous les obstacles possibles, mais qui continua d'avoir lieu. »

(*Ibid.*, page 309.)

Enfin Bouillé raconte, d'après Léopold lui-même, son projet de congrès :

« Enfin, le 12 septembre, l'empereur Léopold me fit prévenir de passer chez lui, et de lui porter le plan des dispositions qu'il m'avait demandé précédemment. Il me fit entrer dans son cabinet, et me dit qu'il n'avait pas pu me parler plus tôt de l'objet pour lequel il m'avait fait venir, parce qu'il attendait des réponses de Russie, d'Espagne, d'Angleterre et des principaux souverains de l'Italie ; qu'il les avait reçues, qu'elles étaient conformes à ses intentions et à ses projets, qu'il était assuré de leur assistance dans l'exécution, et de leur réunion, à l'exception cependant du cabinet de Saint-James, qui avait déclaré vouloir garder la neutralité la plus scrupuleuse. Il avait pris la résolution d'asssembler un congrès pour traiter avec le gouvernement français, non-seulement sur le redressement des griefs du corps germanique dont les droits en Alsace et dans d'autres parties des provinces frontières avaient été violés, mais en même temps sur les moyens de rétablir l'ordre dans le royaume de France, dont l'anarchie troublait la tranquillité de l'Europe entière. Il m'ajouta que cette négociation serait appuyée par des armées formidables, dont la France serait environnée; qu'il espérait que ce moyen réussirait et préviendrait une guerre sanglante, dernière ressource qu'il voulait employer. Je pris la liberté de demander à l'empereur s'il était instruit des véritables intentions du roi. Il les connaissait; il savait que le prince répugnait à l'emploi des moyens violens. Il me dit qu'il était d'ailleurs informé que la charte de la nouvelle constitution devait lui être présentée sous peu de jours, et qu'il jugeait que le roi ne pouvait se dispenser de l'accepter sans aucune restriction, par les risques qu'il courait pour ses jours et ceux de sa famille, s'il faisait la moindre difficulté, et s'il se permettait la plus légère observation; mais que sa sanction, forcée dans la circonstance, n'était d'aucune importance, étant possible de revenir sur tout ce qu'on aurait fait, et de donner à la France un bon gouvernement qui satisfît les peuples, et qui laissât à l'autorité royale une latitude de pouvoirs suffisans pour maintenir la tranquillité au dedans, et pour assurer la paix au dehors. Il me demanda le plan de disposition des armées, en m'assurant qu'il l'examinerait à loisir. Il m'ajouta que je pouvais m'en retourner à Mayence, où le comte de Brown, qui devait commander ses troupes, et qui était alors dans les Pays-Bas, me ferait avertir, ainsi que le prince de Hohenlohe, qui allait en Franconie, pour conférer ensemble, quand il en serait temps.

« Je jugeai que l'empereur ne s'était arrêté à ce plan pacifique et extrêmement raisonnable, depuis la conférence de Pilnitz, qu'après avoir consulté Louis XVI, dont le vœu avait été constamment pour un arrangement et pour employer la voie des négociations plutôt que le moyen violent des armes. »

(*Ibid*, page 299.)

NOTE 6, PAGE 50.

Voici comment ce fait est rapporté par Bertrand de Molleville :

« Je rendis compte le même jour au conseil de la visite que le duc d'Orléans m'avait faite, et de notre conversation. Le roi se détermina à le recevoir, et eut avec lui le lendemain un entretien de plus d'une demi-heure, dont Sa Majesté nous parut avoir été très-contente. « Je crois, comme vous, me dit le roi, qu'il re-
« vient de très bonne foi, et qu'il fera tout ce qui dépendra
« de lui pour réparer le mal qu'il a fait, et auquel il est
« possible qu'il n'ait pas eu autant de part que nous l'a-
« vons cru.

« Le dimanche suivant il vint au lever du roi, où il reçut l'accueil le plus humiliant des courtisans, qui ignoraient ce qui s'était passé, et des royalistes, qui avaient l'habitude de se rendre en foule au château ce jour-là pour faire leur cour à la famille royale. On se pressa autour de lui, on affecta de lui marcher sur les pieds et de le pousser vers la porte, de manière à l'empêcher de rentrer. Il descendit chez la reine, où le couvert était déjà mis; aussitôt qu'il y parut, on s'écria de toutes parts : *Messieurs, prenez garde aux plats !* comme si on eût été assuré qu'il avait les poches pleines de poison.

« Les murmures insultans qu'excitait partout sa présence le forcèrent à se retirer sans avoir vu la famille royale. On le pourchassa jusqu'à l'escalier de la reine;

et en descendant il reçut un crachat sur la tête et quelques autres sur son habit. On voyait la rage et le dépit peints sur sa figure ; il sortit du château, convaincu que les instigateurs des outrages qu'il avait reçus étaient le roi et la reine, qui ne s'en doutaient pas, et qui en furent très fâchés. Il leur jura une haine implacable, et il ne s'est montré que trop fidèle à cet horrible serment. J'étais au château ce jour-là, et je fus témoin de tous les faits que je viens de rapporter. »

(*Bertrand de Molleville,* tome VI, page 209.)

NOTE 7, PAGE 68.

Madame Campan rapporte autrement l'entretien de Dumouriez :

« Tous les partis s'agitaient, dit-elle, soit pour perdre le roi, soit pour le sauver. Un jour je trouvai la reine extrêmement troublée; elle me dit qu'elle ne savait plus où elle en était, que les chefs des jacobins se faisaient offrir à elle par l'organe de Dumouriez, et que Dumouriez, abandonnant le parti des jacobins, était venu s'offrir à elle; qu'elle lui avait donné une audience; que, seul avec elle, il s'était jeté à ses pieds, et lui avait dit qu'il avait enfoncé le bonnet rouge jusque sur ses oreilles, mais qu'il n'était ni ne pouvait être jacobin; qu'on avait laisser rouler la révolution jusqu'à cette canaille de désorganisateurs qui, n'aspirant qu'après le pillage, étaient capables de tout, et pourraient donner à l'assemblée une armée formidable, prête à saper les restes d'un trône déjà trop ébranlé. En parlant avec une chaleur extrême, il s'était jeté sur la main de la reine, et la baisait avec transport, lui criant : *Laissez-vous sauver*. La reine me dit que l'on ne pouvait croire aux protestations d'un traître; que toute sa conduite était si bien connue, que le plus sage était, sans contredit, de ne point s'y fier; que d'ailleurs les princes recommandaient essentiellement de n'avoir confiance à aucune proposition de l'intérieur.... etc. »

(Tome II, page 202.)

Le récit de cet entretien est ici, comme on le voit, différent à quelques égards, cependant le fond est le même. Seulement, en passant à travers la bouche de la reine et celle de madame Campan, il a dû prendre une couleur peu favorable à Dumouriez. Celui de Dumouriez peint d'une manière plus vraisemblable les agitations de l'infortunée Marie-Antoinette ; et comme il n'a rien d'offensant pour cette princesse, ni rien qui ne s'accorde avec son caractère, je l'ai préféré. Il est possible néanmoins que la présomption de Dumouriez l'ait porté à recueillir de préférence les détails les plus flatteurs pour lui.

NOTE 8, PAGE 70.

Bouillé, dont j'ai cité les mémoires, et qui était placé de manière à bien juger les intentions réelles des puissances, ne croyait pas du tout au zèle et à la sincérité de Catherine. Voici la manière dont il s'exprime à cet égard :

« On voit que ce prince (Gustave) comptait beaucoup sur les dispositions de l'impératrice de Russie, et sur la part active qu'elle prendrait dans la confédération, et qui s'est bornée à des démonstrations. Le roi de Suède était dans l'erreur, et je doute que Catherine lui eût jamais confié les dix-huit mille Russes qu'elle lui avait promis. Je suis persuadé, d'ailleurs, que l'empereur et le roi de Prusse ne lui avaient communiqué ni leurs vues, ni leurs projets. Ils avaient l'un et l'autre personnellement plus que de l'éloignement pour lui, et ils désiraient qu'il ne prît aucune part active dans les affaires de France. »

(Bouillé, page 319.)

NOTE 9, PAGE 72.

Madame Campan nous apprend, dans un même passage, la construction de l'armoire de fer, et l'existence d'une protestation secrète faite par le roi contre la déclaration de guerre. Cette appréhension du roi pour la guerre était extraordinaire, et il cherchait de toutes les manières à la rejeter sur le parti populaire.

« Le roi avait une quantité prodigieuse de papiers, et avait eu malheureusement l'idée de faire construire très secrètement, par un serrurier qui travaillait près de lui depuis plus de dix ans, une cachette dans un corridor intérieur de son appartement. Cette cachette, sans la dénonciation de cet homme, eût été long-temps ignorée. Le mur, dans l'endroit où elle était placée, était peint en larges pierres, et l'ouverture se trouvait parfaitement dissimulée dans les rainures brunes qui formaient la partie ombrée de ces pierres peintes. Mais avant que ce serrurier eût dénoncé à l'assemblée ce que l'on a depuis appelé l'*armoire de fer*, la reine avait su qu'il en avait parlé à quelques gens de ses amis; et que cet homme, auquel le roi, par habitude, accordait une trop grande confiance, était un jacobin. Elle en avertit le roi, et le décida à remplir un très grand portefeuille de tous les papiers qu'il avait le plus d'intérêt à conserver, et à me le confier. Elle l'invita en ma présence à ne rien laisser dans cette armoire; et le roi, pour la tranquilliser, lui

répondit qu'il n'y avait rien laissé. Je voulus prendre le portefeuille et l'emporter dans mon appartement; il était trop lourd pour que je pusse le soulever. Le roi me dit qu'il allait le porter lui-même; je le précédai pour lui ouvrir les portes. Quand il eut déposé ce portefeuille dans mon cabinet intérieur, il me dit seulement : « La reine vous dira ce que cela contient. » Rentrée chez la reine, je le lui demandai, jugeant par les paroles du roi qu'il était nécessaire que j'en fusse instruite. « Ce sont, me
« répondit la reine, des pièces qui seraient des plus fu-
« nestes pour le roi, si on allait jusqu'à lui faire son
« procès. Mais ce qu'il veut sûrement que je vous dise,
« c'est qu'il y a dans ce portefeuille le procès-verbal d'un
« conseil-d'état dans lequel le roi a donné son avis contre
« la guerre. Il l'a fait signer par tous les ministres, et,
« dans le cas même de ce procès, il compte que cette
« pièce serait très utile. » Je demandai à qui la reine croyait que je devais confier ce portefeuille. « A qui vous
« voudrez, me répondit-elle; vous en êtes *seule respon-*
« *sable :* ne vous éloignez pas du palais, même dans vos
« mois de repos ; il y a des circonstances où il nous serait
« très utile de le trouver à l'instant même. »

(*Madame Campan*, tom. II, pag. 222.)

NOTE 10, PAGE 75.

Exposition des motifs qui ont déterminé l'assemblée nationale à déclarer, sur la proposition formelle du roi, qu'il y a lieu de déclarer la guerre au roi de Bohême et de Hongrie, par M. Condorcet. (Séance du 22 avril 1792.)

« Forcé de consentir à la guerre par la plus impérieuse nécessité, l'assemblée nationale n'ignore pas qu'on l'accusera de l'avoir volontairement accélérée ou provoquée.

« Elle sait que la marche insidieuse de la cour de Vienne n'a eu d'autre objet que de donner une ombre de vraisemblance à cette imputation, dont les puissances étrangères ont besoin pour cacher à leurs peuples les motifs réels de l'attaque injuste préparée contre la France; elle sait que ce reproche sera répété par les ennemis intérieurs de notre constitution et de nos lois, dans l'espérance criminelle de ravir la bienveillance publique aux représentans de la nation.

« Une exposition simple de leur conduite est leur unique réponse, et ils l'adressent avec une confiance égale aux étrangers et aux Français, puisque la nature a mis au fond du cœur de tous les hommes les sentimens de la même justice.

« Chaque nation a seule le pouvoir de se donner des lois, et le droit inaliénable de les changer. Ce droit n'appartient à aucune, ou leur appartient à toutes avec une entière égalité : l'attaquer dans une seule, c'est déclarer qu'on ne le reconnaît dans aucune autre; vouloir le ravir par la force à un peuple étranger, c'est annoncer qu'on ne le respecte pas dans celui dont on est le citoyen ou le chef; c'est trahir sa patrie; c'est se proclamer l'ennemi du genre humain! La nation française devait croire que des vérités si simples seraient senties par tous les princes, et que, dans le dix-huitième siècle, personne n'oserait leur opposer les vieilles maximes de la tyrannie : son espérance a été trompée; une ligue a été formée contre son indépendance, et elle n'a eu que le choix d'éclairer ses ennemis sur la justice de sa cause, ou de leur opposer la force des armes.

« Instruite de cette ligue menaçante, mais jalouse de conserver la paix, l'assemblée nationale a d'abord demandé quel était l'objet de ce concert entre des puissances si long-temps rivales, et on lui a répondu qu'il avait pour motif le maintien de la tranquillité générale, la sûreté et l'honneur des couronnes, la crainte de voir se renouveler les événemens qu'ont présentés quelques époques de la révolution française.

« Mais comment la France menacerait-elle la tranquillité générale, puisqu'elle a pris la résolution solennelle de n'entreprendre aucune conquête, de n'attaquer la liberté d'aucun peuple; puisqu'au milieu de cette lutte longue et sanglante qui s'est élevée dans les Pays-Bas et dans les états de Liége, entre les gouvernemens et les citoyens, elle a gardé la neutralité la plus rigoureuse?

« Sans doute la nation française a prononcé hautement que la souveraineté n'appartient qu'au peuple, qui, borné dans l'exercice de sa volonté suprême par les droits de la postérité, ne peut déléguer de pouvoir irrévocable; sans doute elle a hautement reconnu qu'aucun usage, aucune loi expresse, aucun consentement, aucune convention, ne peuvent soumettre une société d'hommes à une autorité qu'ils n'auraient pas le droit de reprendre : mais quelle idée les princes se feraient-ils donc de la légitimité de leur pouvoir, ou de la justice avec laquelle ils l'exercent, s'ils regardaient l'énonciation de ces maximes comme une entreprise contre la tranquillité de leurs états?

Diront-ils que cette tranquillité pourrait être troublée par les ouvrages, par les discours de quelques Français? ce serait encore exiger à main armée une loi contre la liberté de la presse, ce serait déclarer la guerre aux progrès de la raison, et quand on sait que partout la nation française a été impunément outragée; que les presses des pays voisins n'ont cessé d'inonder nos départemens d'ouvrages destinés à solliciter la trahison, à conseiller la révolte; quand on se rappelle les marques de protection ou d'intérêt prodiguées à leurs auteurs, croira-t-on qu'un amour sincère de la paix, et non la haine de la liberté, ait dicté ces hypocrites reproches?

« On a parlé de tentatives faites par les Français pour exciter les peuples voisins à briser leurs fers, à réclamer leurs droits..... Mais les ministres qui ont répété ces imputations, sans oser citer un seul fait qui les appuyât, savaient combien elles étaient chimériques; et, ces tentatives eussent-elles été réelles, les puissances qui ont souffert les rassemblemens de nos émigrés, qui leur ont donné des secours, qui ont reçu leurs ambassadeurs, qui les ont publiquement admis dans leurs conférences, qui ne rougissent point d'appeler les Français à la guerre civile, n'auraient pas conservé le droit de se plaindre; ou bien il faudrait dire qu'il est permis d'étendre la servitude, et criminel de propager la liberté, que tout est légitime contre les peuples, que les rois seuls ont de véritables droits. Jamais l'orgueil du trône n'aurait insulté avec plus d'audace à la majesté des nations!

« Le peuple français, libre de fixer la forme de sa constitution, n'a pu blesser, en usant de ce pouvoir, ni la sûreté ni l'honneur des couronnes étrangères. Les chefs des autres pays mettraient-ils donc au nombre de leurs prérogatives le droit d'obliger la nation française à donner au chef de son gouvernement un pouvoir égal à celui qu'eux-mêmes exercent dans leurs états? Voudraient-ils, parce qu'ils ont des sujets, empêcher qu'il existât ailleurs des hommes libres? Et comment n'apercevraient-ils pas qu'en permettant tout pour ce qu'ils appellent la sûreté des couronnes, ils déclarent légitime tout ce qu'une nation pourrait entreprendre en faveur de la liberté des peuples?

« Si des violences, si des crimes ont accompagné quelques époques de la révolution française, c'était aux seuls dépositaires de la volonté nationale qu'appartenait le pouvoir de les punir ou de les ensevelir dans l'oubli : tout citoyen, tout magistrat, quel que soit son titre, ne doit demander justice qu'aux lois de son pays, ne peut l'attendre que d'elles. Les puissances étrangères, tant que leurs sujets n'ont pas souffert de ces événemens, ne peuvent avoir un juste motif ni de s'en plaindre, ni de prendre des mesures hostiles pour en empêcher le retour. La parenté, l'alliance personnelle entre les rois, ne sont rien pour les nations; esclaves ou libres, des intérêts communs les unissent : la nature a placé leur bonheur dans la paix, dans les secours mutuels d'une douce fraternité; elle s'indignerait qu'on osât mettre dans une même balance le sort de vingt millions d'hommes, et les affections ou l'orgueil de quelques individus. Sommes-nous donc condamnés à voir encore la servitude volontaire des peuples entourer de victimes humaines les autels des faux dieux de la terre?

« Ainsi ces prétendus motifs d'une ligue contre la

France n'étaient tous qu'un nouvel outrage à son indépendance. Elle avait droit d'exiger une renonciation à des préparatifs injurieux, et d'en regarder le refus comme une hostilité : tels ont été les principes qui ont dirigé les démarches de l'assemblée nationale. Elle a continué de vouloir la paix, mais elle devait préférer la guerre à une patience dangereuse pour la liberté ; elle ne pouvait se dissimuler que des changemens dans la constitution, que des violations de l'égalité, qui en est la base, étaient l'unique but des ennemis de la France ; qu'ils voulaient la punir d'avoir reconnu dans toute leur étendue les droits communs à tous les hommes ; et c'est alors qu'elle a fait ce serment, répété par tous les Français, de périr plutôt que de souffrir la moindre atteinte ni à la liberté des citoyens, ni à la souveraineté du peuple, ni surtout à cette égalité sans laquelle il n'existe pour les sociétés ni justice ni bonheur.

« Reprocherait-on aux Français de n'avoir pas assez respecté les droits des autres peuples, en n'offrant que des indemnités pécuniaires, soit aux princes allemands possessionnés en Alsace, soit au pape ?

« Les traités avaient reconnu la souveraineté de la France sur l'Alsace, et elle y était paisiblement exercée depuis plus d'un siècle. Les droits que ces traités avaient réservés n'étaient que des priviléges ; le sens de cette réserve était donc que les possesseurs des fiefs d'Alsace les conserveraient avec les anciennes prérogatives, tant que les lois générales de la France souffriraient les différentes formes de la féodalité ; cette réserve signifiait encore que si les prérogatives féodales étaient enveloppées dans une ruine commune, la nation devrait un dédommagement aux possesseurs, pour les avantages réels qui en étaient la suite ; car c'est là tout ce que peut exiger le droit de propriété, quand il se trouve en opposition avec la loi, en contradiction avec l'intérêt public. Les citoyens de l'Alsace sont Français, et la nation ne peut sans honte et sans injustice souffrir qu'ils soient privés de la moindre partie des droits communs à tous ceux que ce nom doit également protéger. Dira-t-on qu'on peut, pour dédommager ces princes, leur abandonner une portion du territoire? Non; une nation généreuse et libre ne vend point des hommes ; elle ne condamne point à l'esclavage, elle ne livre point à des maîtres ceux qu'elle a une fois admis au partage de sa liberté.

« Les citoyens du Comtat étaient les maîtres de se donner une constitution ; ils pouvaient se déclarer indépendans : ils ont préféré être Français, et la France ne les abandonnera point après les avoir adoptés. Eût-elle refusé d'accéder à leur désir, leur pays est enclavé dans son territoire, et elle n'aurait pu permettre à leurs oppresseurs de traverser la terre de la liberté pour aller punir des hommes d'avoir osé se rendre indépendans et reprendre leurs droits. Ce que le pape possédait dans ce pays était le salaire des fonctions du gouvernement : le peuple, en lui ôtant ses fonctions, a fait usage d'un pouvoir qu'une longue servitude avait suspendu, mais n'avait pu lui ravir ; et l'indemnité proposée par la France n'était pas même exigée par la justice.

« Ainsi, ce sont encore des violations du droit naturel qu'on ose demander au nom du pape et des possessionnés d'Alsace ! C'est encore pour les prétentions de quelques hommes qu'on veut faire couler le sang des nations ! Et si les ministres de la maison d'Autriche avaient voulu déclarer la guerre à la raison au nom des préjugés, aux peuples au nom des rois, ils n'auraient pu tenir un autre langage !

« On a fait entendre que le vœu du peuple français, pour le maintien de son égalité et de son indépendance, était celui d'une faction.... Mais la nation française a une constitution; cette constitution a été reconnue, adoptée par la généralité des citoyens; elle ne peut être changée que par le vœu du peuple, et suivant des formes qu'elle-même a prescrites : tant qu'elle subsiste, les pouvoirs établis par elle ont seuls le droit de manifester la volonté nationale, et c'est par eux que cette volonté a été déclarée aux puissances étrangères. C'est le roi qui, sur l'invitation de l'assemblée nationale, et en remplissant les fonctions que la constitution lui attribue, s'est plaint de la protection accordée aux émigrés, a demandé inutilement qu'elle leur fût retirée; c'est lui qui a sollicité des explications sur la ligue formée contre la France; c'est lui qui a exigé que cette ligue fût dissoute; et l'on doit s'étonner sans doute d'entendre annoncer comme le cri de quelques factieux le vœu solennel du peuple, publiquement exprimé par ses représentans légitimes. Quel titre aussi respectable pourraient donc invoquer ces rois qui forcent des nations égarées à combattre contre les intérêts de leur propre liberté, et à s'armer contre des droits qui sont aussi les leurs, à étouffer sous les débris de la constitution française les germes de leur propre félicité, et les communes espérances du genre humain!

« Et d'ailleurs qu'est-ce qu'une faction qu'on accuserait d'avoir conspiré la liberté universelle du genre humain? C'est donc l'humanité tout entière que des ministres esclaves osent flétrir de ce nom odieux!

« Mais, disent-ils, le roi des Français n'est pas libre... Eh! n'est-ce donc pas être libre que de dépendre des lois de son pays? la liberté de les contrarier, de s'y soustraire, d'y opposer une force étrangère, ne serait pas un droit, mais un crime!

« Ainsi, en rejetant toutes ces propositions insidieuses, en méprisant ces indécentes déclamations, l'assemblée nationale s'était montrée, dans toutes les relations extérieures, aussi amie de la paix que jalouse de la liberté du peuple ; ainsi, la continuation d'une tolérance hostile pour les émigrés, la violation ouverte des promesses d'en disperser les rassemblemens, le refus de renoncer à une ligue évidemment offensive, les motifs injurieux de ces refus, qui annonçaient le désir de détruire la constitution française, suffisaient pour autoriser des hostilités qui n'auraient jamais été que des actes d'une défense légitime ; car ce n'est pas attaquer que de ne pas donner à notre ennemi le temps d'épuiser nos ressources en longs préparatifs, de tendre tous ses piéges, de rassembler toutes ses forces, de resserrer ses premières alliances, d'en chercher de nouvelles, de pratiquer encore des intelligences au milieu de nous, de multiplier dans nos provinces les conjurations et les complots. Mérite-t-on le nom d'agresseur lorsque, menacé, provoqué par un ennemi injuste et perfide, on lui enlève l'avantage de porter les premiers coups ?—Ainsi, loin d'appeler la guerre, l'assemblée nationale a tout fait pour la prévenir. En demandant des explications nouvelles sur des intentions qui ne pouvaient être douteuses, elle a montré qu'elle renonçait avec douleur à l'espoir d'un retour vers la justice, et que si l'orgueil des rois est prodigue du sang de leurs sujets, l'humanité des représentans d'une nation libre est avare même du sang de ses ennemis. Insensible à toutes les provocations, à toutes les injures, au mépris des anciens engagemens, aux violations des nouvelles promesses, à la dissimulation honteuse des trames ourdies contre la France, à cette condescendance perfide sous laquelle on cachait les secours, les encouragemens prodigués aux Français qui ont trahi leur patrie, elle aurait encore accepté la paix, si celle qu'on lui offrait avait été compatible avec le maintien de la constitution, avec l'indépendance de la souveraineté nationale, avec la sûreté de l'état.

« Mais le voile qui cachait les intentions de notre ennemi est enfin déchiré ! Citoyens ! qui de vous en effet pourrait souscrire à ces honteuses propositions ? La servitude féodale et une humiliante inégalité, la banqueroute et des impôts que vous paieriez seuls, les dîmes et l'inquisition, vos propriétés achetées sur la foi publique rendues à leurs anciens usurpateurs, les bêtes fauves rétablies dans le droit de ravager vos campagnes, votre sang prodigué pour les projets ambitieux d'une maison ennemie, telles sont les conditions du traité entre le roi de Hongrie et des Français perfides !

« Telle est la paix qui vous est offerte ! Non, vous ne l'accepterez jamais ! Les lâches sont à Coblentz, et la France ne renferme plus dans son sein que des hommes dignes de la liberté !

« Il annonce en son nom, au nom de ses alliés, le projet d'exiger de la nation française un abandon de ses droits ; il fait entendre qu'il lui commandera des sacrifices que la crainte seule de sa destruction pourrait lui arracher.... Eh bien ! elle ne s'y soumettra jamais ! Cet insultant orgueil, loin de l'intimider, ne peut qu'exciter son courage. Il faut du temps pour discipliner les esclaves du despotisme ; mais tout homme est soldat quand il combat la tyrannie ; l'or sortira de ses obscures retraites au nom de la patrie en danger ; ces hommes ambitieux et vils, ces esclaves de la corruption et de l'intrigue, ces lâches calomniateurs du peuple, dont nos ennemis osaient se promettre de honteux secours, perdront l'appui des citoyens aveuglés ou pusillanimes qu'ils avaient trompés par leurs hypocrites déclamations ; et l'empire français, dans sa vaste étendue, n'offrira plus à nos ennemis qu'une volonté unique, celle de vaincre ou de périr tout entier avec la constitution et les lois ! »

NOTE 11, PAGE 87.

Madame Campan explique comme il suit le secret des papiers brûlés à Sèvres :

« Au commencement de 1792, un prêtre fort estimable me fit demander un entretien particulier. Il avait connaissance du manuscrit d'un nouveau libelle de madame Lamotte. Il me dit qu'il n'avait remarqué, dans les gens qui venaient de Londres pour le faire imprimer à Paris, que le seul appât du gain, et qu'ils étaient prêts à lui livrer ce manuscrit pour mille louis, s'il pouvait trouver quelque amie de la reine disposée à faire ce sacrifice à sa tranquillité ; qu'il avait pensé à moi, et que si Sa Majesté voulait lui donner les vingt-quatre mille francs, il me remettrait le manuscrit en les touchant.

« Je communiquai cette proposition à la reine, qui la refusa, et m'ordonna de répondre que, dans les temps où il eût été possible de punir les colporteurs de ces libelles, elle les avait jugés si atroces et si invraisemblables, qu'elle avait dédaigné les moyens d'en arrêter le cours ; que, si elle avait l'imprudence et la faiblesse d'en acheter un seul, l'actif espionnage des jacobins pourrait le découvrir ; que ce libelle acheté n'en serait pas moins imprimé, et deviendrait bien plus dangereux quand ils apprendraient au public le moyen qu'elle avait employé pour lui en ôter la connaissance.

« Le baron d'Aubier, gentilhomme ordinaire du roi et mon ami particulier, avait une mémoire facile et une manière précise et nette de me transmettre le sens des délibérations, des débats, des décrets de l'assemblée nationale. J'entrais chaque jour chez la reine, pour en rendre compte au roi, qui disait en me voyant : « Ah! « voilà le postillon par Calais. »

« Un jour M. d'Aubier vint me dire : « L'assemblée a « été très occupée d'une dénonciation faite par les ou-« vriers de la manufacture de Sèvres. Ils ont apporté « sur le bureau du président une liasse de brochures qu'ils « ont dit être la vie de Marie-Antoinette. Le directeur « de la manufacture a été mandé à la barre, et il a dé-« claré avoir reçu l'ordre de brûler ces imprimés dans les « fours qui servent à la cuisson des pâtes de ses porce-« laines. »

« Pendant que je rendais ce compte à la reine, le roi rougit et baissa la tête sur son assiette. La reine lui dit : « Monsieur, avez-vous connaissance de cela ? » Le roi ne répondit rien. Madame Élisabeth lui demanda de lui expliquer ce que cela signifiait ; même silence. Je me retirai promptement. Peu d'instans après, la reine vint chez moi et m'apprit que c'était le roi qui, par intérêt pour elle, avait fait acheter la totalité de l'édition imprimée d'après le manuscrit que je lui avais proposé, et que M. de Laporte n'avait pas trouvé de manière plus mystérieuse d'anéantir la totalité de l'ouvrage, qu'en le faisant brûler à Sèvres parmi deux cents ouvriers, dont cent quatre-vingts devaient être jacobins. Elle me dit qu'elle avait caché sa douleur au roi, qu'il était consterné, et qu'elle n'avait rien à dire quand sa tendresse et sa bonne volonté pour elle étaient cause de cet accident. »

(*Madame Campan*, tome II, page 196.)

NOTE 12, PAGE 108.

La mission donnée par le roi à Mallet-du-Pan est un des faits les plus importans à constater, et il ne peut être révoqué en doute, d'après les mémoires de Bertrand de Molleville. Ministre à cette époque, Bertrand de Molleville devait être parfaitement instruit; et, ministre contre-révolutionnaire, il aurait plutôt caché qu'avoué un fait pareil. Cette mission prouve la modération de Louis XVI, mais aussi ses communications avec l'étranger.

« Loin de partager cette sécurité patriotique, le roi voyait avec la plus profonde douleur la France engagée dans une guerre injuste et sanglante, que la désorganisation de ses armées semblait mettre dans l'impossibilité de soutenir, et qui exposait plus que jamais nos provinces frontières à être envahies. Sa Majesté redoutait par-dessus tout la guerre civile, et ne doutait pas qu'elle n'éclatât à la nouvelle du premier avantage remporté sur les troupes françaises par les corps d'émigrés qui faisaient partie de l'armée autrichienne. Il n'était que trop à craindre, en effet, que les jacobins et le peuple en fureur n'exerçassent les plus sanglantes représailles contre les prêtres et les nobles restés en France. Ces inquiétudes, que le roi me témoigna dans la correspondance journalière que j'avais avec Sa Majesté, me déterminèrent à lui proposer de charger une personne de confiance de se rendre auprès de l'empereur et du roi de Prusse, pour tâcher d'en obtenir que leurs majestés n'agissent offensivement qu'à la dernière extrémité, et qu'elles fissent précéder l'entrée de leurs armées dans le royaume d'un manifeste bien rédigé, dans lequel il serait déclaré, « que « l'empereur et le roi de Prusse, forcés de prendre les « armes par l'agression injuste qui leur avait été faite, « n'attribuaient ni au roi ni à la nation, mais à la fac- « tion criminelle qui les opprimait l'un et l'autre, la « déclaration de guerre qui leur avait été notifiée ; qu'en « conséquence, loin de se départir des sentimens d'a- « mitié qui les unissaient au roi et à la France, leurs « majestés ne combattraient que pour les délivrer du « joug de la tyrannie la plus atroce qui eût jamais existé, « et pour les aider à rétablir l'autorité légitime violem- « ment usurpée, l'ordre et la tranquillité, le tout sans « entendre s'immiscer en aucune manière dans la forme « du gouvernement, mais pour assurer à la nation la « liberté de choisir celui qui lui conviendrait le mieux ; « que toute idée de conquête était bien loin de la pensée « de leurs majestés; que les propriétés particulières ne « seraient pas moins respectées que les propriétés na- « tionales; que leurs majestés prenaient sous leur sauve- « garde spéciale tous les citoyens paisibles et fidèles; que « leurs seuls ennemis, comme ceux de la France, étaient « les factieux et leurs adhérens, et que leurs majestés ne « voulaient connaître et combattre qu'eux, etc., etc. » Mallet-du-Pan, dont le roi estimait les talens et l'honnêteté, fut chargé de cette mission. Il y était d'autant plus propre qu'on ne l'avait jamais vu au château, qu'il n'avait aucune liaison avec des personnes attachées à la cour, et qu'en prenant la route de Genève, où on était accoutumé à lui voir faire de fréquens voyages, son départ ne pouvait faire naître aucun soupçon. »

Le roi donna à Mallet-du-Pan des instructions rédigées de sa main, et rapportées par Bertrand de Molleville.

« 1º Le roi joint ses prières et ses exhortations, pour engager les princes et les Français émigrés à ne point faire perdre à la guerre actuelle, par un concours hostile et offensif de leur part, le caractère de guerre étrangère faite de puissance à puissance ;

« 2º Il leur recommande expressément de s'en remettre à lui et aux cours intervenantes de la discussion et de la sûreté de leurs intérêts, lorsque le moment d'en traiter sera venu ;

« 3º Il faut qu'ils paraissent seulement parties et non arbitres dans le différend, cet arbitrage devant être réservé à sa majesté, lorsque la liberté lui sera rendue, et aux puissances qui l'exigeront ;

« 4º Toute autre conduite produirait une guerre civile dans l'intérieur, mettrait en danger les jours du roi et de sa famille, renverserait le trône, ferait égorger les royalistes, rallierait aux jacobins tous les révolutionnaires qui s'en sont détachés et qui s'en détachent chaque jour, ranimerait une exaltation qui tend à s'éteindre, et rendrait plus opiniâtre une résistance qui fléchira devant les premiers succès, lorsque le sort de la révolution ne paraîtra pas exclusivement remis à ceux contre qui elle a été dirigée, et qui en ont été les victimes ;

« 5º Représenter aux cours de Vienne et de Berlin l'utilité d'un manifeste qui leur serait commun avec les autres états qui ont formé le concert ; l'importance de rédiger ce manifeste de manière à séparer les jacobins du reste de la nation, à rassurer tous ceux qui sont susceptibles de revenir de leur égarement, ou qui, sans vouloir la constitution actuelle, désirent la suppression des abus et le règne de la liberté modérée, sous un monarque à l'autorité duquel la loi mette des limites ;

« 6° Faire entrer dans cette rédaction la vérité fondamentale, qu'on fait la guerre à une faction anti-sociale, et non pas à la nation française; que l'on prend la défense des gouvernemens légitimes et des peuples contre une anarchie furieuse qui brise parmi les hommes tous les liens de la sociabilité, toutes les conventions à l'abri desquelles reposent la liberté, la paix, la sûreté publique au dedans et au dehors; rassurer contre toute crainte de démembrement, ne point imposer des lois, mais déclarer énergiquement à l'assemblée, aux corps administratifs, aux municipalités, aux ministres, qu'on les rendra personnellement et individuellement responsables, dans leurs corps et biens, de tous attentats commis contre la personne sacrée du roi, contre celle de la reine et de la famille, contre les personnes ou les propriétés de tous citoyens quelconques;

« 7° Exprimer le vœu du roi, qu'en entrant dans le royaume, les puissances déclarent qu'elles sont prêtes à donner la paix, mais qu'elles ne traiteront ni ne peuvent traiter qu'avec le roi; qu'en conséquence elles requièrent que la plus entière liberté lui soit rendue, et qu'ensuite on assemble un congrès où les divers intérêts seront discutés sur les bases déjà arrêtées, où les émigrés seront admis comme parties plaignantes, et où le plan général de réclamation sera négocié sous les auspices et sous la garantie des puissances. »

(*Bertrand de Molleville*, tome VIII, page 39.)

NOTE 13, PAGE 108.

Bertrand de Molleville, auquel j'ai emprunté les faits relatifs à Mallet-du-Pan, s'exprime ainsi sur l'accueil qui lui fut fait, et sur les dispositions qu'il rencontra :

« Mallet-du-Pan avait eu, les 15 et 16 juillet, de longues conférences avec le comte de Cobentzel, le comte de Haugwitz et M. Heyman, ministres de l'empereur et du roi de Prusse. Après avoir examiné le titre de sa mission et écouté avec une attention extrême la lecture de ses instructions et de son mémoire, ces ministres avaient reconnu que les vues qu'il proposait s'accordaient parfaitement avec celles que le roi avait antérieurement manifestées aux cours de Vienne et de Berlin, qui les avaient respectivement adoptées. Ils lui avaient témoigné en conséquence une confiance entière, et avaient approuvé en tout point le projet de manifeste qu'il leur avait proposé. Ils lui avaient déclaré, dans les termes les plus positifs, qu'aucune vue d'ambition, d'intérêt personnel ou de démembrement, n'entrait dans le plan de la guerre, et que les puissances n'avaient d'autre vue, d'autre intérêt que celui du rétablissement de l'ordre en France, parce qu'aucune paix ne pouvait exister entre elle et ses voisins, tant qu'elle serait livrée à l'anarchie qui y régnait, et qui les obligeait à entretenir des cordons de troupes sur toutes les frontières, et à des précautions extraordinaires de sûreté très dispendieuses; mais que, loin de prétendre imposer aux Français aucune forme quelconque de gouvernement, on laisserait le roi absolument le maître de se concerter à cet égard avec la nation. On lui avait demandé les éclaircissemens les plus détaillés sur les dispositions de l'intérieur, sur l'opinion publique relativement à l'ancien régime, aux parlemens, à la noblesse, etc., etc. On lui avait confié qu'on destinait les émigrés à former une armée à donner au roi lorsqu'il serait mis en liberté. On lui avait parlé avec humeur et prévention des princes français, auxquels on supposait des intentions entièrement opposées à celles du roi, et notamment celle d'agir indépendans et de créer un régent. (*Mallet-du-Pan combattit fortement cette supposition, et observa qu'on ne devait pas juger des intentions des princes par les propos légers ou exaltés de quelques-unes des personnes qui les entouraient.*) Enfin, après avoir discuté à fond les différentes demandes et propositions sur lesquelles Mallet-du-Pan était chargé d'insister, les trois ministres en avaient unanimement reconnu la sagesse et la justice, en avaient demandé chacun une note ou résumé, et avaient donné les assurances les plus formelles que les vues du roi, étant parfaitement concordantes avec celles des puissances, seraient exactement suivies. »

(*Bertrand de Molleville*, tome VIII, page 320.)

NOTE 14, PAGE 108.

« Le parti des princes, dit madame Campan, ayant été instruit du rapprochement des débris du parti constitutionnel avec la reine, en fut très alarmé. De son côté, la reine redoutait toujours le parti des princes, et les prétentions des Français qui le formaient. Elle rendait justice au comte d'Artois, et disait souvent que son parti agirait dans un sens opposé à ses propres sentimens pour le roi son frère et pour elle, mais qu'il serait entraîné par des gens sur lesquels Calonne avait le plus funeste ascendant. Elle reprochait au comte d'Esterharzy, qu'elle avait fait combler de grâces, de s'être range du parti de Calonne, au point qu'elle pouvait même le regarder comme un ennemi. »

(*Mémoires de madame Campan*, tome II, page 193.)

NOTE 15, PAGE 110.

Cependant les émigrés faisaient entrevoir une grande crainte sur tout ce qui pouvait se faire dans l'intérieur, par le rapprochement avec les constitutionnels qu'ils peignaient comme n'existant plus qu'en idée, et comme nuls dans les moyens de réparer leurs fautes. Les jacobins leur étaient préférés, parce que, disait-on, il n'y aurait à traiter avec personne au moment où l'on retirerait le roi et sa famille de l'abîme où ils étaient plongés. »

(*Mémoires de madame Campan*, tome II, page 194.)

NOTE 16, PAGE 124.

Au nombre des dépositions que renferme la procédure instruite contre les auteurs du 20 juin, il s'en trouve une extrêmement curieuse par les détails, c'est celle du témoin Lareynie. Elle contient à elle seule presque tout ce que répètent les autres, et c'est pourquoi nous la citons de préférence. Cette procédure a été imprimée in-4°.

« Pardevant nous... est comparu le sieur Jean-Baptiste-Marie-Louis Lareynie, soldat volontaire du bataillon de l'Ile-Saint-Louis, décoré de la croix militaire, demeurant à Paris, quai Bourbon, n° 1 ;

« Lequel, profondément affligé des désordres qui viennent d'avoir lieu dans la capitale, et croyant qu'il est du devoir d'un bon citoyen de donner à la justice les lumières dont elle peut avoir besoin dans ces circonstances, pour punir les fauteurs et les instigateurs de toutes manœuvres contre la tranquillité publique et l'intégrité de la constitution française, a déclaré que depuis environ huit jours il savait, par les correspondances qu'il a dans le faubourg Saint-Antoine, que les citoyens de ce faubourg étaient travaillés par le sieur Santerre, commandant du bataillon des Enfans-Trouvés, et par d'autres personnages, au nombre desquels étaient le sieur Fournier, se disant Américain et électeur de 1791 du département de Paris ; le sieur Rotondo, se disant

Italien ; le sieur Legendre, boucher, demeurant rue des Boucheries, faubourg Saint-Germain ; le sieur Cuirette Verrières, demeurant au-dessus du café du Rendez-Vous, rue du Théâtre-Français, lesquels tenaient nuitamment des conciliabules chez le sieur Santerre, et quelquefois dans la salle du comité de la section des Enfans-Trouvés ; que là on délibérait en présence d'un très petit nombre d'affidés du faubourg, tels que le sieur Rossignol, ci-devant compagnon orfèvre ; le sieur Nicolas, sapeur du susdit bataillon des Enfans-Trouvés ; le sieur Brière, marchand de vin ; le sieur Gonor, se disant vainqueur de la Bastille, et autres qu'il pourra citer ; qu'on y arrêtait les motions qui devaient être agitées dans les groupes des Tuileries, du Palais-Royal, de la place de Grève, et surtout de la porte Saint-Antoine, place de la Bastille ; qu'on y rédigeait les placards incendiaires affichés par intervalle dans les faubourgs, les pétitions destinées à être portées par des députations dans les sociétés patriotiques de Paris ; et enfin que c'est là que s'est forgée la fameuse pétition, et tramé le complot de la journée du 20 de ce mois. Que la veille de cette journée, il se tint un comité secret chez le sieur Santerre, qui commença vers minuit, auquel des témoins, qu'il pourra faire entendre lorsqu'ils seront revenus de la mission à eux donnée par le sieur Santerre pour les campagnes voisines, assurent avoir vu assister MM. Pétion, maire de Paris ; Robespierre ; Manuel, procureur de la commune ; Alexandre, commandant du bataillon de Saint-Michel ; et Sillery, ex-député de l'assemblée nationale. Que lors de la journée du 20, le sieur Santerre, voyant que plusieurs des siens, et surtout les chefs de son parti, effrayés par l'arrêté du directoire du département, refusaient de descendre armés, sous prétexte qu'on tirerait sur eux, les assura qu'ils n'avaient rien à craindre, *que la garde nationale n'aurait pas d'ordre, et que M. Pétion serait là.* Que sur les onze heures du matin dudit jour, le rassemblement ne s'élevait pas au-dessus de quinze cents personnes, y compris les curieux, et que ce ne fut que lorsque le sieur Santerre se fut mis à la tête d'un détachement d'invalides, sortant de chez lui, et avec lequel il est arrivé sur la place, et qu'il eut excité dans sa marche les spectateurs à se joindre à lui, que la multitude s'est grossie considérablement jusqu'à son arrivée au passage des Feuillans; que là, n'ayant point osé forcer le poste, il se relégua dans la cour des Capucins, où il fit planter le mai qu'il avait destiné pour le château des Tuileries; qu'alors lui, déclarant, demanda à plusieurs des gens de la suite dudit sieur Santerre, pourquoi le mai n'était pas planté sur la terrasse du château, ainsi que cela avait été arrêté, et que ces gens lui répondirent *qu'ils s'en garderaient bien, que c'était là le piège dans lequel voulaient les faire tomber les feuillantins, parce qu'il y avait du canon braqué dans le jardin, mais qu'ils ne donnaient pas dans le panneau.* Le déclarant observe que dans ce moment l'attroupement était presque entièrement dissipé, et que ce ne fut que lorsque les tambours et la musique se firent entendre dans l'enceinte de l'assemblée nationale, que les attroupés, alors épars çà et là, se rallièrent, se réunirent aux autres spectateurs, et défilèrent avec décence sur trois de hauteur devant le corps législatif; que lui, déclarant, remarqua que ces gens-là, en passant dans les Tuileries, ne se permirent rien de scandaleux, et ne tentèrent point d'entrer dans le château; que rassemblés même sur la place du Carrousel, où ils étaient parvenus en faisant le tour par le quai du Louvre, ils ne manifestèrent aucune intention de pénétrer dans les cours, jusqu'à l'arrivée du sieur Santerre, qui était à l'assemblée nationale, et qui n'en sortit qu'à la levée de la séance. Qu'alors le sieur Santerre, accompagné de plusieurs personnes, parmi lesquelles lui, déclarant, a remarqué le sieur de Saint-Hurugue, s'adressa à sa troupe, pour lors très tranquille, et lui demanda *pourquoi ils n'étaient pas entrés dans le château; qu'il fallait y aller, et qu'ils n'étaient descendus que pour cela.* Qu'aussitôt il commanda aux canonniers de son bataillon de le suivre avec une pièce de canon, et dit que si on lui refusait la porte, il fallait la briser à coups de boulet; qu'ensuite il s'est présenté dans cet appareil à la porte du château, où il a éprouvé une faible résistance de la part de la gendarmerie à cheval, mais une ferme opposition de la part de la garde nationale; que cela a occasioné beaucoup de bruit et d'agitation, et qu'on allait peut-être en venir à des voies de fait, lorsque deux hommes en écharpe aux couleurs nationales, dont lui, déclarant, en reconnaît un pour être le sieur Bouché-René, et l'autre qui a été nommé par les spectateurs pour être le sieur Sergent, sont arrivés par les cours, *et ont ordonné*, il faut le dire, d'un ton très impérieux, pour ne pas dire insolent, en prostituant le nom sacré de la loi, *d'ouvrir les portes,* ajoutant *que personne n'avait le droit de les fermer, et que tout citoyen avait celui d'entrer;* que les portes ont été effectivement ouvertes par la garde nationale, et qu'alors Santerre et sa troupe se sont précipités en désordre dans les cours; que le sieur Santerre, qui faisait traîner du canon pour briser les portes de l'appartement du roi, s'il les trouvait fermées, et tirer sur la garde nationale qui s'opposerait à son incursion, a été arrêté dans sa marche dans une dernière cour à gauche au bas de l'escalier du pavillon, par un groupe de citoyens qui lui ont tenu les discours les plus raisonnables pour apaiser sa fureur, l'ont menacé de le rendre responsable de tout ce qui arriverait de mal dans cette fatale journée, parce que, lui ont-ils dit, *vous êtes seul l'auteur de ce rassemblement inconstitutionnel, vous avez seul égaré ces braves gens, et vous seul parmi eux êtes un scélérat.* Que le ton avec lequel ces honnêtes citoyens parlaient au sieur Santerre le fit pâlir; mais qu'encouragé par un coup d'œil du sieur Legendre, boucher ci-dessus nommé, il eut recours à un subterfuge hypocrite, en s'adressant à sa troupe et en lui disant: *Messieurs, dressez procès-verbal du refus que je fais de marcher à votre tête dans les appartemens du roi;* que pour toute réponse, la foule, accoutumée à deviner le sieur Santerre, culbuta le groupe des honnêtes citoyens, entra avec son canon et son commandant, le sieur Santerre, et pénétra dans les appartemens par toutes les issues, après en avoir brisé les portes et les fenêtres. »

NOTE 17, PAGE 182.

Voici ce que raconte madame Campan sur les craintes de la famille royale :

« La police de M. de Laporte, intendant de la liste civile, le fit prévenir, dès la fin de 1791, qu'un homme des offices du roi, qui s'était établi pâtissier au Palais-Royal, allait rentrer dans les fonctions de sa charge que lui rendait la mort d'un survivancier ; que c'était un jacobin si effréné, qu'il avait osé dire que l'on ferait un grand bien à la France en abrégeant les jours du roi. Ses fonctions se bornaient aux seuls détails de la pâtisserie, il était très observé par les chefs de la bouche, gens dévoués à sa majesté ; mais un poison subtil peut être si aisément introduit dans les mets, qu'il fut décidé que le roi et la reine ne mangeraient plus que du rôti; que leur pain serait apporté par M. Thierry de Ville-d'Avray, intendant des petits appartemens, et qu'il se chargerait de même de fournir le vin. Le roi aimait les pâtisseries ; j'eus ordre d'en commander, comme pour moi, tantôt chez un pâtissier, tantôt chez un autre. Le sucre râpé était de même dans ma chambre. Le roi, la reine, madame Élisabeth, mangeaient ensemble, et il ne restait personne du service. Ils avaient chacun une servante d'acajou et une sonnette pour faire entrer quand ils le désiraient. M. Thierry venait lui-même m'apporter le pain et le vin de leurs majestés, et je serrais tous ces objets dans une armoire particulière du cabinet du roi, au rez-de-chaussée. Aussitôt que le roi était à table, j'apportais la pâtisserie et le pain. Tout se cachait sous la table, dans la crainte que l'on eût besoin de faire entrer le service. Le roi pensait qu'il était aussi dangereux qu'affligeant de montrer cette crainte d'attentats contre sa personne, et cette défiance du service de sa bouche. Comme il ne buvait jamais une bouteille de vin entière à ses repas (les princesses ne buvaient que de l'eau), il remplissait celle dont il avait bu à peu près la moitié, avec la bouteille servie par les officiers de son gobelet. Je l'emportais après le dîner. Quoiqu'on ne mangeât d'autre pâtisserie que celle que j'avais apportée, on observait de même de paraître avoir mangé de celle qui était servie sur la table. La dame qui me remplaça trouva ce service secret organisé, et l'exécuta de même ; jamais on ne sut dans le public ces détails, ni les craintes qui y avaient donné lieu. Au bout de trois ou quatre mois, les avis de la même police furent que l'on n'avait plus à redouter ce genre de complot contre les jours du roi ; que le plan était entièrement changé ; que les coups que l'on voulait porter seraient autant dirigés contre le trône que contre la personne du souverain. »

(*Mémoires de madame Campan*, tome II, pag. 188.)

NOTE 18, PAGE 183.

Lorsque M. de Lafayette fut enfermé à Olmutz, M. de Lally-Tolendal écrivit en sa faveur une lettre très éloquente au roi de Prusse. Il y énumérait tout ce que le général avait fait pour sauver Louis XVI, et en donnait les preuves à l'appui. Dans le nombre de ces pièces se trouvent les lettres suivantes, qui font connaître les projets et les efforts des constitutionnels à cette époque.

Copie d'une lettre de M. de Lally-Tolendal au roi.

Paris, 9 juillet 1792.

« Je suis chargé par M. de Lafayette de faire proposer directement à S. M., pour le 15 de ce mois, le même projet qu'il avait proposé pour le 12, et qui ne peut plus s'exécuter à cette époque, depuis l'engagement pris par S. M. de se trouver à la cérémonie du 14.

« S. M. a dû voir le plan du projet envoyé par M. de Lafayette, car M. Duport a dû le porter à M. de Montciel, pour qu'il le montrât à S. M.

« M. de Lafayette veut être ici le 15 ; il y sera avec le vieux général Luckner. Tous deux viennent de se voir, tous deux se le sont promis, tous deux ont un même sentiment et un même projet.

« Ils proposent que S. M. sorte publiquement de la ville, entre eux deux, en l'écrivant à l'assemblée nationale, en lui annonçant qu'elle ne dépassera pas la ligne constitutionnelle; et qu'elle se rende à Compiègne.

« S. M. et toute la famille royale seront dans une seule voiture. Il est aisé de trouver cent bons cavaliers qui l'escorteront. Les Suisses, au besoin, et une partie de la garde nationale, protégeront le départ. Les deux généraux resteront près de S. M. — Arrivée à Compiègne, elle aura pour garde un détachement de l'endroit, qui est très bon, un de la capitale, qui sera choisi, et un de l'armée.

« M. de Lafayette, toutes ses places garnies, ainsi que son camp de retraite, a de disponible pour cet objet, dans son armée, dix escadrons et l'artillerie à cheval. Deux marches forcées peuvent amener toute cette division à Compiègne.

« Si, contre toute vraisemblance, S. M. ne pouvait sortir de la ville, les lois étant bien évidemment violées, les deux généraux marcheraient sur la capitale avec une armée.

« Les suites de ce projet se montrent d'elles-mêmes :

« La paix avec toute l'Europe, par la médiation du roi ;

« Le roi rétabli dans tout son pouvoir légal ;

« Une large et nécessaire extension de ses prérogatives sacrées ;

« Une véritable monarchie, un véritable monarque, une véritable liberté ;

« Une véritable représentation nationale, dont le roi sera chef et partie intégrante ;

« Un véritable pouvoir exécutif ;

« Une véritable représentation nationale, choisie parmi les propriétaires ;

« La constitution révisée, abolie en partie, en partie améliorée et rétablie sur une meilleure base ;

« Le nouveau corps législatif tenant ses séances seulement trois mois par an ;

« L'ancienne noblesse rétablie dans ses anciens priviléges, non pas politiques, mais civils, dépendans de l'opinion, comme titres, armes, livrées, etc.

« Je remplis ma commission sans oser me permettre ni

un conseil, ni une réflexion. J'ai l'imagination trop frappée de la rage qui va s'emparer de toutes ces têtes perdues à la première ville qui va nous être prise, pour ne pas me récuser moi-même ; j'en suis au point que cette scène de samedi, qui paraît tranquilliser beaucoup de gens, a doublé mon inquiétude. Tous ces baisers m'ont rappelé celui de Judas.

« Je demande seulement à être un des quatre-vingts ou cent cavaliers qui escorteront S. M., si elle agrée le projet ; et je me flatte que je n'ai pas besoin de l'assurer qu'on n'arriverait pas à elle, ni à aucun membre de sa royale famille, qu'après avoir passé sur mon cadavre.

« J'ajouterai un mot : j'ai été l'ami de M. de Lafayette avant la révolution. J'avais rompu tout commerce avec lui depuis le 22 mars de la seconde année : à cette époque, je voulais qu'il fût ce qu'il est aujourd'hui ; je lui écrivis que son devoir, son honneur, son intérêt, tout lui prescrivait cette conduite ; je lui traçais longuement le plan tel que ma conscience me le suggérait. Il me promit ; je ne vis point d'effet à sa promesse. Je n'examinerai pas si c'était impuissance ou mauvaise volonté ; je lui devins étranger ; je le lui déclarai, et personne ne lui avait encore fait entendre des vérités plus sévères que moi et mes amis, qui étaient aussi les siens. Aujourd'hui ces mêmes amis ont rouvert ma correspondance avec lui. S. M. sait quel a été le but et le genre de cette correspondance. J'ai vu ses lettres, j'ai eu deux heures de conférence avec lui dans la nuit du jour où il est parti. Il reconnaît ses erreurs ; il est prêt à se dévouer pour la liberté, mais en même temps pour la monarchie ; il s'immolera, s'il le faut, pour son pays et son roi, qu'il ne sépare plus ; il est enfin dans les principes que j'ai exposés dans cette note ; il y est tout entier, avec candeur, conviction, sensibilité, fidélité au roi, abandon de lui-même : j'en réponds sur ma probité.

« J'oubliais de dire qu'il demande qu'on ne traite rien de ceci avec ceux des officiers qui peuvent être dans la capitale en ce moment. Tous peuvent soupçonner qu'il y a quelques projets; mais aucun n'est instruit de celui qu'il y a. Il suffira qu'ils le sachent le matin pour agir; il craint l'indiscrétion si on leur en parlait d'avance, et aucun d'eux n'est excepté de cette observation. »

« *P. S.* Oserais-je dire que cette note me paraît devoir être méditée par celui-là seul qui, dans une journée à jamais mémorable, a vaincu par son courage héroïque une armée entière d'assassins; par celui-là qui, le lendemain de ce triomphe sans exemple, a dicté lui-même une proclamation aussi sublime que ses actions l'avaient été la veille, et non par les conseils qui ont minuté la lettre écrite en son nom au corps législatif, pour annoncer qu'il se trouverait à la cérémonie du 14; non par les conseils qui ont fait sanctionner le décret des droits féodaux, décret équivalant à un vol fait dans la poche et sur les grands chemins.

« M. de Lafayette n'admet pas l'idée que le roi, une fois sorti de la capitale, ait d'autre direction à suivre que celle de sa conscience et de sa libre volonté. Il croit que la première opération de S. M. devait être de se créer une garde; il croit aussi que son projet peut se modifier de vingt différentes manières; il préfère la retraite dans le Nord à celle du Midi, comme étant plus à la portée de secourir de ce côté, et redoutant la faction méridionale. En un mot, *la liberté du roi* et *la destruction des factieux,* voilà son but dans toute la sincérité de son cœur. Ce qui doit suivre suivra. »

Copie d'une lettre de M. de Lafayette.

Le 8 juillet 1790.

« J'avais disposé mon armée de manière que les meilleurs escadrons de grenadiers, l'artillerie à cheval, étaient sous les ordres de M..... à la quatrième division, et si ma proposition eût été acceptée, j'emmenais en deux jours à Compiègne quinze escadrons et huit pièces de canon, le reste de l'armée étant placé en échelons à une marche d'intervalle; et tel régiment qui n'eût pas fait le premier pas serait venu à mon secours, si mes camarades et moi avions été engagés.

« J'avais conquis Lukner au point de lui faire promettre de marcher sur la capitale avec moi, si la sûreté du roi l'exigeait, et pourvu qu'il en donnât l'ordre; et j'ai cinq escadrons de cette armée, dont je dispose absolument, Languedoc et....; le commandant de l'artillerie à cheval est aussi exclusivement à moi. Je comptais que ceux-là marcheraient aussi à Compiègne.

« Le roi a pris l'engagement de se rendre à la fête fédérale. Je regrette que mon plan n'ait pas été adopté; mais il faut tirer parti de celui qu'on a préféré.

« Les démarches que j'ai faites, l'adhésion de beaucoup de départemens et de communes, celle de M. Lukner, mon crédit sur mon armée et même sur les autres troupes, ma popularité dans le royaume, qui est plutôt augmentée que diminuée, quoique fort restreinte dans la capitale, toutes ces circonstances, jointes à plusieurs autres, ont donné à penser aux factieux, en donnant l'éveil aux honnêtes gens; et j'espère que les dangers physiques du 14 juillet sont fort diminués. Je pense même qu'ils sont nuls, si le roi est accompagné de Lukner et de moi, et entouré des bataillons choisis que je lui fais préparer.

« Mais si le roi et sa famille restent dans la capitale, ne sont-ils pas toujours dans les mains des factieux? Nous perdrons la première bataille; il est impossible d'en douter. Le contre-coup s'en fera ressentir dans la capitale. Je dis plus, il suffira d'une supposition de correspondance entre la reine et les ennemis pour occasionner les plus grands excès. Du moins voudra-t-on emmener le roi dans le midi, et cette idée, qui révolte aujourd'hui, paraîtra simple lorsque les rois ligués approcheront. Je vois donc, immédiatement après le 14, commencer une suite de dangers.

« Je le répète encore, il faut que le roi sorte de Paris. Je sais que, s'il n'était pas de bonne foi, il y aurait des inconvéniens ; mais quand il s'agit de se confier au roi, qui est un honnête homme, peut-on balancer un instant ? Je suis pressé de voir le roi à Compiègne.

« Voici donc les deux objets sur lesquels porte mon projet actuel : 1° Si le roi n'a pas encore mandé Lukner et moi, il faut qu'il le fasse sur-le-champ. *Nous avons Lukner !* Il faut l'engager de plus en plus. Il dira que nous sommes ensemble ; je dirai le reste. Lukner peut venir me prendre, de manière que nous soyons le 12 au soir dans la capitale. Le 13 et le 14 peuvent fournir des chances offensives ; du moins la défensive sera assurée par votre présence ; et qui sait ce que peut faire la mienne sur la garde nationale ?

« Nous accompagnerons le roi à l'autel de la patrie. Les deux généraux, représentant deux armées qu'on sait leur être très attachées, empêcheront les atteintes qu'on voudrait porter à la dignité du roi. Quant à moi, je puis retrouver l'habitude que les uns ont eue long-temps d'obéir à ma voix ; la terreur que j'ai toujours inspirée aux autres dès qu'ils sont devenus factieux, et peut-être quelques moyens personnels de tirer parti d'une crise, peuvent me rendre utile, du moins pour éloigner les dangers. Ma demande est d'autant plus désintéressée que ma situation sera désagréable par comparaison avec la grande fédération ; mais je regarde comme un devoir sacré d'être auprès du roi dans cette circonstance, et ma tête est tellement montée à cet égard, que *j'exige absolument* du ministère de la guerre qu'il me mande, et que cette première partie de ma proposition soit adoptée, et je vous prie de le faire savoir par des amis communs au roi, à sa famille et à son conseil.

« 2º Quant à ma seconde proposition, je la crois également indispensable, et voici comme je l'entends : le serment du roi, le nôtre, auront tranquillisé les gens qui ne sont que faibles, et par conséquent les coquins seront pendant quelques jours privés de cet appui. Je voudrais que le roi écrivît sous le secret, à M. Lukner et à moi, une lettre commune à nous deux, et qui nous trouverait en route dans la soirée du 11 ou dans la journée du 12. Le roi y dira : « Qu'après avoir prêté notre serment, il
« fallait s'occuper de prouver aux étrangers sa sincérité;
« que le meilleur moyen serait qu'il passât quelques jours
« à Compiègne; qu'il nous charge d'y faire trouver quel-
« ques escadrons pour joindre à la garde nationale du
« lieu, et à un détachement de la capitale ; que nous l'ac-
« compagnerons jusqu'à Compiègne, d'où nous rejoin-
« drons chacun notre armée; qu'il désire que nous pre-
« nions des escadrons dont les chefs soient connus par
« leur attachement à la constitution, et un officier-gé-
« néral qui ne puisse laisser aucun doute à cet égard. »

« D'après cette lettre, Lukner et moi chargerons M.... de cette expédition ; il prendra avec lui quatre pièces d'artillerie à cheval ; huit, si l'on veut ; mais il ne faut pas que le roi en parle, parce que l'odieux du canon doit tomber sur nous. — Le 15, à dix heures du matin, le roi irait à l'assemblée, accompagné de Lukner et de moi ; et, soit que nous eussions un bataillon, soit que nous eussions cinquante hommes à cheval de gens dévoués au roi, ou de mes amis, nous verrions si le roi, la famille royale, Lukner et moi, serions arrêtés.

« Je suppose que nous le fussions, Lukner et moi rentrerions à l'assemblée pour nous plaindre et la menacer de nos armées. Lorsque le roi serait rentré, sa position ne serait pas plus mauvaise, car il ne serait pas sorti de la constitution; il n'aurait contre lui que les ennemis de la constitution, et Lukner et moi amènerions facilement des détachemens de Compiègne. Remarquez que ceci ne compromet pas autant le roi qu'il le sera nécessairement par les événemens qui se préparent.

« On a tellement gaspillé, dans des niaiseries aristocratiques, les fonds dont le roi peut disposer, qu'il doit lui rester peu de disponible. Il n'y a pas de doute qu'il ne faille emprunter, s'il est nécessaire, pour s'emparer des trois jours de la fédération.

« Il y a encore une chose à prévoir, celle où l'assemblée décréterait que les généraux ne doivent pas venir dans la capitale. Il suffit que le roi y refuse immédiatement sa sanction.

« Si, par une fatalité inconcevable, le roi avait déjà donné sa sanction, qu'il nous donne rendez-vous à Compiégne, dût-il être arrêté en partant. Nous lui ouvrirons les moyens d'y venir *libre et triomphant*. Il est inutile d'observer que dans tous les cas, arrivé à Compiègne, il y établira sa garde personnelle, telle que la lui donne la constitution.

« En vérité, quand je me vois entouré d'habitans de la campagne qui viennent de dix lieues et plus pour me voir et pour me jurer qu'ils n'ont confiance qu'en moi, que mes amis et mes ennemis sont les leurs; quand je me vois chéri de mon armée, sur laquelle les efforts des jacobins n'ont aucune influence; quand je vois de toutes les parties du royaume arriver des témoignages d'adhésion à mes opinions, je ne puis croire que tout est perdu, et que je n'ai aucun moyen d'être utile. »

NOTE 19, PAGE 184.

La réponse suivante est extraite du même recueil de pièces, cité dans la note précédente.

Réponse de la main du roi.

« Il faut lui répondre que je suis infiniment sensible à l'attachement pour moi qui le porterait à se mettre aussi en avant, mais que la manière me paraît impraticable. Ce n'est pas par crainte personnelle, mais tout serait mis en jeu à la fois, et, quoi qu'il en dise, ce projet manqué ferait retomber tout pire que jamais, et de plus en plus, sous la férule des factieux. Fontainebleau n'est qu'un cul-de-sac, ce serait une mauvaise retraite, et du côté du Midi : du côté du Nord, cela aurait l'air d'aller au-devant des Autrichiens. On lui répond sur son mandé, ainsi je n'ai rien à dire ici. La présence des généraux à la fédération pourrait être utile ; elle pourrait d'ailleurs avoir pour motif de voir le nouveau ministre, et de convenir avec lui des besoins de l'armée. Le meilleur conseil à donner à M. de Lafayette est de servir toujours d'épouvantail aux factieux, en remplissant bien son métier de général. Par là, il s'assurera de plus en plus la confiance de son armée, et pourra s'en servir comme il voudra au besoin. »

NOTE 20, PAGE 191.

Détails des événemens du 10 août.

(Ils sont tirés d'un écrit signé *Carra*, et intitulé : *Précis historique et très exact sur l'origine et les véritables auteurs de la célèbre insurrection du 10 août, qui a sauvé la république.* L'auteur assure que le maire n'eut pas la moindre part au succès, mais qu'il s'est trouvé en place, dans cette occasion, comme une véritable providence pour les patriotes. Ce morceau est tiré des *Annales politiques* du 30 novembre dernier.)

« Les hommes, dit Jérôme Pétion, dans son excellent
« discours sur l'accusation intentée contre Maximilien
« Robespierre, qui se sont attribué la gloire de cette
« journée, sont les hommes à qui elle appartient le moins.
« Elle est due à ceux qui l'ont préparée; elle est due à la
« nature impérieuse des choses; elle est due aux braves
« fédérés, et *à leur directoire secret qui concertait depuis*
« *long-temps le plan de l'insurrection;* elle est due enfin
« au génie tutélaire qui préside constamment aux destins
« de la France, depuis la première assemblée de ses re-
« présentans. »

« C'est de ce directoire secret, dont parle Jérôme Pétion, que je vais parler à mon tour, et comme membre de ce directoire, et comme acteur dans toutes ses opérations. Ce directoire secret fut formé par le comité central des fédérés établi dans la salle de correspondance aux Jacobins Saint-Honoré. Ce fut des quarante-trois membres qui s'assemblaient journellement depuis le commencement de juillet dans cette salle, qu'on en tira cinq pour le directoire d'insurrection. Ces cinq membres étaient Vaugeois, grand-vicaire de l'évêque de Blois; Debesse, du département de la Drôme; Guillaume, professeur à Caen; Simon, journaliste de Strasbourg; et Galissot, de Langres. Je fus adjoint à ces cinq membres, à l'instant même de la formation du directoire, et quelques jours après on y invita Fournier l'Américain; Westermann; Kienlin, de Strasbourg; Santerre; Alexandre, commandant du faubourg Saint-Marceau; Lazouski, capitaine des canonniers de Saint-Marceau; Antoine, de Metz, l'ex-constituant; Lagrey; et Carin, électeur de 1789.

« La première séance de ce directoire se tint dans un petit cabaret, au Soleil d'Or, rue Saint-Antoine, près la Bastille, dans la nuit du jeudi au vendredi 26 juillet, après la fête civique donnée aux fédérés sur l'emplacement de la Bastille. Le patriote Gorsas parut dans le cabaret d'où nous sortîmes à deux heures du matin, pour nous porter près de la colonne de la liberté, sur l'emplacement de la Bastille, et y mourir s'il fallait pour la patrie. Ce fut dans ce cabaret du Soleil-d'Or que Fournier l'Américain nous apporta le drapeau rouge, dont j'avais proposé l'invention, et sur lequel j'avais fait écrire ces mots : *Loi martiale du peuple souverain contre la rébellion du pouvoir exécutif.* Ce fut aussi dans ce même cabaret que j'apportai cinq cents exemplaires d'une affiche où étaient ces mots : *Ceux qui tireront sur les colonnes du peuple seront mis à mort sur-le-champ.* Cette affiche, imprimée chez le libraire Buisson, avait été apportée chez Santerre, où j'allai la chercher à minuit. Notre projet manqua cette fois par la prudence du maire, qui sentit vraisemblablement que nous n'étions pas assez en mesure dans ce moment ; et la seconde séance active du directoire fut renvoyée au 4 août suivant.

« Les mêmes personnes à peu près se trouvèrent dans cette séance, et en outre Camille Desmoulins : elle se tint au Cadran-Bleu, sur le boulevart ; et sur les huit heures du soir, elle se transporta dans la chambre d'Antoine, l'ex-constituant, rue Saint-Honoré, vis-à-vis l'Assomption, juste dans la maison où demeure Robespierre. L'hôtesse de Robespierre fut tellement effrayée de ce conciliabule, qu'elle vint, sur les onze heures du soir, demander à Antoine s'il voulait faire égorger Robespierre : *Si quelqu'un doit être égorgé*, dit Antoine, *ce sera nous sans doute ; il ne s'agit pas de Robespierre, il n'a qu'à se cacher*.

« Ce fut dans cette seconde séance active que j'écrivis de ma main tout le plan de l'insurrection, la marche des colonnes et l'attaque du château. Simon fit une copie de ce plan, et nous l'envoyâmes à Santerre et à Alexandre, vers minuit ; mais une seconde fois notre projet manqua, parce qu'Alexandre et Santerre n'étaient pas encore assez en mesure, et plusieurs voulaient attendre la discussion renvoyée au 10 août, sur la suspension du roi.

« Enfin la troisième séance active de ce directoire se tint dans la nuit du 9 au 10 août dernier au moment où le tocsin sonna, et dans trois endroits différents en même temps ; savoir : Fournier l'Américain avec quelques autres au faubourg Saint-Marceau ; Westermann, Santerre et deux autres, au faubourg Saint-Antoine ; Carin, journaliste de Strasbourg, et moi, dans la caserne des Marseillais, et dans la chambre même du commandant, où nous avons été vus par tout le bataillon...

« Dans ce précis, qui est de la plus exacte vérité, et

que je défie qui que ce soit de révoquer en doute dans ses moindres détails, on voit qu'il ne s'agit ni de Marat, ni de Robespierre, ni de tant d'autres qui veulent passer pour acteurs dans cette affaire ; et que ceux-là qui peuvent s'attribuer directement la gloire de la fameuse journée du 10 août, sont ceux que je viens de nommer, et qui ont formé le directoire secret des fédérés. »

NOTE 21, PAGE 211.

Copie de la lettre écrite au citoyen Boze, par Guadet, Vergniaud et Gensonné.

« Vous nous demandez, monsieur, quelle est notre opinion sur la situation actuelle de la France, et le choix des mesures qui pourraient garantir la chose publique des dangers pressans dont elle est menacée; c'est là le sujet des inquiétudes des bons citoyens, et l'objet de leurs plus profondes méditations.

« Lorsque vous nous interrogez sur d'aussi grands intérêts, nous ne balancerons pas à nous expliquer avec franchise.

« On ne doit pas le dissimuler, la conduite du pouvoir exécutif est la cause immédiate de tous les maux qui affligent la France et des dangers qui environnent le trône. On trompe le roi, si on cherche à lui persuader que des opinions exagérées, l'effervescence des clubs, les manœuvres de quelques agitateurs et des factions puissantes ont fait naître et entretiennent ces mouvemens désordonnés dont chaque jour peut accroître la violence, et dont peut-être on ne pourra plus calculer les suites; c'est placer la cause du mal dans ses symptômes.

« Si le peuple était tranquille sur le succès d'une révolution si chèrement achetée, si la liberté publique n'était plus en danger, si la conduite du roi n'excitait aucune méfiance, le niveau des opinions s'établirait de lui-même ; la grande masse des citoyens ne songerait qu'à jouir des bienfaits que la constitution lui assure ; et si, dans cet état de choses, il existait encore des factions, elles cesseraient d'être dangereuses, elles n'auraient plus ni prétexte ni objet.

« Mais tout autant que la liberté publique sera en péril, tout autant que les alarmes des citoyens seront entretenues par la conduite du pouvoir exécutif, et que les conspirations qui se trament dans l'intérieur et à l'extérieur du royaume paraîtront plus ou moins ouvertement favorisées par le roi, cet état de choses appelle nécessairement les troubles, le désordre et les factions. Dans les états les mieux constitués, et constitués depuis des siècles, les révolutions n'ont pas d'autre principe, et l'effet en doit être pour nous d'autant plus prompt, qu'il n'y a point eu d'intervalle entre les mouvemens qui ont entraîné la première et ceux qui semblent aujourd'hui nous annoncer une seconde révolution.

« Il n'est donc que trop évident que l'état actuel des choses doit amener une crise dont presque toutes les chances seront contre la royauté. En effet on sépare les intérêts du roi de ceux de la nation ; on fait du premier fonctionnaire public d'une nation libre un chef de parti, et, par cette affreuse politique, on fait rejaillir sur lui l'odieux de tous les maux dont la France est affligée.

« Eh ! quel peut être le succès des puissances étrangères, quand bien même on parviendrait, par leur intervention, à augmenter l'autorité du roi et à donner au gouvernement une forme nouvelle ? N'est-il pas évident que les hommes qui ont eu l'idée de ce congrès ont sacrifié à leurs préjugés, à leur intérêt personnel, l'intérêt même du monarque ; que le succès de ces manœuvres donnerait un caractère d'usurpation à des pouvoirs que la nation seule délègue, et que sa seule confiance peut soutenir? Comment n'a-t-on pas vu que la force qui entraînerait ce changement serait long-temps nécessaire à la conservation, et qu'on sèmerait par là dans le sein du royaume un germe de division et de discordes que le laps de plusieurs siècles aurait peine à étouffer?

« Aussi sincèrement qu'invariablement attachés aux intérêts de la nation, dont nous ne séparerons jamais ceux du roi qu'autant qu'il les séparera lui-même, nous pensons que le seul moyen de prévenir les maux dont l'empire est menacé, et de rétablir le calme, serait que le roi, par sa conduite, fît cesser tous les sujets de méfiance, se prononçât par le fait de la manière la plus franche et la moins équivoque, et s'entourât enfin de la confiance du peuple, qui seule fait sa force et peut faire son bonheur.

« Ce n'est pas aujourd'hui par des protestations nouvelles qu'il peut y parvenir; elles seraient dérisoires, et, dans les circonstances actuelles, elles prendraient un caractère d'ironie qui, bien loin de dissiper les alarmes, ne ferait qu'en accroître le danger.

« Il n'en est qu'une dont on pût attendre quelque effet; ce serait la déclaration la plus solennelle qu'en aucun cas le roi n'accepterait une augmentation de pouvoir qui ne lui fût volontairement accordée par les Français, sans le concours et l'intervention d'aucune puissance étrangère, et librement délibérée dans les formes constitutionnelles.

« On observe même à cet égard que plusieurs membres de l'assemblée nationale savent que cette déclaration a été proposée au roi, lorsqu'il fit la proposition de la guerre au roi de Hongrie, et qu'il ne jugea pas à propos de la faire.

« Mais ce qui suffirait peut-être pour rétablir la confiance, ce serait que le roi parvînt à faire reconnaître aux puissances coalisées l'indépendance de la nation française, à faire cesser toutes hostilités, et rentrer les cordons de troupes qui menacent nos frontières.

« Il est impossible qu'une très grande partie de la nation ne soit convaincue que le roi ne soit le maître de faire cesser cette coalition ; et tant qu'elle mettra la liberté publique en péril, on ne doit pas se flatter que la confiance renaisse.

« Si les efforts du roi pour cet objet étaient impuissans, au moins devrait-il aider la nation, par tous les moyens qui sont en son pouvoir, à repousser l'attaque extérieure, et ne rien négliger pour éloigner de lui le soupçon de la favoriser.

« Dans cette supposition, il est aisé de concevoir que les soupçons et la confiance tiennent à des circonstances malheureuses qu'il est impossible de changer.

« En faire un crime lorsque le danger est réel et ne peut être méconnu, c'est le plus sûr moyen d'augmenter les soupçons ; se plaindre de l'exagération, attaquer les clubs, supposer des agitateurs lorsque l'effervescence et l'agitation sont l'effet naturel des circonstances, c'est leur donner une force nouvelle, c'est accroître le mouvement du peuple par les moyens mêmes qu'on emploie pour les calmer.

« Tant qu'il y aura contre la liberté une action subsistante et connue, la réaction est inévitable, et le développement de l'une et de l'autre aura les mêmes progrès.

« Dans une situation aussi pénible, le calme ne peut se rétablir que par l'absence de tous les dangers ; et jusqu'à ce que cette heureuse époque soit arrivée, ce qui importe le plus à la nation et au roi, c'est que ces circonstances malheureuses ne soient pas continuellement envenimées par une conduite, au moins équivoque, de la part des agents du pouvoir.

« 1° Pourquoi le roi ne choisit-il pas ses ministres parmi les hommes les plus prononcés pour la révolution? Pourquoi, dans les momens les plus critiques, n'est-il entouré que d'hommes inconnus ou suspects? S'il pouvait être utile au roi d'augmenter la méfiance et d'exciter le peuple à des mouvemens, s'y prendrait-on autrement pour les fomenter?

« Le choix du ministère a été dans tous les temps l'une des fonctions les plus importantes du pouvoir dont le roi est revêtu : c'est le thermomètre d'après lequel l'opinion publique a toujours jugé les dispositions de la cour, et on conçoit quel peut être aujourd'hui l'effet de ces choix, qui, dans tout autre temps, auraient excité les plus violens murmures.

« Un ministère bien patriote serait donc un des grands moyens que le roi peut employer pour rappeler la confiance. Mais ce serait étrangement s'abuser que de croire que, par une seule démarche de ce genre, elle puisse être facilement regagnée. Ce n'est que par du temps et par des efforts continus qu'on peut se flatter d'effacer des impressions trop profondément gravées pour en dissiper à l'instant jusqu'au moindre vestige.

« 2° Dans un moment où tous les moyens de défense doivent être employés, où la France ne peut pas larmer tous ses défenseurs, pourquoi le roi n'a-t-il pas offert les fusils et les chevaux de sa garde?

« 3° Pourquoi le roi ne sollicite-t-il pas lui-même une loi qui assujettisse la liste civile à une forme de comptabilité qui puisse garantir à la nation qu'elle n'est pas détournée de son légitime emploi, et divertie à d'autres usages?

« 4° Un des grands moyens de tranquilliser le peuple sur les dispositions personnelles du roi, serait qu'il sollicitât lui-même la loi sur l'éducation du prince royal, et qu'il accélérât ainsi l'instant où la garde de ce jeune prince sera remise à un gouverneur revêtu de la confiance de la nation.

« 5° On se plaint encore de ce que le décret sur un licenciement de l'état-major de la garde nationale n'est pas sanctionné. Ces refus multipliés de sanction sur des dispositions législatives que l'opinion publique réclame avec instance, et dont l'urgence ne peut être méconnue, provoquent l'examen de la question constitutionnelle sur l'application du *veto* aux lois de circonstances, et ne sont pas de nature à dissiper les alarmes et le mécontentement.

« 6° Il serait bien important que le roi retirât des mains de M. de Lafayette le commandement de l'armée. Il est au moins évident qu'il ne peut plus y servir utilement la chose publique.

« Nous terminerons ce simple aperçu par une observation générale : c'est que tout ce qui peut éloigner les soupçons et ranimer la confiance, ne peut ni ne doit être négligé. La constitution est sauvée si le roi prend cette résolution avec courage, et s'il y persiste avec fermeté.

« Nous sommes, etc. »

Copie de la lettre écrite à Boze, par Thierry.

« Je viens d'être querellé pour la seconde fois d'avoir reçu la lettre que, par zèle, je me suis déterminé à remettre.

« Cependant le roi m'a permis de répondre :

« 1° Qu'il n'avait garde de négliger le choix des ministres ;

« 2° Qu'on ne devait la déclaration de guerre qu'à des ministres soi-disant patriotes ;

« 3° Qu'il avait mis tout en œuvre dans le temps pour empêcher la coalition des puissances, et qu'aujourd'hui, pour éloigner les armées de nos frontières, il n'y avait que les moyens généraux.

« 4° Que, depuis son acceptation, il avait très scrupuleusement observé les lois de la constitution, mais que beaucoup d'autres gens travaillaient maintenant en sens contraire. »

NOTE 22, PAGE 229.

La pièce suivante est du nombre de celles citées par M. de Lally-Tolendal dans sa lettre au roi de Prusse.

Copie de la minute d'une séance tenue le 4 août 1792, écrite de la main de Lally-Tolendal.

Le 4 août.

M. de Montmorin, ancien ministre des affaires étrangères. — M. Bertrand, ancien ministre de la marine. — M. de Clermont-Tonnerre. — M. de Lally-Tolendal. — M. Malouet. — M. de Gouvernet. — M. de Gilliers.

« Trois heures de délibération dans un endroit retiré du jardin de M. de Montmorin. Chacun rendit compte de ce qu'il avait découvert. J'avais reçu une lettre anonyme dans laquelle on me dénonçait une conversation chez Santerre, annonçant le projet de marcher sur les Tuileries, de tuer le roi dans la mêlée; et de s'emparer du prince royal pour en faire ce que les circonstances exigeraient; ou, si le roi n'était pas tué, de faire toute la famille royale prisonnière. Nous résolûmes tous qu'il fallait que le roi sortît de Paris, à quelque prix que ce fût, escorté par les Suisses, par nous et par nos amis, qui étaient en bon nombre. Nous comptions sur M. de Liancourt, qui avait offert de venir de Rouen au-devant du roi, et ensuite sur M. de Lafayette. Comme nous finissions de délibérer, arriva M. de Malesherbes, qui vint presser madame de Montmorin et madame de Beaumont, sa fille, de se retirer, en disant que la crise approchait, et que Paris n'était plus la place des femmes. Sur ce que nous dit de nouveau M. de Malesherbes, nous arrêtâmes que M. de Montmorin allait sur-le-champ partir pour le château, pour informer le roi de ce que nous avions su et résolu. Le roi parut consentir le soir, et dit à M. de Montmorin de causer avec M. de Sainte-Croix, qui, avec M. de Montciel, s'occupait aussi d'un projet de sortie du roi. Nous allâmes le lendemain au château; je causai longuement avec le duc de Choiseul, qui était entièrement de notre avis, et voulait que le roi partît, à quelque prix que ce fût. Mais Louis XVI fit répondre qu'il ne partirait point, et qu'il aimait mieux *s'exposer à tous les dangers que de commencer la guerre civile*. On annonçait que la déchéance serait prononcée le jeudi suivant. Je ne connus plus d'autres ressources que l'armée de Lafayette. Je fis partir le 8 un projet de lettre que je lui conseillais d'écrire au duc de Brunswick, aussitôt qu'il aurait la première nouvelle de la déchéance, etc. »

NOTE 23, PAGE 337.

Voici quelques détails précieux sur les journées de septembre, qui font connaître sous leur véritable aspect ces scènes affreuses. C'est aux Jacobins que furent faites les révélations les plus importantes, par suite des disputes qui s'étaient élevées dans la convention.

(*Séance du lundi* 29 *octobre* 1792.)

Chabot : « Ce matin, Louvet a annoncé un fait qu'il est essentiel de relever. Il nous a dit que ce n'étaient pas les hommes du 10 août qui avaient fait la journée du 2 septembre, et moi, comme témoin oculaire, je vous dirai que ce sont les mêmes hommes. Il nous a dit qu'il n'y avait pas deux cents personnes agissantes, et moi, je vous dirai que j'ai passé sous une voûte d'acier de dix mille sabres, j'en appelle à Bazire, Colon et autres députés qui étaient avec moi : depuis la cour des Moines jusqu'à la prison de l'Abbaye, on était obligé de se serrer pour nous faire passage. J'ai reconnu pour mon compte cent cinquante fédérés. Il est possible que Louvet et ses adhérens n'aient pas été à ces exécutions populaires. Cependant, lorsqu'on a prononcé avec sang-froid un discours tel que celui de Louvet, on n'a pas beaucoup d'humanité ; je sais bien que, depuis son discours, je ne voudrais pas coucher à côté de lui, dans la crainte d'être assassiné. Je somme Pétion de déclarer s'il est vrai qu'il n'y avait pas plus de deux cents hommes à cette exécution; mais il est juste que les intrigans se raccrochent à cette journée, sur laquelle toute la France n'est pas éclairée..... Ils veulent détruire en détail les patriotes; ils vont décréter d'accusation Robespierre, Marat, Danton, Santerre. Bientôt ils accoleront Bazire, Merlin, Chabot, Montaut, même Grangeneuve, s'il n'était pas raccroché à eux; ils proposeront ensuite le décret contre tout le faubourg Saint-Antoine, contre les quarante-huit sections, et nous serons huit cent mille hommes décrétés d'accusation; il faut cependant qu'ils se défient un peu de leurs forces, puisqu'ils demandent l'ostracisme. »

(*Séance du lundi 5 novembre.*)

« Fabre-d'Eglantine fait des observations sur la journée du 2 septembre; il assure que ce sont les hommes du 10 août qui ont enfoncé les prisons de l'Abbaye, celles d'Orléans et celles de Versailles. Il dit que, dans ces momens de crise, il a vu les mêmes hommes venir chez Danton, et exprimer leur contentement en se frottant les mains; que l'un d'entre eux même désirait bien que Morande fût immolé : il ajoute qu'il a vu, dans le jardin du ministre des affaires étrangères, le ministre Roland, pâle, abattu, la tête appuyée contre un arbre, et demandant la translation de la convention à Tours ou à Blois. L'opinant ajoute que Danton seul montra la plus grande énergie de caractère dans cette journée; que Danton ne désespéra pas du salut de la patrie; qu'en frappant la terre du pied il en fit sortir des milliers de défenseurs; et qu'il eut assez de modération pour ne pas abuser de l'espèce de dictature dont l'assemblée nationale l'avait revêtu, en décrétant que ceux qui contrarieraient les opérations ministérielles seraient punis de mort. Fabre déclare ensuite qu'il a reçu une lettre de madame Roland, dans laquelle l'épouse du ministre de l'intérieur le prie de donner les mains à une tactique imaginée pour emporter quelques décrets de la convention. L'opinant demande que la société arrête la rédaction d'une adresse qui contiendrait tous les détails historiques des événemens depuis l'époque de l'absolution de Lafayette jusqu'à ce jour. »

Chabot : « Voici des faits qu'il importe de connaître. Le 10 août, le peuple en insurrection voulait immoler les Suisses ; à cette époque, les brissotins ne se croyaient pas les hommes du 10, car ils venaient nous conjurer d'avoir pitié d'eux : c'étaient les expressions de Lasource. Je fus un dieu dans cette journée ; je sauvai cent cinquante Suisses ; j'arrêtai moi seul à la porte des Feuillans le peuple qui voulait pénétrer dans la salle pour sacrifier à sa vengeance ces malheureux Suisses ; les brissotins craignaient alors que le massacre ne s'étendît jusqu'à eux. D'après ce que j'avais fait à la journée du 10 août, je m'attendais que le 2 septembre on me députerait près du peuple : eh bien ! la commission extraordinaire, présidée alors par le suprême Brissot, ne me choisit pas ! qui choisit-on ? Dusaulx, auquel, à la vérité, on adjoignit Bazire. On n'ignorait pas cependant quels hommes étaient propres à influencer le peuple et arrêter l'effusion du sang. Je me trouvai sur le passage de la députation ; Bazire m'engagea à me joindre à lui, il m'emmena...... Dusaulx avait-il des instructions particulières ? je l'ignore ; mais, ce que je sais, c'est que Dusaulx ne voulut céder la parole à personne. Au milieu d'un rassemblement de dix mille hommes, parmi lesquels étaient cent cinquante Marseillais ; Dusaulx monta sur une chaise ; il fut très maladroit : il avait à parler à des hommes armés de poignards. Comme il obtenait enfin du silence, je lui adressai promptement ces paroles : « Si vous êtes adroit, vous ar-

« rêterez l'effusion du sang ; dites aux Parisiens qu'il est
« de leur intérêt que les massacres cessent, afin que les
« départemens ne conçoivent pas des alarmes relative-
« ment à la sûreté de la convention nationale, qui va
« s'assembler à Paris... » Dusaulx m'entendit : soit mauvaise foi, soit orgueil de la vieillesse, il ne fit pas ce que
je lui avais dit; et c'est ce M. Dusaulx que l'on proclame
comme le seul homme digne de la députation de Paris...! Un second fait non moins essentiel, c'est que le
massacre des prisonniers d'Orléans n'a pas été fait par
les Parisiens. Ce massacre devait paraître bien plus
odieux, puisqu'il était plus éloigné du 10 août, et qu'il
a été commis par un moindre nombre d'hommes. Cependant les intrigans n'en ont pas parlé; ils n'en ont pas
dit un mot, c'est qu'il y a péri un ennemi de Brissot, le
ministre des affaires étrangères, qui avait chassé son
protégé Narbonne... Si moi seul, à la porte des Feuillans, j'ai arrêté le peuple qui voulait immoler les Suisses,
à plus forte raison l'assemblée législative eût pu empêcher l'effusion du sang. Si donc il y a un crime, c'est à
l'assemblée législative qu'il faut l'imputer, ou plutôt à
Brissot qui la menait alors.

FIN DES NOTES DU TOME DEUXIÈME.

TABLE

DES CHAPITRES CONTENUS DANS LE TOME DEUXIÈME.

CHAPITRE PREMIER.

Jugement sur l'assemblée constituante.— Ouverture de la seconde assemblée nationale, dite *assemblée législative*; sa composition. — État des clubs; leurs membres influens; Pétion, maire de Paris. — Politique des puissances.—Émigration; décrets contre les émigrés et contre les prêtres non assermentés. — Modification dans le ministère. — Préparatifs de guerre; état des armées. 1

CHAPITRE II.

Division des partis sur la question de la guerre. — Rôle du duc d'Orléans et de son parti.—Les princes émigrés sont décrétés d'accusation. — Formation d'un ministère girondin. — Dumouriez, son caractère, son génie, ses projets; détails sur les nouveaux ministres. — Entretien de Dumouriez avec la reine. — Déclaration de guerre au roi de Hongrie et de Bohême. — Premières opérations militaires. — Déroute de Quiévrain et de Tournay. — Meurtre du général Dillon. 47

CHAPITRE III.

Divisions dans le ministère girondin. — Le prétendu comité autrichien. — Décret pour la formation d'un camp de 20,000 hommes près Paris.—Lettre de Roland au roi.—Renvoi des ministres girondins; démission de Dumouriez.—Formation d'un ministère feuillant.—Projets du parti constitutionnel; lettres de Lafayette à l'assemblée. — Situation du parti populaire et de ses chefs; plans des députés méridionaux; rôle de Pétion dans les événemens de juin. — Journée du 20 juin 1792; insurrection des faubourgs; scènes dans les appartemens des Tuileries. 80

CHAPITRE IV.

Suites de la journée du 20 juin.—Arrivée de Lafayette à Paris; ses plaintes à l'assemblée. — Bruit de guerre; invasion prochaine des Prussiens; discours de Vergniaud.—Réconciliation de tous les partis dans le sein de l'assemblée, le 7 juillet. — La patrie est déclarée en danger. — Le département suspend le maire Pétion de ses fonctions.—Adresses menaçantes contre la royauté.—Lafayette propose au roi un projet de fuite.—Troisième anniversaire du 14 juillet; description de la fête.—Préludes d'une nouvelle révolution. — Comité insurrectionnel. — Détails sur les plus célèbres révolutionnaires à cette époque; Camille Desmoulins, Marat, Robespierre, Danton. —Projets des amis du roi pour le sauver.—Démarches des députés girondins pour éviter une insurrection. 141

CHAPITRE V.

Arrivée des Marseillais à Paris; dîner et scènes sanglantes aux Champs-Élysées. — Manifeste du duc de Brunswick.—Les sections de Paris demandent la déchéance du roi. — Le roi refuse de fuir. — L'assemblée rejette la proposition d'accuser Lafayette. — Préparatifs de l'insurrection; moyens de défense du château.— Insurrection du 10 août; les faubourgs s'emparent des Tuileries après un combat sanglant; le roi se retire à l'assemblée; suspension du pouvoir royal; convocation d'une convention nationale. . 215

CHAPITRE VI.

Suite et fin de la journée du 10 août.—Rappel du ministère girondin; Danton est nommé ministre de la justice.—État de la famille royale. — Situation des partis dans l'assemblée et au dehors après le 10 août.—Organisation et influence de la commune; pouvoirs nombreux qu'elle s'arroge; son opposition avec l'assemblée. — Érection d'un tribunal criminel extraordinaire. — État des armées après le 10 août. —Résistance de Lafayette au nouveau gouvernement. Décrété d'accusation, il quitte son armée et la France; est mis aux fers par les Autrichiens. — Position de Dumouriez. — Disposition des puissances, et situation réciproque des armées coalisées et des armées françaises.—Prise de Longwy par les Prussiens; agitation de Paris à cette nouvelle.—Mesures révolutionnaires prises par la commune; arrestation des suspects. — Massacres dans les prisons les 2, 3, 4, 5 et 6 septembre; principales scènes et circonstances de ces journées sanglantes. . . . 258

CHAPITRE VII.

Campagne de l'Argonne. — Plans militaires de Dumouriez. — Prise du camp de Grand-Pré par les Prussiens.—Victoire de Valmy.—Retraite des coalisés; bruits sur les causes de cette retraite. 341

Notes et pièces justificatives. 379

FIN DE LA TABLE.

www.ingramcontent.com/pod-product-compliance
Lightning Source LLC
Chambersburg PA
CBHW060220230426
43664CB00011B/1498